职业教育双高建设系列教材

铁道车辆电气装置检修

主 编 邓 命 曾照平

西南交通大学出版社
·成 都·

图书在版编目（CIP）数据

铁道车辆电气装置检修 / 邓命，曾照平主编. —成都：西南交通大学出版社，2023.4
ISBN 978-7-5643-9221-5

Ⅰ. ①铁… Ⅱ. ①邓… ②曾… Ⅲ. ①铁路车辆 – 电气设备 – 检修 – 高等职业教育 – 教材 Ⅳ. ①U270.38

中国国家版本馆 CIP 数据核字（2023）第 052686 号

Tiedao Cheliang Dianqi Zhuangzhi Jianxiu
铁道车辆电气装置检修

主编　邓　命　曾照平

责任编辑　何明飞
封面设计　吴　兵

出版发行　西南交通大学出版社
　　　　　（四川省成都市金牛区二环路北一段 111 号
　　　　　西南交通大学创新大厦 21 楼）
邮政编码　610031
发行部电话　028-87600564　　　028-87600533
网址　　　http://www.xnjdcbs.com
印刷　　　四川森林印务有限责任公司

成品尺寸　185 mm × 260 mm
印张　　　19.25
字数　　　433 千
版次　　　2023 年 4 月第 1 版
印次　　　2023 年 4 月第 1 次
书号　　　ISBN 978-7-5643-9221-5
定价　　　55.00 元

课件咨询电话：028-81435775
图书如有印装质量问题　本社负责退换
版权所有　盗版必究　举报电话：028-87600562

近年来，随着铁路现代化的加快推进，铁路技术装备快速更新，大批新技术、新设备、新工艺投入现场应用，铁路劳动生产组织、岗位作业方式、技术作业规章等发生了深刻变化。特别是随着大批高速铁路密集投产运营，路网结构和规模发生了极大变化，截至 2022 年，全国铁路营业里程达 15.3 万千米以上，其中高速铁路已超过 4 万千米。铁路的快速发展，对铁路技能人才知识结构、技能结构、培养规格、培养质量等提出了更高的要求。另外，从最近的几年调研来看，铁路企业接收的职业院校毕业生专业培养质量，包括毕业生的专业知识、技能结构及培养质量与企业要求存在一定的差距。为紧密结合铁路企业现场需求，优化课程体系，提高技能人才培养质量，本书对照高等职业院校铁道车辆专业建设指导标准编写，课程内容与职业标准对接。

本书采用项目式结构编写，在于文涛、麻冰玲主编的《客车电气装置》的框架基础上进行改进编写的，参考了何忠韬、朱常琳主编的《铁道车辆电气装置检修》。前期的编写者付出了大量的辛苦和劳动，奠定了本书的基本框架，在此向前辈们表示真挚的敬意和感谢。

本书在每一个项目都新增了专业知识拓展部分，还有相应的实训项目，让学生在掌握基本专业知识的前提下，拓展知识面，提升操作技能。

本书由武汉铁路职业技术学院邓命、曾照平担任主编，彭文菁、孟素英担任副主编。具体编写分工如下：彭文菁编写项目一，孟素英编写项目二、项目三，曾照平编写项目四、项目六，邓命编写项目五、项目七，全书由邓命统稿。本书在出版过程中，得到了行业内专家、学者的大力支持，对他们的辛勤劳动和无私奉献表示真挚的谢意。同时对本书参考文献中的有关作者致以诚挚的感谢。

由于编者水平有限，书中疏漏，不妥之处在所难免，欢迎使用本书的读者批评指正。

编　者

2022 年 9 月

目 录

Part I

项目一
车辆电气装置概述

【项目目标】

目标类型	目标要求
知识目标	（1）掌握铁道车辆电气装置的组成； （2）了解客车电气装置的发展概况、运用条件； （3）掌握我国铁路客车的供电形式及用电制式； （4）掌握车体配线的组成及绝缘检测方法
能力目标	（1）能指出客车供电的类型以及优缺点； （2）能分解组装车上、车下配线，检测配线的通路与绝缘性能，处理断路、漏电及短路故障； （3）能分解组装电力连接器，检测主要部件，处理常见故障
素质目标	（1）具有强烈的责任和安全生产意识； （2）具有健康的体魄，良好的生活、工作习惯； （3）具有自我学习、解决实际问题的能力； （4）能够分析工作中的不安全因素，并能及时采取防范措施； （5）能够节约资源和自觉保护环境； （6）能够与人进行良好的交流，并有团队合作精神与职业道德

【技能背景】

60 多年来，电气装置作为铁道车辆的关键系统和技术，在满足乘客旅行安全舒适性的同时，自身也得到了长足的进步和发展。我国的电气控制实现了从继电器控制到 PLC 控制以及高度智能化、信息化的飞跃；电源技术经历了轴驱供电、发电车供电、机车供电的发展历程，首创了安全可靠的高原客车和高原发电车供电系统和技术；电压制式经历了 DC 24 V、DC 48 V、DC 110 V、AC 380 V、DC 600 V，直到交流传动动力分散型动车组采用的 AC 25 kV；电气设备从基本的照明、摇头电风扇到空调机组、电开水炉、压力保护设施等车内外设施，实现了节能环保，提升了舒适安全性。

【建议学时】

4 学时

任务一　车辆电气装置的发展历史

任务描述

　　铁路运输的发展在我国的运输业中起着重要作用，列车的电气装置更是车辆中不可或缺的部分。为了更好地适应社会发展和人们的需求，确保车辆的正常运行和运输通畅，不断对车辆的各种电气装置进行研究、改进。本任务主要介绍车辆电气装置的发展历史和基本情况。

相关知识

　　铁道车辆的发展与社会需求、技术进步密切相关。铁道客车电气装置的供电制式、控制方式与是否有空调机组、电加热器等装置密切相关。控制方式在 2003 年全面实现了从继电器控制到 PLC 控制的提升；电源技术作为电气装置的核心技术，其发展历程则更是丰富多样。

　　非空调客车主要包括 21 型、22 型、25B 型车及进口的 24 型车，电气装置主要有照明装置、通风系统、广播系统、轴温报警装置等，母车上的轴驱发电机和蓄电池组并联供电，当发电机停止转动或低速转动时，由蓄电池组供电。轴驱发电机主要包括 LK5 型直流轴驱发电机和 KFT 型交流无触点感应子发电机。LK5 型直流轴驱发电机使用于 20 世纪五六十年代，电机功率为 3 kW，额定电压为 24 V。KFT 型交流无触点感应子发电机于 20 世纪 70 年代研制成功，功率为 3 kW、5 kW，额定输出线电压为 44 V，三相交流电经桥式整流转换为直流电，给车上负载供电，并对蓄电池组充电。与 LK5 型直流发电机相比，KFT 型发电机功率大、重量轻、结构简单、维护方便。20 世纪 80 年代进口的 24 型客车采用 35 kW 轴驱式感应子交流发电机及万向轴传动，发电机与 DC 110 V 碱性蓄电池组并联供电。25B 型软卧车和餐车也安装了空调机组（但仍是锅炉供暖），由本车车下柴油发电机组给空调机组供电。

　　空调客车的研制始于 20 世纪 60 年代，广泛应用于 90 年代，25G 型、25K 型车分别定型于 1992 年、1998 年，25T 型车定型于 2004 年。1966 年和 1979 年，原四方机车车辆厂（现中车青岛四方机车车辆股份有限公司）就已研制出用于广九铁路的 22 型、25 型空调发电车（时称 TZ 特种车）及空调客车，发电车柴油发电机组的装机容量为 3×200 kW，供电制式为 3NAC 380 V/220 V、50 Hz。1987 年，原四方机车车辆厂又率先研制出柴油发电机组装机容量为 3×300 kW、具有自动并车功能的大功率发电车（KD 型、2 路干线供电）。1989 年，原浦镇车辆厂、长春客车厂研制了 2×500 kW 的 MTU 柴油机组大功率发电车。1996 年，原铁道部组织原长客、四方、浦镇、唐山等主机厂在之前各自研制的发电车基础上进行了电气原理图及主要关键设备（包括柴油发动机、发电机、控制柜、自动并车装置等）的统型。

在电气化铁路发展初期，发电车很好地解决了空调客车的供电问题，与轴驱供电相比有诸多明显的优点，具有较好的机动性和广泛的适应性，但随开行车次的增加，运行噪声和燃油排放污染对沿途的影响也凸显出来。与此同时，随着铁路电气化进程的加快普及，20 世纪 80 年代，中国铁路借鉴国外铁道客车供电技术，开始研究电力机车向客车供电技术。这既符合国家能源政策，又能为客车提供足够容量的电源，改善旅行条件，同时增加列车编组，减轻列车自重，具有明显的经济效益和社会效益。基于当时的变流技术水平，选择了机车集中整流、客车分散变流的方式。

2004 年，第 5 次铁路大提速开行的 25T 型客车，具有运行速度高（160 km/h）、长交路、一站直达或仅大站停（站停时间短）等特点，不宜加挂发电车。因此，基于前期的大量研究和技术实践，在电气化区段开始采用电力机车供电，在非电气化区段采用 DF11G 型内燃机车供电。"G" 代表机车供电，DF11G 型机车可以为列车提供 2 路独立供电（2×400 kW）、2 种电源（AC 380 V 或 DC 600 V）。

与此同时，2004 年开始开展高速动车组技术的引进、消化吸收和再创新工作。辅助供电系统作为关键技术之一，主要包括辅助变流器、蓄电池组、充电机等。CRH1、CRH3、CRH5 型高速动车组及 CRH6 型城际动车组（2012 年四方股份自主创新品牌）辅助变流器输入电源取自牵引变流器的中间直流回路，通过逆变器输出三相交流电，为动车组供风系统、散热系统、空调机组、充电机等供电。其优点是实现了轻量化，同时在过分相区时，列车利用其轻微再生制动保持中间直流电压不断电。CRH2 型动车组辅助变流器输入电源取自牵引变压器的辅助绕组（单相 AC 400 V），经斩波整流、逆变为三相交流电，为供风系统、冷却系统、充电机等供电。所有车型的充电机均将三相交流电转换为低压直流电，为蓄电池组充电，并为控制系统及照明设备等供电。

2005 年，四方车辆研究所、四方股份等共同研制开发了高原客车、高原发电车供电系统，解决了高原供电系统的技术难题，首创了安全可靠的高原铁路客车电气系统和技术，填补了世界高原铁路客车电气技术的空白。2006 年，四方股份又首创了 DC 600 V 和 AC 380 V 实时兼容供电技术及其 PLC 控制系统，使双流制供电技术实现了国内自主研发。

任务二 铁道车辆电气装置的组成

任务描述

为了满足旅客和乘务人员旅途生活需要和改善车内卫生环境，在客车上设置了一些电气装置，这些电气装置需要由供电设备供电并实行电气控制和检测，我们把这一类为电气装置供电和电气控制及检测的设备统称为客车电气装置。本任务主要介绍客车电气装置的组成和应用。

相关知识

铁道车辆是我国一种主要的交通运输工具，电气装置是铁道车辆的重要组成部分。它主要由铁道车辆电气负载、供电装置、车辆检测及监控装置三大部分组成。

在老式铁道车辆中，电能只用于照明、电扇与电动水泵。现代客车为了提高对旅客的服务水平，创造舒适的旅行环境，保证运输安全，在车辆上安装了电气照明、电热水器、空气调节、播音通信、闭路电视、轴温检测与报警及自动控制等装置。电能在车辆上的使用日益增加，电气装置也有了很大的变化，技术性和服务性有了明显的提高。

供电装置主要是不同类型的发电机和蓄电池。不同类型的发电机有着不同的输出电压和输出功率，现在运用较为广泛的是 KFT-1 型感应子式发电机，它与 KP-2B 型可控硅控制箱配套，能够输出两种电压，既能满足蓄电池充电要求，又能够满足照明负荷用电要求。电池也实现了由最早的酸性铅蓄电池到 TG 蓄电池，再到碱性电池，到燃料电池的更替。而为了满足现代列车的需要，大容量供电装置开始运用于列车。

车辆检测及监控装置，这部分主要是为了减轻列车乘务人员的工作量，提高旅客的舒适度，保证行车安全和机组正常运转而安装的各种检测、监控装置，如轴温报警装置、开水炉、列车防滑电子控制等。

一、铁道车辆电气负载

铁道车辆电气负载主要是照明用电、空调装置（HVAC）及一些制冷设备，还有满足旅客基本需求的饮食和卫生设备，以及显示器和各种专用电气设备，如接触网检查用的不间断电源（UPS）等。

车辆的电气负载包括以下几类。

（1）照明电光源。现代客车主要采用交流荧光灯，特殊部位和事故灯采用白炽灯。光源的形状和规格很多，如棒形、椭圆形、球形、环形和 U 形等。照明电光源在使用过程中，白炽灯为电阻性负载，荧光灯在低频工作时为电感性负载。

（2）空气调节与制冷装置的电气设备，主要包括制冷压缩机、冷凝器风机和空调通风机的直流或交流电动机、取暖加热用的各种管式电热元件以及电磁控制元件等。这些电动机和电热元件所消耗的功率较大，因此不仅要求解决较大的供电容量，而且还要解决启动和保护问题。

（3）满足旅客和乘务人员在途中生活需要的饮食和卫生设备，包括电开水炉、电冰箱、电动吸尘器和电气集便器等。其中，电气集便器是涉及客车密封的重要装置之一。另外，某些包间式客车，还要适当配有手机、便捷式计算机和电动剃须刀的电源。

（4）列车电视、播音和通信设备，包括闭路电视，收、扩、录、放多用机，列车有线电话和无线电话等。这些设备需要电压和频率比较稳定的正弦交流电或平稳的直流电。为此，车上还设有专用的交流或直流稳压电源。

（5）普通客车使用的电扇与离心式水泵电动机，电煤两用炉以及附属的各种电气设备。

（6）各种特殊用途的专用车辆所带有的专用电气设备，如接触网检查用的不间断电源（UPS）等。

二、铁道车辆供电装置

供电装置是客车的重要组成部分。因为供电装置的好坏及供电品质的优劣，直接影响旅客列车的运行安全和旅客的舒适程度。因此，供电装置的日常维护保养和客车检修一直是车辆部门的主要工作之一。供电装置主要有如下几种。

（一）客车发电机

22型和25型普通客车的供电发电机，以KFT-1型感应子式发电机（又称为J5型发电机）为主。J5型发电机的输出功率为5 kW，输出整定端电压为（59±1）V，直流输入电压为48 V。J5型发电机具有结构简单、维修方便、适于高速运转等优点。与J5型发电机配套的控制箱最早有KP-2A型可控硅控制箱和FTZ-4型磁放大器控制箱两种。FTZ-4型磁放大器控制箱已被淘汰。为了适应铁路客车改造的需要和电气控制技术的发展，提升和改进B型客车供电系统及装备的技术水平，针对B型客车KP-2A型控制装置运用中存在的问题，有关部门又研制了KP-2B型控制装置。

J5型发电机的输出电压只有一种，既要满足负荷需求，又要适合蓄电池充电要求。为了解决这个问题，改进了J5型发电机结构，与改进的J5型发电机相配套的控制箱是KP-2B型可控硅控制箱，从而实现双路供电，一路电压较高，整定为62 V左右，向电池充电；一路电压整定为50 V左右，向负载供电。这种输出两种端电压的改进型发电机既满足了蓄电池充电要求，又符合照明负荷的用电需要。

（二）客车蓄电池

20世纪50年代以前，铁路车辆上使用的蓄电池是铅酸蓄电池，其特点是规格型号多，电气性能和技术经济指标比较落后，涂膏式极板，体积重量大，维修保养工作量大，不便于拆装。

20世纪60年代至90年代，客车上基本使用了TG型蓄电池。这种蓄电池的电气性能和技术经济指标都有了改进和提高。它的阳极板结构为管状，大大提高了使用寿命。但 TG 型蓄电池仍属铅酸蓄电池，它的固有缺陷无法克服，如对环境的污染等。为了解决酸性电池存在的问题，1986 年原铁道部车辆局组织有关部门和单位进行探讨，选择了碱性蓄电池作为客车供电电源。20 世纪 90 年代，客车开始使用碱性蓄电池。

目前，国际上正积极研制开发用于高速列车供电电源的燃料电池。燃料电池是直接将燃料能源转换为电能的电池设备，燃料电池基于电化学而不是燃烧，因此具有"高效低噪、无辐射"的特点。氨燃料电池正被用于轿车、公共汽车和卡车的技术开发中。该项研究有助于提高能源利用效率，通过降低对进口石油依赖性而增强国家能源安全以及改善环境质量。

（三）大容量供电装置

轴驱式发电机，如 J5 型发电机，由于效率低，且停车时不能发电，从而限制了该供电方式的发展。随着铁路客车现代化的发展，需要不断提高旅客舒适度，大容量的用电设备，如空调机组要求供电装置不仅输出容量大，而且供电品质要好，有可靠的技术性能。因此，在 20 世纪 80 年代，出现了大容量供电发电车和大容量本车独立供电的柴油发电机组供电装置。

1983 年开始在软卧车上使用本车独立供电柴油发电机组，当时水冷式柴油采用了发电机，容量是 24 kW。1991 年推广使用了 30 kW 柴油发电机组。1994 年又开始使用风冷式 28 kW 柴油发电机组，保证了空调客车的用电需求。

大功率发电车能提供三相 380 V 交流电压，实现对空调列车集中供电，整列车的供电功率达 600 kV·A。

在电气化区段，客车供电采用接触网供电，符合国内外客车供电技术的发展趋势，既经济又可靠。根据我国的能源政策，合理的选择是采用机车向列车供电。它具有以下几个优点：① 适合高密度、短编组的运输模式；② 能源利用经济、合理，对环境污染小；③ 维修保养体系合理。

三、铁道车辆检测及控制装置

为了减轻列车乘务人员的劳动强度，提高旅客的舒适度，满足对旅客服务的需要，保证行车安全和机组正常运转，延长机组的使用寿命以及节约能源消耗等目的，客车上安装了各种检测及自动控制装置。

（1）空调装置工作的自动控制装置具有温度的自动调节、机组的自动保护和工作时间的自动显示功能。

（2）内端门的自动开闭装置。

（3）开水炉的自动补水与加热器自动开闭装置。

（4）车辆故障的自动检测装置。

（5）列车轴温报警装置。

（6）多隧道地区运行的列车照明自动开关装置。

（7）真空式集便器控制装置。

（8）列车防滑器电子控制装置。

（9）供电电源自动控制装置。

（10）列车信息显示系统。

（11）火灾自动报警装置。

（12）发电机电压的自动调节与过电压、过电流或过功率（应为欠电流）的自动保护装置。

（13）塞拉门自动控制装置。

任务三　车辆电气装置的运用条件

任务描述

　　铁道车辆电气装置的运用条件不同于地面固定的工业和民用电气设备，也不同于航空和船舶的电气设备。这些条件通常是根据运输对象、运行区间、车辆的运行品质和经济技术指标来确定的。本任务主要介绍全国通用车辆电气装置运用条件和高海拔地区电气设备工作特点及设计要求。

相关知识

一、全国通用车辆电气装置运用条件

　　对于旅客列车，其运用条件一般可以归纳为以下几点。

　　（1）因为列车上乘坐大批旅客，所以电气装置应保证满足行车安全的要求。例如，车体配线应当可靠绝缘，杜绝因漏电或短路而发生火灾的可能性；电器产生的电弧应尽可能少，电机电器的温升不应过高；悬挂在车辆下部的电气设备，应当不超出《标准轨距铁路限界第 1 部分：机车车辆限界》（GB 146.1—2020）的规定；悬挂部分应有足够的机械强度，防止因部件的裂损、变形和脱落，而造成车辆颠覆或脱轨等恶性事故。

　　（2）电气装置工作安全可靠，重量、尺寸小，成本尽可能低，以提高车辆的技术和经济指标；电气装置的结构应尽可能简单、牢固，使用寿命长，便于日常的检查和维修。

　　（3）客车运行所经地区广，气候与自然地理条件多变，对于全国通用的车辆，其电气装置应当满足下列工作环境条件：

　　温度变化范围　　　−40 ~ +40 ℃

　　相对湿度　　　　　≤90%（25 ℃）

　　海拔　　　　　　　≤1 200 m

　　环境温度高低的变化对电气装置影响比较大，如可以使蓄电池电解液的比重发生变化；继电器和接触器的线圈阻值发生变化；发电机的输出电能随温度上升而下降；润滑油熔化或冻结；生橡胶或电木冻裂以及荧光灯启辉性能因温度下降而恶化等。

　　湿度对电气装置的影响，主要是使绝缘性能变差。

　　海拔增加后，空气变得稀薄，气温下降。一般电器的温升由于海拔增加而升高，但可被气温下降所补偿，否则需降低容量使用。双金属片继电器在高原使用时，其动作时间缩短，应对其动作电流重新整定。

　　因此，对长期使用在湿热、干热和海拔超过 1 000 m 高原地区的铁路车辆，其电气装置的使用技术条件应做相应调整。

铁路车辆在线路上运行时还要考虑灰尘、沙土、雨雪以及污染物的浸入问题，特别是安装在车底架下部的物品，应有良好的密封性能。

（4）铁路客车运行方向经常变化，运行中存在振幅为 20 mm、频率为 1～100 Hz 的振动和冲击。因此，要求电气装置能够适应这种工作条件，无误动作或零件松脱、打火现象。对于安装在车底架上、由万向轴传动的轴驱式发电机或其他设备，应当考虑车辆连挂时万向轴所承受的轴向冲击力。

（5）电气装置运行品质良好，电流、电压和频率等参数应相对稳定，对车内的无线电通信或列车播音、电视的干扰尽可能减少或根本消除，对外界干扰，如频域为 100 kHz～10 MHz，声压级达到 120 dB 以上的高压线电磁干扰有足够的抵抗能力。

（6）尽可能采用大批量生产的标准件或通用件，以降低成本，便于检修。

（7）设计或采用的装置符合国际铁路联盟（UIC）标准、国家标准（GB）、铁路标准（TB），或国际电工协会标准（IEC）及机械电子部的标准（JB），以提高产品的质量要求。

二、高海拔地区电气设备工作特点及设计要求

我国是一个有高原、多山的国家。为了满足绝大部分地区电气设备工作要求，铁路部门以 1 200 m 作为通用海拔。随着西部铁路建设的快速发展，特别是青藏铁路（最高海拔 5 100 m）的建设，对机车车辆电气设备提出了新的更高的技术要求。

（一）高原气候特点

高原具有较恶劣的自然气候条件，对机车车辆电气设备性能影响较大，其有以下特点：

（1）空气压力或空气密度较低。

（2）空气温度较低，变化较大。

（3）空气绝对湿度较小。

（4）太阳辐射照度较高。

（5）降水量较少。

（6）年大风日多。

（7）土壤温度较低，且冻结期长。

（二）高原气候条件对电气设备性能的影响

1. 空气压力或空气密度对性能的影响

1）对外绝缘强度与电气间隙的影响

空气压力或空气密度降低，会引起电气间隙和外绝缘强度降低，还会引起固体绝缘材料沿表面放电能力降低，其下降程度与电场不均匀程度有关；电场不均匀程度越大，放电能力降低越大；而且与固体绝缘材料介质常数有关，介质常数较大，沿表面放电电压则会降低一些。试验表明，在海拔 5 000 m 以内，每升高 1 000 m，外绝缘强度降低 8%～13%；海拔对固体绝缘材料的瞬时击穿电压无明显影响；随着空气压力的降低，电气间隙

的击穿电压也随之降低，其下降程度与电场不均匀程度有关，电场不均匀程度越大，击穿电压降得越低。

2）对电晕及放电电压的影响

空气压力降低将使高压电气设备局部放电电压降低，电晕起始电压降低，电晕腐蚀严重。但对于 500 V 以下电气设备，可以不考虑局部放电的问题。海拔 4 000 m 以下，对小于 3 000 V 的电机设备，可以不考虑电晕的问题（交流电机除外）。低气压时，电力电容器内部气压下降，导致局部放电，起始电压降低。高压避雷器内腔因气压降低引起的工频放电电压也降低。

3）对开关电器灭弧性能的影响

空气压力或空气密度的降低，将使以空气介质灭弧的开关电器灭弧性能降低，通断能力下降，电寿命缩短。由于气压降低，交、直流电弧的飞弧距离会增加，交、直流电弧的燃弧时间将随气压下降而延长，海拔在 2 000 ~ 2 500 m 时，燃弧时间约延长 10%，海拔在 4 000 ~ 5 100 m 时，将可能使灭弧时间不合格或分不断。交流电弧燃弧时间由于电流过零熄灭而影响稍小，但电压击穿强度降低，也可能使灭弧时间不合格或分不断。

4）对介质冷却效应或产品温升的影响

空气压力或空气密度的降低将引起空气冷却效果的降低，对于以自然对流、强迫通风或空气散热器为主要散热方式的电气产品，由于散热能力降低，温升增加。在海拔5 000 m 以内，每升高 1 000，温升增加 3% ~ 10%。对于自然对流冷却的电气设备，其温升增加可能会小一些；对于强迫通风冷却的电气设备，其温升增加可能会大一些。一般电器产品海拔每升高 100 m，温升增加最大 0.4 K，但对于高发热电器（如电阻器），海拔每升高 100 m，温升增加将达 2 K 以上。电力变压器温升增加与冷却方式有关，海拔每增加 100 m，干式自冷变压器的温升增加为额定温升的 0.5%；油浸强迫风冷变压器的温升增加为额定温升的 0.6%；干式强迫风冷变压器的温升增加为额定温升的 1%。对于电机温升，海拔每升高 100 m，增加额定温升的 1%。

5）对机械结构和密封性能的影响

空气压力与空气密度的降低会引起低密度、低浓度、多孔性材料（如电工绝缘材料、隔热材料等）的物理和化学性能的变化。例如，石棉水泥制品的耐电压性能下降，塑料制品中增塑剂挥发加速，冷却剂和润滑剂的蒸发加速，气体或液体从密封容器中泄漏率增加，密封容器产生膨胀、变形、易损坏。

2. 空气温度降低及温度变化（包括日温差）的影响

空气温度最高值与平均值随海拔的升高而降低。电工绝缘材料的热老化寿命取决于空气平均温度。高原环境空气温度的降低可以部分或全部补偿因气压降低而引起的电气设备温升的增加。环境空气温度补偿值为每 100 m 0.5 K。高原气温变化大，使产品密封结构容易破裂，外壳容易变形、皲裂。空气温度降低对提高放电电压有益，但其影响值较小。温度降低将使线圈电阻值减小，动作安匝数增加，机械冲击增加，机械寿命与电寿命降低。温度降低对电器开关电弧冷却有利，但影响较小。

3. 空气绝对湿度减小的影响

关于湿度对击穿电压的影响，各国科学家进行了许多试验，结果差异颇大，湿度对放电电压影响的机理尚未完全了解。一般而言，湿度与受电极形状、表面状况、间陈距离、温度、气压等参数有关。高原气温随海拔升高而降低，平均绝对湿度也随海拔升高而降低。绝对湿度降低时，电工产品的外绝缘强度也降低；换向器电机的整流火花增大，同时使碳刷磨损增加。

4. 太阳辐射照度（包括紫外线）的影响

海拔 5 000 m 时的太阳辐射照度为低海拔时的 1.25 倍。热辐射对物体的加热作用，将引起户外电器产品表面温升增加，降低有机绝缘材料的性能，使材料变形、产生机械热应力。紫外线辐射照度随海拔增高而大幅增加，海拔 3 000 m 时为低海拔时的 2 倍。紫外线会引起有机绝缘材料老化加速，使空气容易电离，导致外绝缘强度降低，电晕起始电压降低。

（三）高原电气设备的设计要求

1. 电气绝缘的修正

空气压力、温度和湿度都对绝缘性能有影响，但空气压力降低对外绝缘和电气间隙的绝缘性能影响较大。为保证电气产品在高原使用时有足够的沿固体绝缘材料表面放电的能力，以及电气产品在高原使用时电气间隙有足够的耐受电压击穿的能力，必须加大电气间隙。

2. 电器分断性能

为避免海拔对开关电器通断性能的影响，对高原使用的电气设备应尽量选用充氮密封电器或真空电器等不受海拔影响的电气设备。无法采用密封电器或真空电器的设备，应验证其灭弧性能是否符合技术要求。可采用接点串联办法来提高分断性能。对主电路、辅助电路的电气设备应尽量采用无电弧转换控制。

3. 电器温升

对高发热产品（如电阻）应考虑减负荷运用。若产品温升裕度较大，可以按原负荷运行。

4. 低温材料的选用

环境温度低时，选用材料的允许使用温度范围应满足较低环境温度的要求。例如，ABS 塑料的允许使用温度为-40 ~ +70 ℃，在温度低于-40 ℃的地区使用不太合适，要改用工作温度低于-40 ℃（如-60 ℃）的塑料产品。在低温时由于机械配合应力增加，加之低温下电阻减小，电流的冲击加大或过电压衰减缓慢，若不更换材料，产品设计可靠性将大大降低。同样橡胶产品也应考虑低温的问题，保证橡胶弹性和密封要求。某些低性能的铁磁材料在低温下的导磁性能有所下降，影响电磁铁最低工作电压动作性能，需选用导磁性能更好的铁磁材料。

5. 电器的耐低温性

在温度降低时，由于线圈电阻降低，其吸合安匝数将增加较大，容易引起触头弹跳，影响机械寿命和电寿命。应对线圈进行修改设计（以高原的最高温度来核算）或增加减振措施或增加节能模块，以免影响产品性能。对低温（-40 ℃）有工作要求的电子设备，应选用耐低温的元器件；模拟电路在低温下容易产生特性漂移，应尽量采用数字电路；长期工作在低温下的印刷电路板，焊接端子应使用低温（-40 ℃）焊锡。具有热保护的电器（如塑壳自动开关），在高原会因散热问题引起保护曲线变化，应改用具有电磁保护的产品。铅蓄电池在-40 ℃ 时，其电解液黏度比 0 ℃ 时增加 3~4 倍，其电阻率比常温增加 7 倍，其容量只有原来的 1/10~1/5。此时蓄电池容量要按冲击负荷来选用，使用中要考虑加热、保温措施。在-40 ℃ 时，电动空压机电器因气缸阻力增加而动作不了，使用中应加温预热或采用长行程薄膜传动气缸的气动电器（不需加油）。对于有动作时间要求的电器，应验证在-40 ℃ 时其动作时间是否影响控制逻辑或保护动作时间或整定值精度。

6. 高压电器

为避免电晕出现，对于高压电气设备，在设计中应避免金属件出现尖角、截面突变等局部形状。海拔升高会降低电晕电压值，对于超出低压电气设备范畴的电气设备应考虑尽量采用耐电晕的绝缘材料。对变频调压的电气设备，由于其脉冲电压峰值较大，更要加强绝缘材料的耐电晕性能。在低气压时，高压避雷器内腔气压降低，导致工频放电电压降低，因此，在高原应选用硅橡胶无间隙氧化锌避雷器。为避免太阳辐射，高压电器应尽量装在车内。在户外使用橡胶、塑料等高分子材料至少按 4 倍常规紫外线辐射照度进行试验。

任务四 车辆电气负载用量

任务描述

电气负载的需要功率、效率、功率因数和功率利用系数都是在决定供电系统的容量时必须考虑的。本任务主要介绍车辆电气负载用电量计算参数、柴油发电机组额定功率、发电车的计算负荷和空调列车用电量。

相关知识

一、车辆电气负载用电量计算参数

在决定供电系统的容量时，必须考虑电气负载的需要功率、效率、功率因数与功率利用系数。

一般的电气设备，在其产品目录和说明书上都标有它的额定功率和效率。由电热元件构成的电气负载，其功率即需要功率；对于电动机，产品目录上所标有的功率，是指电动机在正常工作状态下，电动机轴上所具有的有效机械功率。电动机的需要功率比有效机械功率大，多出的部分是本身的损耗。所以，电动机的需要功率实际等于有效机械功率除以电动机的机械效率。

负载的功率因素（$\cos\phi$）是对交流电路而言的，在计算交流发电机及其输电干线的功率时，需要考虑负载的功率因数。负载的功率因数大小，由其视在功率除以需要功率的商来确定。视在功率等于负载的额定电压与额定电流的乘积，单位用 V·A 或 kV·A 表示。在同一需要功率的情况下，负载的功率因数越小，它的视在功率就越大。因此，应尽可能提高负载的功率因数。

车辆所采用的三相异步电动机，在正常工作状态下的功率因数，一般为 0.75 ~ 0.85，如果电动机不满载，将可能减少至 0.5，空载时可下降到 0.25 ~ 0.30。

电热元件和白炽灯属于电阻性负载，其功率因数等于 1。一般荧光灯和控制电器，功率因数等于或小于 0.7。具有空气调节装置的旅客列车，在夏季工况时，全列车负载的功率因数一般为 0.8，而在冬季工况，则接近于 1。

车辆电气负载在大部分运行时间中并非同时工作的，特别是带有空气调节装置的旅客列车，空调装置的工况是随外温和车内定员的变化而变化的，因而列车电气负载的功率消耗也会产生相应的变化。因此，要合理地计算供电容量，还必须考虑负载的功率利用系数。

负载的功率利用系数，是指某一时间内、一组同时工作的负载，其平均需要功率与总安装功率之比。它与负载的效率、平均电网电压、负载与负载之间的工作组合方式以及负载本身的特性等因素有关。根据国外资料，常见的车辆电气负载，其功率利用系数见表 1-1。

表 1-1　常见的车辆电气负载的功率利用系数

电气负载	功率利用系数	电气负载	功率利用系数
压缩机电动机	0.90～0.75	饮水电冰箱	1
通风机电动机	0.8	配电盘用电	0.2
冷凝器风扇电动机	0.9	吸尘器与其他生活器具	0.3
荧光灯逆变器	0.75	控制电路	0.5
电热水器	0.2	值班照明和信号灯	0.2
水箱加热器	0.2		

二、柴油发电机组额定功率

柴油发电机组是单独供电的电源，应根据某一种特定车型的电气负载用电需求来选型。若运转机组的容量 P_Y、装机容量 P_Z、备用机组容量 P_B，则

$$P_Z = P_Y + P_B$$

$$P_Y = P_{JS} + P_1$$

式中　P_{JS}——计算功率，一般按冬季计算负荷取，kW；

　　　P_1——运转机组电力余量，kW。

$$P_1 = (0.05～0.1)P_{JS}$$

以 RW_{25K} 客车为例，RW_{25K} 的用电量求解过程如下：

RW_{25K} 客车的有功功率（负载的额定功率与负载的效率之比）：$P = 21.59 \text{ kW}$

RW_{25K} 客车的计算功率：$P_{JS} = 21.59 \text{ kW}$

运转机组电力余量：$P_1 = 0.1 \times P_{JS} = 0.1 \times 21.59 = 2.159（\text{kW}）$

运转机组的容量：$P_Y = P_{JS} + P_1 = 21.59 + 2.159 = 23.749 \approx 24（\text{kW}）$

柴油机单独供电系统没有备用机组，所以也就没有备用的容量 P_B，因而柴油机单独供电系统装机容量 P_Z 就是运转容量 P_Y，即

$$P_Z = P_Y$$

空调列车在最大负荷期间，不允许机组超载运行；在最小负荷期间，不应小于机组的 50%额定容量；发电机组经常在经济负荷运行下能减少耗油量，降低电能成本，柴油

机的最佳经济运行状况是 12 小时功率的 75% ~ 90%。因此，空调列车的单独供电选用的柴油发电机组额定功率应为 24 kW。

三、发电车的计算负荷

发电车的计算负荷是柴油发电机组选型的重要数据依据，发电车的计算负荷为全列车计算负荷 P 与同时系数的乘积：

有功功率 $\qquad P_{JS}=K_{\sum P}P$（kW）

无功功率 $\qquad Q_{JS}=K_{\sum q}P$（kVar）

视在功率 $\qquad S_{JS}=\sqrt{P_{JS}^2+Q_{JS}^2}$（kV·A）

或 $\qquad S_{JS}=\dfrac{P_{JS}}{\cos\varphi}$（kV·A）

式中 $K_{\sum P}$——有功同时系数，取 0.95 ~ 0.98，按冬季负荷进行设计，则取 0.98；

$\quad K_{\sum q}$——无功同时系数，取 0.93 ~ 0.97；

$\quad \cos\varphi$——发电站总负载的功率因数；

$\quad P$——全列车计算负荷，取 537.5 kW。

发电车的总容量，由柴油发电机组的额定容量决定。运转机组的备用容量，或称为运转机组的电力余量，用 P_B 表示：

$$P_B=P_Z-P_{JS}$$

式中 P_Z——全车所有机组额定功率的总和，称为发电车装机容量；

$$P_Z=P_{JS}+P_B=P_Y+P_2$$

$\quad P_Y$——在最大负荷时，运转机组的总容量，称为运转容量，发电车必须有备用电力容量，以便在机组检修或发生故障时，备用机组运转容量 P_Y 投入运行；

$\quad P_2$——可运转机组的备用容量，或称为备用机组容量。

$$P_2=P_z-P_y$$

P_Z、P_y 和 P_{JS} 之间，必须满足下列关系：

$$P_Z\geqslant P_Y\geqslant P_{JS}$$

发电车总的备用率：

$$B=\frac{P_{B}}{P_{JS}}=\frac{P_{Z}-P_{JS}}{P_{JS}}\times100\%$$

单台机组的容量应根据计算负荷的大小、输电干线数、空调列车对供电连续性和可靠性的要求以及发展远景等条件来确定。空调列车在最大负荷期间，不允许机组超载运行；在最小负荷期间，不应小于一台机组的 50% 额定容量，即单台机组不应在低于 50% 额定容量的负荷下运行；发电机组在经济负荷运行下能减少耗油量，降低电能成本。柴油机的最佳经济运行状况是 12 小时功率的 75%~90%。

空调列车采用两路供电干线，需要选用两台机组供电。通常单台机组容量 P_{DJ} 以冬季负荷为计算依据：

$$P_{DJ}=\frac{P_{Y}}{机组台数}$$

备用机组容量确定原则：

（1）在功率最大的一台机组出现故障或需要检修的情况下，备用机组投入运行后能满足最大负荷需要。

（2）只按 1 台机组故障或检修考虑备用量。

（3）如无特殊要求，检修备用容量一般不小于电力计算负荷（P_{JS}）的 25%；如果发电车运转机组选用 2 台 300GF 型柴油发电机组，则其运转容量：

$$P_{B}=2X300=600（kW）$$

据此，备用机组选用 1 台 300GF 型柴油发电机组，备用容量：

$$P_{B}=300\ kW$$

在一台运转机组出现故障或需要检修时备用机组投入运行后，即能满足最大负荷的需要。

因此，发电车的总装机数为 3 台 300GF 机组，总装机容量为

$$P_{Z}=3X300=900（kW）$$

四、空调列车用电量

以 25 K 空调列车用电量为例，电气化区段，软卧车 2 辆、硬卧车 8 辆、硬座车 9 辆、餐车 1 辆，共 20 辆；非电气化区段，减少 1 辆硬卧车，共 19 辆。

（一）25 K 型空调客车电气负载及其额定功率

（1）空调装置中有制冷压缩机、蒸发风机、冷凝风机、排气风机的三相感应电动机和其控制设备，列车空调机组参数见表 1-2。

（2）根据要求确定车灯照明功率，对于 25K 型客车整车平均照度达到 300 lx，平均照明功率可取 1.3 kW。

表 1-2 列车空调机组参数

车种		软卧车	硬卧车	硬座车	餐车
空调机组		LLD29T-Ⅰ	KLD40TB	KLD29T-Ⅱ	KLD40TB
空调参数	制冷量/kW	29	40	58	40
	通风量/（m³/h）	4 500	6 000	9 000	6 000
	预热量/kW	6	9	12	9
机组功率/kW	制冷压缩机电机	2×2.75	2×5.5	4×3.75	2×5.5
	冷凝风机电机	2.2	2×1.5	2×2.2	2×1.5
	蒸发风机电机	1.8	1.8	3.6	1.8
	废气排风机电机	0.4	0.5	2×0.4	0.5
	合　计	11.9	16.3	23.8	16.3

（3）客车电开水炉，采用 DR50-16CT1（2）型电开水器，功率为 5 kW。

（4）餐车电冰箱功率，依据规定标准，取 2×1.1 kW。

（5）其他用电设备，软卧车温水箱功率为 1 kW，其他车均为 1.5 kW。列车播音、闭路电视、轴温检测与报警装置等用电量少，可略去不计。

（6）为补偿车内外温差造成的车体热损失，软卧车补偿 12 kW、硬卧车 15 kW、硬座车 12 kW、餐车 15 kW。

（二）各种负载的效率与功率因数

（1）采暖的电加热器、电开水炉和温水箱电热均属电阻性负载，其 $\cos\varphi = 1$。

（2）荧光灯照明用电可取 $\cos\varphi = 0.523002$。

（3）对于三相异步电动机，当其功率负载在 60% ~ 100% 变化时，其效率变化不大，而功率因数却随负载与转速大小而变化。不同型号电动机在额定负载和转速情况下的效率和功率因数见表 1-3。

表 1-3 电动机效率及功率因数

电动机轴功率/kW	转速/（r/min）	效率 η	功率因数
0.4	1 410	0.74	0.76
0.5	1 410	0.74	0.76
1.1	1 460	0.79	0.79

续表

电动机轴功率/kW	转速/（r/min）	效率 η	功率因数
1.5	1 460	0.81	0.82
1.8	1 470	0.82	0.83
2.2	1 470	0.835	0.84
3.75	2 880	0.85	0.85
5.5	2 880	0.85	0.88

（三）功率利用系数

由于空调旅客列车运行季节、车上人员和电源电压的变化，使设计安装的电气设备功率没有完全被利用。

对于空调机组按经验其功率利用系数一般只为 75%，而各种电气负载功率利用系数参照表 1-1。

（四）列车用电量

1. 负载的有功功率 P

$$P = \frac{P_0}{\eta} K_1$$

式中　P_0——负载的额定功率，kW；

　　　η——负载的效率；

　　　K_1——负载的功率利用系数。

2. 负载的无功功率 Q

$$Q = P\sqrt{\frac{1-\cos^2\varphi}{\cos\varphi}} \quad (\text{kVar})$$

式中　$\cos\varphi$——该负载的功率因素。

3. 负载的视在功率 S

$$S = \sqrt{P^2+Q^2} \quad (\text{KV}\cdot\text{A})$$

$$S = \frac{P}{\cos\varphi} \quad (\text{KV}\cdot\text{A})$$

任务五 车辆供电方式

任务描述

车辆供电系统为车上电气负载和自动化装置提供电能，本任务主要介绍单独供电、集中供电和混合供电三种供电方式。

相关知识

早期的客车电气设备较简单，主要是照明、风扇、信号设备，品种少，要求也不高，因而供电方式也较简单，主要是采用小功率轴驱式发电机和蓄电池并联供电方式。目前，我国的非空调客运列车仍采用这种供电方式。

随着人们生活水平的不断提高及科学技术的不断发展，客车上电气设备日益增多。为提高旅客的舒适度，现代客车上大多安装了空调、信息显示设备，还有冰箱、彩电等，平均每辆车所需的功率比早期增加了几倍甚至几十倍，而且不同电器的电压制式也不同，既有直流的，也有交流的。这就对列车供电系统提出了很多新的要求，各种新型的列车供电系统也随之不断出现。从变流方式看，有采用旋转式发电机组供电的，也有采用半导体静止变流器供电的；从分布方式看，有采用集中式供电的，也有采用分散式供电的。半导体静止变流器具有噪声低、体积小、质量小、布置灵活、输入电压适应范围宽、输出电压稳定、可节能等优点，在现代客车上被逐渐推广应用。

一、单独供电

车辆单独供电是每辆车都带有一套独立工作的供电装置。当车辆用电量较小时，也可以每两辆或三辆车共用一套独立供电装置。此时，安装有发电设备的车辆称为母车，不带有发电设备的车辆称为子车，子母车之间通过车端电力连接器沟通车内输电干线。

车辆单独供电有下述三种类型：

（1）采用蓄电池组供电。

（2）采用由车轴通过皮带或万向轴驱动发电机与蓄电池组并联向车辆供电。

（3）采用小型柴油发电机组供电。

单独供电的特点是发电功率较小，一般为 1~35 kW；车辆可以随意摘挂和编组，供电装置的主机不占有车内有效空间；全列车输电干线通过车端连接器贯通，并组成统一电网，因此局部故障不影响列车用电。

单独使用蓄电池供电的优点是设备简单，使用方便，可靠性较好，电流为纯直流成分；缺点是单位功率所占的体积和质量较大，蓄电池在放电过程中电压逐渐降低，铅蓄电池放电至终止电压时必须停止放电并进行充电，否则因过放电而损坏。另外，蓄电池寿命短，损坏率高，维护工作量也大。因此，这种供电方式，只宜在用电量不大的车辆上使用。

采用车轴驱动的发电机与蓄电池组并联供电，是世界各国在普通客车上运用较为广泛的一种供电方式。车辆运行时，由车轴通过皮带或万向轴传动，驱动发电机供电，可供车辆的照明等用电。当车辆停站或紧急情况而临时停车时，则由蓄电池组供电。我国旧式客车的轴驱式发电机曾采用直流发电机，而 22 型和 23 型客车则普遍采用三相感应子交流发电机。

轴驱式发电机的工作电压，当功率小于 3 kW 时为 24 V，功率为 3～10 kW 时为 48 V，功率高于 10 kW 时采用 110 V。

车轴与发电机之间的传动装置形式，一般也根据发电机的功率大小而确定：功率在 10 kW 以下时，采用平皮带或三角皮带传动，也可以采用三角皮带与齿轮副二级传动；功率在 10 kW 以上时，一般多采用万向轴传动。10 kW 以下的发电机可以悬挂在转向架的构架上，10 kW 以上的发电机一般需固定在车体底架上。

采用小型柴油发电机组单独供电，可以减少机车牵引动力，提高供电电压，减少蓄电池用电量，便于长期停站时利用市电，但要求机组工作可靠，噪声与振动较小，使用维修方便。这种供电方式适用于带有空气调节装置的软卧车、宿营车。发电机采用三相感应子交流发电机，工作电压为 110 V，功率为 10～40 kW。

二、集中供电

对于用电量较大并且是固定编组的列车，采用全列车集中供电的方式，在设备投资、节约有色金属、减少机车动力与供电设备质量以及便于运用维修等诸方面的要求都极为有利。

列车集中供电的电源，对于非电气化区段，由列车发电车上的柴油发电机组供给；对于电气化区段，可以由接触网通过电力机车主变压器提供。

（一）柴油发电车供电

由发电车的柴油发电机组集中供电时，一般为线电压 400 V、相电压 230 V、三相、50 Hz，通过车端连接器向连挂的客车分二路送电，输电干线压降应不大于 5%。这种供电制式的优点是用电负载（如异步电动机和日光灯以及控制电器与保护元件等）可直接采用民用产品，但输电电流与所需的三相四线制输电干线截面积都较大，干线穿管施工难度较大，对连接器的插头和插座间接触电阻要求非常严格（小于 0.000 8 Ω）。因此，在可能的条件下应将供电干线电压提高。

（二）接触网供电

我国电气化区段接触网电压为单相、工频 25 kV，经电力机车主变压器变换为单相、工频 2×1 500 V 后输送给连挂客车的输电干线，输电功率为 800 kV·A。由于输电电压较高，因此输电干线与车端连接器必须具有良好的绝缘性能。连接器必须带有钥匙，以保证操作安全。

　　由接触网供电的客车，其用电负载特点是空调机组电动机仍采用三相异步电机，由分散于每辆客车中三相逆变器供电；采暖电加热器与电开水炉由降压变压器提供 220 V 单相电源；照明与通风机由带有充电机的蓄电池组供电并通过逆变器变换成交流电，以保证摘挂机车时其也能正常工作。

　　电气化接触网客车供电方式有机车供电、电源车供电和 DC 600 V/AC 380 V 兼容供电三种。

三、混合供电

　　鉴于目前铁路牵引动力还存在多种类型，铁路车辆（如机械冷藏列车）的一些特殊运输条件，除了前述两种供电方式之外，还有必要采用第三种方式，即混合供电。

　　混合供电方式有下列几种：

　　（1）车辆照明和通风机由轴驱式发电机与蓄电池组并联供电，而车上的采暖电热元件则由电气化铁道的接触网供电，这种供电方式适用于电化区段的普通客车。

　　（2）列车或车组正常运用时由柴油发电机组供电，而当列车或车组空载或停站时由轴驱式发电机与蓄电池组并联供电，目前与非空调客车连挂时的空调软卧客车以及机械冷藏列车中宿营车采用这种供电方式。

　　综上所述，车辆的供电系统有多种类型，具体选择时应从下列几个方面考虑：

　　（1）车种及用途。

　　（2）车辆在列车中的编组方式。

　　（3）车辆电气负荷的类型，功率以及它们的用电要求。

　　（4）在保证可靠供电的条件下供电设备的经济性。

任务六　车体配线

任务描述

车体配线是客车供电装置的重要组成部分，它的作用是将供电装置、用电设备和控制保护装置连接成一个完善的电气回路，把电能安全可靠地输送到用电设备中去。本任务主要介绍车体配线基础、集中型客车的车体配线、KC20 型电力连接器和 JL1 型集控连接器。

相关知识

一、车体配线基础

车体配线是客车供电装置的重要组成部分，它的作用是将供电装置、用电设备和控制保护装置连接成一个完善的电气回路，把电能安全可靠地输送到用电设备中去。客车车体配线，根据供电方式的不同分为分散式和集中式；按用途可以分为电力配线和广播配线两个系统；按车体配线在车辆中所在的部位分为车上配线和车下配线两个部分。车上配线即装在客车地板以上的供电线路，它敷设在车内侧壁或车顶棚的间壁内，将电能通过配电盘分送到各用电设备；车下配线即敷设在地板以下的供电电路，它敷设在贯穿车底的电线管内，通过分线盒和电气连接器沟通车辆间的电力系统。

（一）车电装置位置命名方法

为了便于铁路车辆检修，对于车辆及其配件都规定了一定的方位。车辆的方位分为 1 位和 2 位。配件则根据车辆方位再按同类配件的前后左右进行分位。

车辆的分位是以制动缸活塞伸出的方向来决定的，其伸出方向为 1 位或 1 位车端，如图 1-1 所示。为了便于识别，在车体两端脚蹬架外侧用白色油漆喷涂有定位标记"1"和"2"。

根据车端的定位标记，即可对各个车电机具的位置进行命名，具体规定如下：

（1）图 1-1 所示为沿车体长度方向排列的车电装置，按位置称呼法所列的车电机具。沿车体长度方向单行排列，如顶灯、顶扇、床灯及通过台灯，应自 1 位车端顺次数到 2 位车端，称之为第几位某某机具，如图 1-1（a）所示。

（2）沿车体长度左右对称排列或虽不对称但数量较少，如壁灯、壁扇、识别灯、电气连接器、播音连接器、厕所灯及侧灯插座等，可站于 2 位车端面向 1 位车端，自 1 位车端右侧开始，交替数到 2 位车端，称之为几位某某机具，如图 1-1（b）所示。

（3）蓄电池及分线盒，应按第 2 条判断左右的方法，称右侧为 1 位侧，左侧为 2 位侧。每侧分别由 1 位端数到 2 位端，称之为几位侧第几位某某机具，如图 1-1（c）所示。

总之，除蓄电池和分线盒外，数量在两个或两个以上的车电机具，可以站于 2 位车端面向 1 位车端，由远及近，由右到左顺序定位。对于数量仅有一个的车电机具可直呼其名。

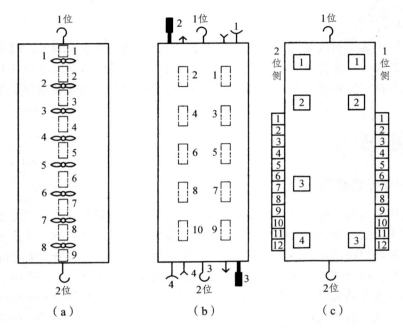

（a）　　　　　　　（b）　　　　　　　（c）

图 1-1　车电装置的位置称呼法

（二）车体配线电工图形符号及标记

1. 电工图形符号

客车车体配线的电路图都是用符号来表示的。根据国家标准并结合客车设计部门的习惯画法，车体装置常用的电工图形符号见表 1-4。

表 1-4　车体装置常用的电工图形符号

名称	符号	名称	称号
客车直流发电机	F　D	排风扇	（符号）
客车感应子发电机	（符号）	电压表 电流表	V　A
蓄电池组	―ᅥᅵᅵᅵ－－ᅥᅵᅵᅵᅳ	扬声器	（符号）

续表

名 称	符 号	名 称	称 号
电力连接器插头、插座	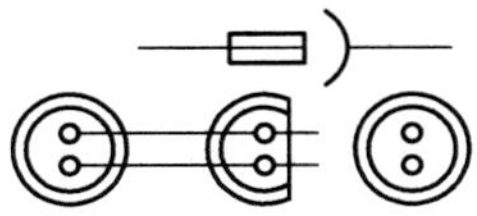	电铃	
播音连接器插头、插座	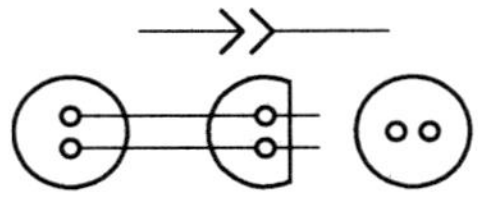	熔断器	
白炽灯		导线 交叉相接	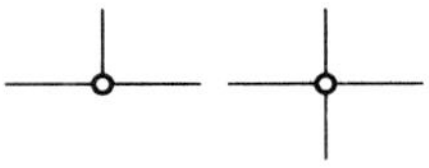
荧光灯		导线 交叉不相接	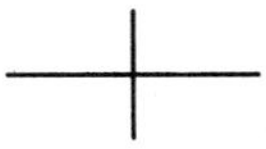
单灯逆变器及荧光灯		正负线	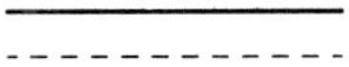
	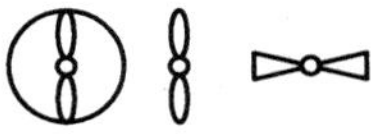	开关	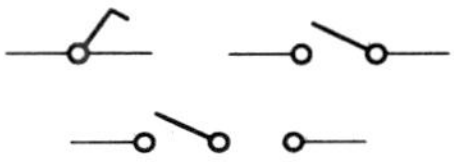
电扇		分线盒	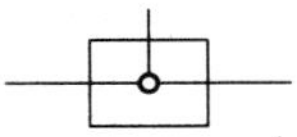

2. 车体配线标记

为便于识别各车体配线，在新造或厂修客车时，必须在各配线线端扎上标示牌。标示牌用钢精轧头制作，并有钢印标记。标记符号一般用汉语拼音的字头表示。

1）配电盘线端标示牌

配电盘线端标示牌标记符号含义见表 1-5。

表 1-5　配电盘线端标示牌标记符号含义

配电盘线端标示牌	终夜灯	半夜灯	房间灯 I	房间灯 II	床灯	风扇	插销	侧灯	水泵	电铃	表示灯	主回路	连接线
标记符号	ZY	BY	FJ1	FJ2	CH	FS	CX	CD	CB	DL	BS	L	H（F）

2）控制箱线端标示牌

控制箱线端标示牌标记符号含义见表 1-6。

表 1-6　控制箱线端标示牌标记符号含义

控制箱线端标示牌	发电机励磁线	控制箱负线	控制用三相电源	控制箱正线	蓄电池正线	输出正线
标记符号	J1、J2	D_	A、B、C	D+	B+	L

3）发电机线端标示牌

输出三相电源——A、B、C；

发电机励磁线——J1、J2。

4）主整流箱线端标示牌

输入三相电源——A、B、C；

输出正主线——D+；

输出负主线——D_。

三、导线选择

(一) 导线的种类及性能

导线根据其结构和用途，一般可分为裸导线、绝缘导线和电缆线三种。裸导线为没有绝缘层和保护层的导线，它不适合用于车辆上的输配电线路。绝缘导线和电缆线通常由导电线芯、绝缘层和保护层三部分构成。导电线芯需具有导电性能好、机械强度大、防腐性能高等特性，绝缘层是将绝缘材料根据其耐受电压程度的要求，以不同的厚度包覆在线芯外面而形成的，它可以把带电体与其他部分隔绝开。对绝缘层材料的要求是，其电气绝缘及热传导性能应良好。保护层用以保护电线免受外界机械的损伤和周围介质的影响，因此要求其质地柔韧且具有相当的机械强度以及耐磨耐酸、耐油和不易燃烧的性能。

绝缘电线及电缆型号样式和型号含义如图 1-2 及表 1-7 所示。

图 1-2　电线及电缆型号样式

表 1-7　电线及电缆型号含义

分类代号（用途）	导　体	绝　缘	护　层	派　生
B: 布电线 F: 飞机用（低压） Q: 汽车用（低压） R: 日用电器软线 Y: 一般工业移动电器用 YH: 电焊机用 A: 安装用 J: 电机引出线	T: 铜（一般省略不表示） L: 铝	X: 橡皮 V: 聚氯乙烯 SB: 玻璃丝 F: 四氟乙烯塑料	H: 橡套 Q: 铅包 BL: 玻璃丝编织涂蜡 V: 塑料护套 L: 棉纱编织涂膜 B: 玻璃丝绕包 HF: 非燃型橡套	R: 软 B: 扁 P: 屏蔽 V: 聚氯乙烯 Q: 轻型 Z: 中型 C: 重型 S: 双绞

（二）导线截面选择

正确地选择导线的截面，不但能保证电力系统正常、经济地运行，而且对节约有色金属也有重大意义。选择导线截面时应考虑下述几方面的因素。

1. 发热条件

对于有电流通过的导线，由于发热而引起的温升超过其允许的最高温升值时，会使导线的绝缘材料失去绝缘性能。所以，当导线周围的介质温度为定值时，所允许通过的电流有一最大限度值，在导线持续地通过此电流的情况下，温升不应超过规定值。例如，橡皮绝缘导线的最高允许温度为+60 ℃，电缆线芯的长期允许工作温度不得超过+55 ℃。根据各种导线的最高允许温度，又可规定出各种导线和电缆的额定电流值。这样，选择导线截面时，应使该导线允许通过的额定电流必须大于持续的最大工作电流，即应选择额定电流大于最大工作电流的导线截面。

2. 导线的机械强度

导线除应有良好的电气性能外，还需具有足够的机械强度。根据机械强度方面的要求，导线所容许的最小截面积通常按其用途、工作环境及连接方式等特点各有不同的数值。

3. 导线的电压损失

当导线输送电能时，由于线路上存在着阻抗，故将产生一定的电压损失。为了保证用电设备的正常工作，电压损失不得超过一定的数值，此数值被称为允许电压损失。

客车车体配线为一般低压网路中的导线，其截面通常根据允许电压损失来选择，然后再根据发热条件和机械强度进行校验。

4. 直流电网中导线截面的确定

1）负载集中在一端的双线制电网

在图 1-3 中，U_1 为配电盘（线路始端）处的电压（V），U_2 为负载的端电压（V）；I 为负载电流（A），l 为导线一边的长度（m）。

由图 1-3 可知，导线的电压损失为

$$\Delta U = U_1 - U_2 = IR = \rho \frac{2lI}{S} \ （\text{V}）$$

则导线的截面积

$$S = 2\rho \frac{lI}{\Delta U} \ （\text{mm}^2）$$

式中　ρ——导线电阻率，铜为 0.018 Ωmm²/m。

2）分布负载的双线制电网

如图 1-4 所示，i_1、i_2、i_3、i_4 分别为各负载的电流（A）；I_1、I_2、I_3、I_4 分别为各线段的电流（A）；R_1、R_2、R_3、R_4 分别为各线段的电阻（Ω），l_1、l_2、l_3、l_4 分别为各线段一边的长度（m）；L_1、L_2、L_3、L_4 分别为配电盘至各负载的距离（m）。

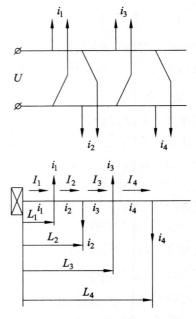

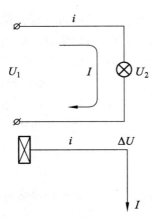

图 1-3 集中负载的电路简图

图 1-4 分布负载的电路

由图 1-4 可得下列关系：

$$I_1 = i_1 + i_2 + i_3 + i_4$$

$$I_2 = i_2 + i_3 + i_4$$

$$I_3 = i_3 + i_4$$

$$I_4 = i_4$$

$$L_1 = l_1$$

$$L_2 = l_1 + l_2$$

$$L_1 = l_1 + l_2 + l_3$$

$$L_4 = l_4$$

假定各段的导线均为同一截面积 S，最远处负载的电压损失等于各线段的电压损失之和，则

$$\Delta U = I_1 R_1 + I_2 R_2 + I_3 R_3 + I_4 R_4$$

将各线段的电阻以 $R_K = \rho \dfrac{2l_K}{S}$ 表示，并代入上式后可得

$$\Delta U = \frac{2\rho}{S}(I_1 l_1 + I_2 l_2 + I_3 l_3 + I_4 l_4) = \frac{2\rho}{S}\sum_{K=1}^{4} I_K l_K$$

将 I_1、I_2、I_3、I_4 的数值代入后可得

$$\Delta U = \frac{2\rho}{S}[l_1(i_1+i_2+i_3+i_4)+l_2(i_2+i_3+i_4)+l_3(i_3+i_4)+l_4i_4]$$

$$= \frac{2\rho}{S}(i_1L_1+i_2L_2+i_3L_3+i_4L_4)$$

$$= \frac{2\rho}{S}\sum_{K=1}^{4}i_KL_K$$

因此，计算导线截面的公式为

$$S = \frac{2\rho}{\Delta U}\sum_{K=1}^{4}I_KL_K \quad (\text{mm}^2)$$

或

$$S = \frac{2\rho}{\Delta U}\sum_{K=1}^{4}i_KL_K \quad (\text{mm}^2)$$

5. 交流电网中导线截面的确定

对于单相或三相交流电网中导线的电压损失，可由图 1-5 所示的电压矢量图求得。图中，U_1 为线路始端的供电电压（V），U_2 为负载的端电压（V）；φ 为负载端的功率因数，I 为负载电流（A），R 为一根线路的电阻（Ω），X 为线路的感抗。

由图 1-5 所示的关系可知，线路的电压损失是线路始端电压 U_1 和负载端电压 U_2 有效值的向量差，即

$$\overline{\Delta U} = \overline{U_1} - \overline{U_2}$$

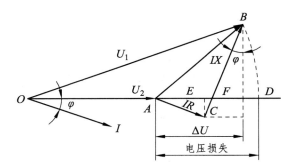

图 1-5　电压矢量图

矢量图上，AB 表示电压降的大小；若以 O 为圆心，OB 为半径作圆弧交 U_2 的延长线于 D，则 AD 就是电压损失的大小。由于 φ 角很小，为了计算的简便，可近似地认为 $AD \approx AF$（AF 为 AB 在 AD 线上的投影）。

而　　　　　　　$AE = IR\cos\varphi \quad EF = IX\sin\varphi$

则　　　　　　　$\Delta U = IR\cos\varphi + IX\sin\varphi$

在单相交流电网中，两根线路的电压损失为

$$\Delta U = 2I(R\cos\varphi + X\sin\varphi)$$

在三相交流电网中，线路的线电压损失为

$$\Delta U = \sqrt{3}I(R\cos\varphi + X\sin\varphi)$$

由于列车的车体配线长度 l 不大，电抗 X 的影响较小，故可以略去不计。若以 $R = \rho\dfrac{l}{S}$ 代入后，则可以得

在单相交流电网中

$$\Delta U = \rho\frac{2lI}{S}\cos\varphi \quad （V）$$

在三相交流电网中

$$\Delta U = \sqrt{3}\rho\frac{lI}{S}\cos\varphi \quad （V）$$

设电压损失的百分数为

$$\varepsilon = \frac{\Delta U}{U_2}\%$$

并以 $I = \dfrac{P}{U_2\cos\varphi}$ 代入后，则单相电路中，导线的截面积为

$$S = \frac{2\rho lP}{\varepsilon U_2^2} \quad （mm^2）$$

三相电路中，导线的截面积为

$$S = \frac{\sqrt{3}\rho lP}{\varepsilon U_2^2} \quad （mm^2）$$

四、车体配线绝缘电阻的测量

车体配线绝缘的检测方法常用的有导线接地（又称为打火法）、灯泡接地（又称为亮灯法），但这两种方法只能粗略判断漏电程度，不能准确地反映绝缘电阻值的大小。

目前，车体配线的绝缘性能常用 100 V 或 500 V 兆欧表来测量或使用直读式绝缘电阻检测表，图 1-6 所示为这种检测表的外形结构，它是由下述三个部分组成的。

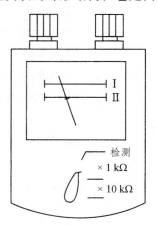

图 1-6　直读式绝缘检测表

（1）接线柱，为了方便检测，接线柱一个接地，另一个接车体正线或负主线。

（2）表头采用磁电式直流微安表。

（3）转换开关分为如下三挡：

① "检测" 位置——检测绝缘是否接地或绝缘是否合格，在刻度线读数。

② "×1 kΩ" 位置——用于检测全列车的绝缘，在刻度线读数。

③ "×10 kΩ" 位置——用于检测母车与子车的绝缘，在刻度线读数。

客车车体配线的绝缘测量，用 500 V 级绝缘电阻计测量正负两线间及各车体间的绝缘电阻值应符合表 1-8 的规定。

表 1-8　客车车体配线的绝缘测量值　　　　　　　　单位：MΩ

线别		相对湿度			
		≤60%	61%～70%	71%～80%	≥80%
电力配线（24 V/48 V）		0.2	0.12	0.08	0.024
播音线		1	0.7	0.3	0.1
交流配线	100 V 以下	1	0.75	0.25	0.1
	100 V 以上	2	1.5	0.75	0.25

五、客车集中式供电系统车体配线

目前，我国 25G、25K 型空调客车集中供电系统多采用在车列前端或尾端加挂一辆柴油发电车，车上安装柴油发电机组，通过电力电缆和车端电力连接器，将电能输送到各节客车上。有的车辆具有遥测、遥控电缆，以便将各车的测温信号以及空调机组故障显示信号传送至乘务发电车，并将值班人员发出的控制指令传送到各节客车上。由于这种供电方式输送的是 380 V/220 V 三相交流电，电压较高，因此，对于这类客车的车体配线在绝缘、配线工艺等方面都有较高的要求。下面以长春轨道客车股份有限公司生产的 YZ 25 K 型空调客车为例，介绍车体配线情况。

我国长春轨道客车股份有限公司生产的 YZ 25 K 型空调客车的车体配线，包括车下配线、车上配线、连接器三大部分。

（一）车下配线

车下配线包括输送三相交流电的主线、电力连接器及车下各负载支线等。车下主线用来沟通发电车与各车辆间的电力系统，同时供给本车用电。由于空调客车用电量较大，每辆车耗电约为 30 kW，为了使远离发电车的车辆的输入电压保持恒定，故要求车下正、负主线应有足够的截面积，以减小主线上的电压损失，保证各辆车都得到较均衡的输入电压。

在满足导线截面积的条件下，车下主线采用两路并联的方法，同时每路中的三相导线各用三根 DCYH-1-750 V 的电线并联组成，并将它们敷设在钢管内，以增加强度。

图 1-7 所示为车下配线图，其一路三相主线敷设在 1 位侧，而另一路三相主线则敷设

在 2 位侧。这两路主线可以将三相交流电同时送至车上的配电盘，以保证各负载的用电。车下有 $J_1 \sim J_4$ 四个干线接线箱，$J_5 \sim J_7$ 三个电空制动线接线箱，另还有 $J_8 \sim J_{19}$ 共 12 个接线盒，其中轴温传感器四个感温头的导线引至 $J_8 \sim J_{11}$，制动系统中四个轴上的速度传感器的引线接至 $J_{12} \sim J_{15}$，轴温传感器的导线与速度传感器的导线均由 1 位端 1 位侧引上车，制动电子防滑器的引线接至 $J_{16} \sim J_{19}$。1 位侧的零线横跨车底架，引至 1 位侧与 2 位端零线连接后直接接地。供本车用电的两路三相导线共六根都是由 1 位端 2 位侧引上车。

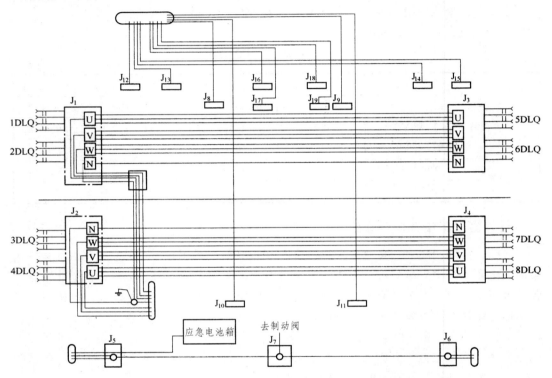

图 1-7　长春轨道客车股份有限公司 YZ 25K 型空调客车车下配线

（二）车上配线

由车下主线输入的三相交流电，由 1 位端接线板 JXH1 引至控制柜，经电源控制柜引向空调机组控制柜、照明控制箱等电气设备。

车内的负载按电压可分下列三种。

（1）三相 380 V 交流对称负载。空调机组各种电机、废气排风机、新风机、客室电热器、电茶炉。

（2）单相 220 V 交流负载。车内照明、各种控制回路。

（3）DC48 V 直流负载。轴温报警器、侧灯、应急灯、电话插座、广播、水位显示、温水箱加热、信息显示等。

按负载的性质及用途，车上配线包括动力配线、照明配线、播音配线、电话配线及遥测控制线等。

1. 动力配线

空调机组的动力干线由空调控制柜 KTG 引出，一路在配电室引至 1 位端走廊顶棚上与 1 位机组插头 1KTCT 连接；另一路从 1 位端引至 1 位侧，分布在 1 位侧交流线槽内，沿着 1 位侧至 2 位端后，在 2 位端引至 2 位侧分别与 2 位空调机组插头 2KTCT 及排风扇电机 PFS 连接。电开水炉 DCL 的动力干线由电开水炉控制箱引出，在 1 位端 1 位侧引至 2 位侧，与电开水炉 DCL 连接。空调控制柜与电开水炉控制箱的电源均由电源控制柜提供。

2. 照明配线

客室内由 30 盏 40 W 荧光灯组成两条光带作为客室主照明；每条光带中设一根 40 W 荧光灯（12EGD 和 29EGD）用于应急照明。通过台脚蹬上方各设一盏 2×15 W 吸顶灯；两端走廊、乘务员室各设一盏部统型 2×15 W 吸顶灯；洗脸室、配电室、厕所各设一盏 15 W 部统型壁灯；配电室、乘务员室走廊各设一盏 15 W 灯用于应急照明。另外，客室 1、2 位端头上设信息显示屏。照明干线从乘务员室的照明控制箱引出，自 1 位端引向 2 位侧，分布在 2 位侧交流线槽内。

3. 播音配线

沿着车体长度方向在客室顶部均布 4 个扬声器 1FQ-4YQ。播音干线布置在客室 2 位侧直流线槽内，两端分别引至接线板，然后与车端播音连接器的插头和插座相连。扬声器的支线上不设开关，均由广播室控制。

（三）连接器

1. 电力连接器

常用的电力连接器主要有 KC20 型和 SL21 型，KC20 型电力连接器用于铁路空调客车传送三相动力电源，其具有接触电阻小、承载电流大、温升低、磨损小、寿命长、操作方便省力等优点。KC20 型电力连接器的安装尺寸和操作方式与原有铁路客车 JL₂ 型连接器完全一致，使用方便。例如，DC 600 V 车端连接器采用 KC20D 型电力连接器，外形及安装尺寸与 KC20A 型电力连接器相同，四对接触对的容量相同，其中，2 对作为 DC 600 V 正线连接，另 2 对作为 DC 600 V 负线连接。DC 110 V 采用 SL21 型电力连接器，两对接触对的容量相同，其中，一对作为 DC 110 V 正线连接，另一对作为 DC 110 V 负线连接。集控线通过集控连接器中的 2 对或 4 对接触对相连。

KC20 型电力连接器结构如图 1-8 所示，主要由插头、插座和操作机构（防护盖、摇臂）组成。插头与插座相应安装有 4 套自锁紧锥形接触对，每个插销都可自由浮动，每个插套都设置圆柱压缩弹簧，因此在插合时，能自动保证接触对准确、稳定、牢靠地连接。

2. 集控连接器

JL1 型集控连接器是用来沟通各客车的空调机组集控电缆，以便在发电车上实现集中控制。它由插头和插座两部分组成，其结构如图 1-9 所示，是一种防水、直插、机械锁紧的插头和插座，质量约 2.6 kg。

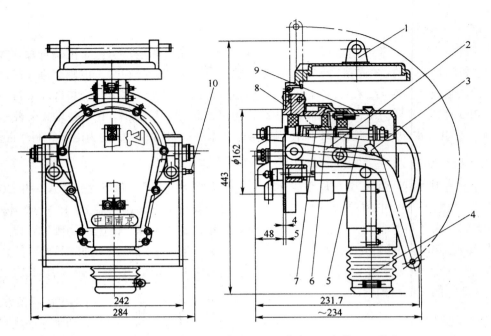

1—插座防护盖；2—摇臂；3—拉钩；4—防护套；5—插销；6—插套；
7—圆柱压缩弹簧；8—插座；9—插头；10—保险钩。

图 1-8　KC20 型电力连接器

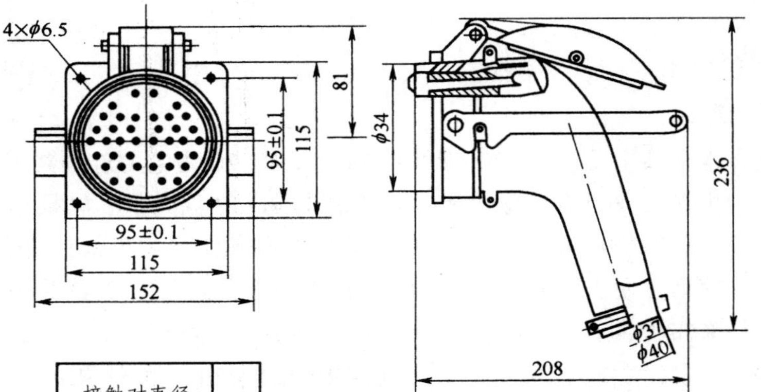

接触对直径 及分存情况		接触总对数
2.5	3.5	
ϕ	ϕ	
41	2	43

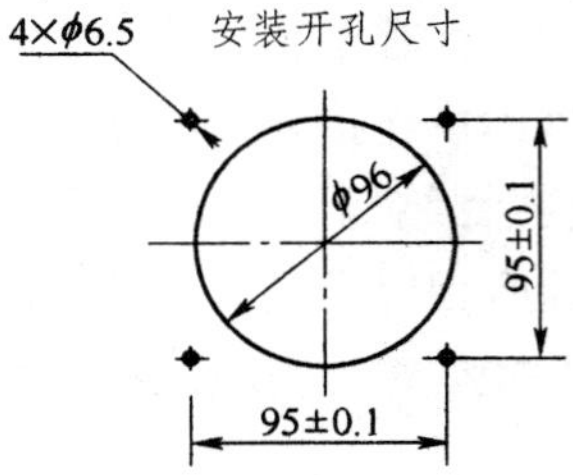

4×ϕ6.5　安装开孔尺寸

图 1-9　JL1 型集控连接器

　　在车体配线结束后，应进行绝缘耐压试验。根据规定，客车电力连接配线的绝缘电阻值应大于 1 MΩ，在 50 Hz、750 V 电压作用下能耐压 1 min 以上；客车广播配线的绝缘电阻值应超过 2 MΩ 并在 50 Hz、1 500 V 电力作用下进行 1 min 试验，导线绝缘不得击穿。

知识拓展

东芝公司对铁道车辆电气装置的技术研究

随着对地球环保意识的普遍增强,人们越来越关心铁道车辆电气装置对人和环境的适应性,为了对应这种需要,东芝公司进行了相应的研究开发。其最新研制包括下一代牵引电动机,小型电源装置和电力机车用大容量水冷式变流装置,全电气制动控制和永磁电机无传感器控制,铝制管道式利用走行风的自冷式主变压器和待机备用方式或并联运行方式的辅助电源装置等。

一、牵引电动机

(一) 牵引电动机开发动向

车辆用牵引电动机要求具有大的功率,但受转向架安装空间的限制,必须尽可能小型轻量化。为此,主要利用外部空气直接进入电动机内部冷 却发热体的开放式通风方式,如近郊、通勤车采用自通风式的牵引电动机;新干线或电力机车用的大功率牵引电动机则采用强迫通风方式。

这种开放式通风,会使尘埃随风进入电机内部并堆积,不可避免地会降低冷却性能,为此,使用过程中必须定期解体、清扫电机。解体、清扫周期由使用条件和外部环境决定,如通勤、近郊车,一般每 4 ~ 6 年解体一次。近年来希望进一步减少维护和延长维护周期,并节省能源和降低伴随通风产生的噪声。图 1-10 展示了根据这些要求开发的下一代牵引电动机。

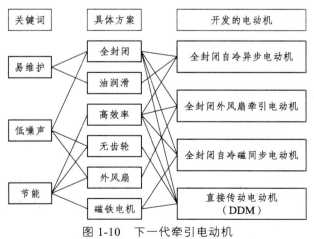

图 1-10　下一代牵引电动机

(二) 下一代牵引电动机

1. 直接驱动电动机(Direct Drive Motor,DDM)

这种电机取消了以前必不可少的齿轮传动装置,同时把电动机全封闭,可实现无维护。由于采用了永磁电动机，效率可提高 7%，噪声可减少 17 dB。

2. 全封闭自冷电动机

在以往的传动系统中，只要把电动机完全封闭，就能实现在开放式中无法实现的低噪声、高效率、少维护。但只有全封闭形式的永磁电动机才能与原来的自通风电机具有相同的功率和体积。另外，异步电动机若采用油润滑轴承的新技术，因其体积增加较少也能做成全封闭自冷式。

3. 全封闭外通风电动机

根据新开发的外风扇冷却的结构，异步电动机可以做成与过去自通风电机用同样的脂润滑，且体积增加不多的全封闭形式。噪声可以控制得比开放式更低，且对整体系统影响不大，也可延长维护周期。

二、变流装置

(一) 小型轻量化

将来自接触网的电力变成所希望的电压、频率的变流装置（包括主变流装置、VVVF逆变器和辅助逆变器等）必须放在车体下的有限空间里，故尤其要求小型轻量化。如果占变流装置 1/2 体积的电源部件能做得小而轻，则安装的自由度大，维护方便。为了实现电源部件的小型轻量化，就要使作为关键部件的电力半导体器件的耐压提高、损耗降低，同时使电源部件的结构和冷却技术最佳。

用 3.3 kV/1 200 A 定额的 IGBT（其开关损耗比以往的 IGBT 降低 30%），并采取热管冷却技术开发的小型二点式逆变器，可驱动 4 台 200 kW 的异步电动机。图 1-11 所示为 2 组逆变器与冷却器一体化结构，是一种有效利用空间、小型轻量化的二合一逆变装置。在 3 个热管区的两侧各安装 1 重和 2 重 IGBT，就能实现在一个箱体内安装 2 组逆变器。

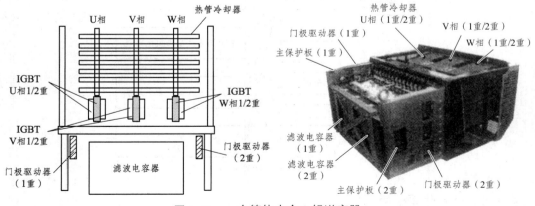

图 1-11　一个箱体内含 2 组逆变器

另外，双重式辅助电源系统的变流装置，则把备用元件和正使用的元件配置在热管的两侧，从而可更有效地利用冷却器。

（二）大容量

对大功率、大牵引力的电力机车，其变流装置必须有大的容量。图 1-12 所示为电力机车用大容量变流装置，对于交流接触网供电，其主变流装置由 3 组变流器、逆变器组件组成，各组完全独立，各自能控制 1 100 kW 的异步电动机。

逆变器　　　　变流器　　　　辅助电源

1组

2组

3组

图 1-12　电力机车用大容量水冷却主变流器

在采用 4 500 V/900 A 的 IGBT 元件，构成二点式变换回路中，采用 2 个变流器并联连接，1 个逆变器并联连接。

主变流装置内还内置 230 kV·A 辅助电源，其冷却方式为，变流器和逆变器采用强制循环水冷，辅助电源采用强迫风冷，冷却系统是分开的独立系统。

三、通过控制来追求舒适和提高可靠性

（一）电气制动

由于采用矢量控制，异步电动机即使在极低的速度下也能进行稳定的转矩控制。全电气制动控制是矢量控制的效果之一，它可以实现仅用电气制动使车辆完全停住。目前的铁道车辆较多还是采用空气制动与电气制动并用的方式。

过去的滑差频率控制，在极低速度下的电动机转矩控制较困难，当要停车时就切换用空气制动。但空气制动是利用车轮与闸瓦间的摩擦，因此极其细小的转矩控制是很难的，从维护方面也要求减少闸瓦磨耗。因此停车时不切换到空气制动，只用电气制动就能停车的优点是很大的。

（二）永磁电动机的无传感器控制

过去，都要用速度传感器实现牵引电动机控制，但因为传感器及接口电路成本高、安装传感器的空间有限、传感器安装精度及其可靠性、要经常维护、信号配线又麻烦等原因，所以希望不使用传感器。在牵引电动机是异步电动机的控制中，现已实现了无传感器的控制方式。

四、主变压器

利用走行风的自冷式主变压器以前的主变压器，其冷却方式多以强迫通风为主，而在已有线路机车动车上的主变压器中，正在扩大应用通过走行风进行冷却的自冷式油冷器的冷却方式。

自冷式主变压器因为是利用走行风，不需要风机，故主变压器具有小型、轻量、低噪声、节能和少维护等优点。

实训项目

DC 600 V 提速客车干线绝缘检测作业指导书	
适用范围	适用于库列检作业人员对 DC 600 V 提速客车绝缘检测作业
作业条件 （含配套设备）	客车整备线路
使用工具	湿度计、1 000 V 兆欧表、万用表、DC 110 V 试灯、电工工具
注意事项	1. 作业人员必须按规定穿戴劳保防护用品。 2. 严禁带电作业。 3. 检测用湿度计、兆欧表等仪表工具须有定期计量校验标记且在校验有效期内
安全提示	1. 雨雪天气时，当心滑倒。 2. 现场作业时，不得侵限

作业步骤及质量标准	图示
1. 作业前准备 ▲（1）检查作业工具、仪器仪表外观良好。 （2）到安全员处办理上车手续，填写内容字迹清晰工整，时间准确	
2. 断电、复位 ▲（1）逐辆卸载，按程序断电。 （2）逐辆将配电柜主电源选择开关置于零位（断位），同时断开 Q1、Q2 主开关	
3. 检查绝缘表校验情况 以 120 r/min 摇动 1 000 V 绝缘表，进行开路、短路试验。 ▲（1）绝缘表在校验有效期内。 （2）短路试验时表针指零、开路试验时表针指向无穷大	

作业步骤及质量标准	图示
4. 端部连接线、座检查。 ▲（1）检查列车北头电力连接线、DC 110 V 连接线及通信线，外部护套无破损，防水护套与插头处密接可靠。 （2）电力连接线、DC 110 V 连接线及通信连接线座，密封胶圈密封、防水作用良好，接线端子、插针、插孔无缩针、缩孔、松动、锈蚀、变色、灼痕、烧损。 ★ 检查前确认Ⅰ、Ⅱ路干线无电	
5. 测试干线电气绝缘 ▲（1）在列车北头车端连接线座处使用1 000 V 级兆欧表进行 DC 600 V 干线绝缘测试。 （2）测试Ⅰ路干线绝缘。 ① 将兆欧表表笔分别置于连接线正、负插针，测试正、负线间绝缘阻值。 ② 将兆欧表表笔一支置于正线插针，另一支连接车体金属处，测试正线与车体绝缘阻值。 ③ 将兆欧表表笔一支置于负线插针，另一支连接车体金属处，测试负线与车体绝缘阻值。 （3）测试Ⅱ路干线绝缘。 ① 将兆欧表表笔分别置于连接线正、负插针，测试正、负线间绝缘阻值。 ② 将兆欧表表笔一支置于正线插针，另一支连接车体金属处，测试正线与车体绝缘阻值。 ③ 将兆欧表表笔一支置于负线插针，另一支连接车体金属处，测试负线与车体绝缘阻值。 ★ 测试前确认Ⅰ、Ⅱ路干线无电	

作业步骤及质量标准	图示
6. 测试 DC 110 V 干线电气绝缘 ▲（1）装有 DC 110 V 车列漏电检测装置的运用客车，车列绝缘以漏电检测装置无报警为合格。 （2）无 DC 110 V 车列漏电检测装置的客车在北头 DC 110 V 连接器座处使用 DC 110 V/25 W 试灯测量绝缘，正负极对地以灯泡钨丝不红为准	
7. 通信干线测试 （1）通信干线通路测试。 ▲列车北（南）头使用万用表对通信干线 1 位侧、2 位侧进行通路测试。 ★测试前车上相应电器必须关闭。 （2）供电控制回路测试。 ▲①闭合南（北）四合一控制柜 Q12、Q18、SB2 开关。 ②使用 DC 110 V/25W 试灯测试北（南）头集控电源负线（32 针）与供电请求（8 针）、供电允许（9 针）、集控电源正线（31 针），是否有 DC 110 V 电源，有控制回路正常，无控制回路异常	
8. 记录、确认 ▲ 记录测试结果。 ★ 绝缘值不得低于《列车干线绝缘测试值表》（见表 1-9）；测试不合格查明原因，彻底消除故障	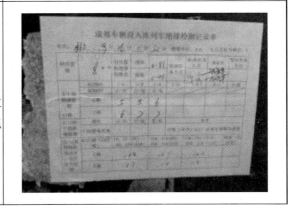

续表

作业步骤及质量标准	图示
9. 完工 清查工具、材料，进行场地清理。 ▲ 做到工完、料净、场地清。 ★ 按规定办理下车手续	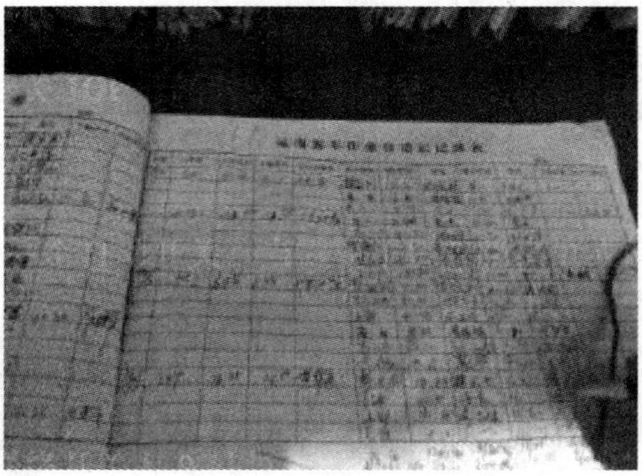

表 1-9　列车干线绝缘测试值

单位：MΩ

线别	DC 600 V 及 DC 600 V/AC 380 V 兼容供电				AC 380 V 供电			
类别	运用列车		运用单车		运用列车		运用单车	
湿度	线间	线地	线间	线地	线间	线地	线间	线地
<60%	2	1	4	2	2	1	4	2
61%	1.95	0.98	3.88	1.94	1.94	0.97	3.88	1.94
62%	1.9	0.95	3.76	1.88	1.88	0.94	3.76	1.88
63%	1.84	0.92	3.64	1.82	1.81	0.91	3.64	1.82
64%	1.78	0.89	3.52	1.76	1.75	0.88	3.52	1.76
65%	1.72	0.86	3.4	1.7	1.68	0.85	3.4	1.7
66%	1.67	0.84	3.28	1.64	1.62	0.82	3.28	1.64
67%	1.61	0.81	3.16	1.58	1.55	0.79	3.16	1.58
68%	1.56	0.78	3.04	1.52	1.49	0.76	3.04	1.52
69%	1.5	0.75	2.92	1.46	1.42	0.72	2.92	1.46
70%	1.44	0.72	2.8	1.4	1.36	0.69	2.8	1.4
71%	1.39	0.7	2.68	1.34	1.29	0.66	2.68	1.34
72%	1.33	0.67	2.56	1.28	1.23	0.63	2.56	1.28
73%	1.28	0.64	2.44	1.22	1.16	0.6	2.44	1.22
74%	1.22	0.61	2.32	1.16	1.1	0.57	2.32	1.16
75%	1.16	0.58	2.2	1.1	1.03	0.54	2.2	1.1
76%	1.11	0.56	2.08	1.04	0.97	0.51	2.08	1.04

线别	DC 600 V 及 DC 600 V/AC 380 V 兼容供电				AC 380 V 供电			
类别	运用列车		运用单车		运用列车		运用单车	
湿度	线间	线地	线间	线地	线间	线地	线间	线地
77%	1.05	0.53	1.96	0.98	0.9	0.47	1.96	0.98
78%	1	0.5	1.84	0.92	0.84	0.44	1.84	0.92
79%	0.94	0.47	1.72	0.86	0.77	0.41	1.72	0.86
80%	0.88	0.44	1.6	0.8	0.71	0.38	1.6	0.8
81%	0.83	0.42	1.48	0.74	0.64	0.35	1.48	0.74
82%	0.77	0.39	1.36	0.68	0.58	0.32	1.36	0.68
83%	0.72	0.36	1.24	0.62	0.51	0.29	1.24	0.62
84%	0.66	0.33	1.12	0.56	0.45	0.26	1.12	0.56
>85%	0.6	0.3	1	0.5	0.38	0.22	1	0.5
兆欧表等级	1 000 V				500 V			

复习与思考

1. 客车电气装置可分为哪几个主要组成部分?

2. 电能在铁路客车上有哪些应用?

3. 我国铁路客车现已使用的供电装置有哪几种?

4. 车辆供电方式的种类及特点有哪些?

5. 车辆设备的运用条件是什么?

6. 对于全国通用的车辆,其车辆设备应当满足什么样的工作环境条件?

7. 客车车体配线包括哪几部分?

8. 客车配线选用导线时应满足哪些条件?

Part Ⅱ

项目二
蓄电池供电系统检修

【项目目标】

目标类型	目标要求
知识目标	（1）了解蓄电池供电系统的分类及组成； （2）掌握铅蓄电池和镉镍蓄电池的构造及其电化学反应方程式； （3）了解车辆用电池的前沿发展； （4）学习蓄电池检修指导书
能力目标	（1）能区分铅蓄电池和镉镍蓄电池； （2）能正确使用蓄电池检修工具； （3）能对碱性/铅酸蓄电池进行各项检修作业
素质目标	（1）具有强烈的责任和安全生产意识； （2）具有健康的体魄，良好的生活工作习惯； （3）具有自我学习、解决实际问题的能力； （4）能够分析工作中的不安全因素，并能及时采取防范措施； （5）能够节约资源和自觉保护环境意识； （6）能够与人进行良好的交流，并有团队合作精神与职业道德

【项目背景】

20世纪50年代以前，铁路车辆上使用的蓄电池是铅酸蓄电池，特点是规格型号多，电气性能和技术经济指标比较落后，采用涂膏式极板，体积和质量大，维修保养工作量大，不便于拆装。

20世纪60—90年代，客车上基本使用了TG型蓄电池。这种蓄电池的电气性能和技术经济指标都有了改进和提高。它的极板结构是把阳极板做成管状，大大提高了它的使用寿命。但因TG型蓄电池仍属铅酸蓄电池，它固有的缺陷无法克服，如对环境污染等。为了解决酸性电池存在的问题，1986年原铁道部车辆局组织有关部门和单位进行探讨，选择了碱性蓄电池作为客车供电电源。20世纪90年代，客车开始使用碱性蓄电池。

客车上蓄电池使用量大，制造、检修成本高，寿命短，正确地使用和维护，对延长蓄电池的使用寿命，保证列车正常供电，降低客车检修成本，具有重要意义。

【建议学时】

4学时

任务一 蓄电池供电系统概述

任务描述

在列车单独式供电系统中，蓄电池组与轴驱式发电机并联使用，作为旅客列车低速运行或停站时车上用电器的电源；在列车集中供电系统中，蓄电池作为柴油机的启动电源和客车应急电源。客车蓄电池按用途分为供电蓄电池、启动蓄电池两类，本任务将学习这两类蓄电池供电系统组成。

相关知识

一、供电蓄电池

普通客车及德国进口空调客车，采用轴驱式发电机与蓄电池组并联供电。当车辆停站或低速运行时，轴驱式发电机尚未建立足够电压，车上电灯、电扇、电动水泵以及空调机组均由蓄电池组供电。普通客车采用 48 V 直流电源，其蓄电池组由 24 只蓄电池串联而成；空调车采用 110 V 直流电源，由 56 只铅蓄电池或 78 只镉镍蓄电池串联供电。

DC 600 V/380 V 兼容集中供电空调客车，为了保证照明、通风及控制电器使用不间断电源，采用 110 V 供电装置。这种装置由充电器、蓄电池组等部件组成。其中，蓄电池组采用 78 节中倍率碱性蓄电池，200 km/h 电力动车组采用镉镍免维护电池，额定电压为 93.6 V，容量为 100 A·h，额定充电电压为 115 V，最大允许充电电流为 25A。充电器将 600 V 直流电变换成 110 V 直流电，向蓄电池充电的同时，对 110 V 用电负载供电。当摘挂机车或停电时，由蓄电池供给照明、通风及控制电器等用电。

二、启动蓄电池

发电车和带有空调装置的软卧车或公务车中的柴油发电机组，用启动蓄电池驱动直流电动机启动柴油机，使柴油机转速达 100 r/min 以上。

启动蓄电池具有大电流（400～1 000 A）放电、蒸馏水消耗多、充放电频繁的工作特点。

任务二 铅蓄电池

任务描述

客车用蓄电池根据极板所用材料和电解液性质的不同，一般可分为酸性（铅）蓄电池和碱性 GN（镉镍）蓄电池两种。

在我国铁路客车上使用的酸性蓄电池为 TG 型（T 表示铁路用，G 为本型电池采用管式正极板），电池标称电压为 2.0 V。

客车用蓄电池是一种化学电源，它可以把电能转换为化学能储存起来，使用时再把化学能转换为电能释放出去，前者称为充电，后者称为放电。蓄电池的充、放电是可逆的，可以反复使用，这是蓄电池和其他化学电源的主要区别之一。本任务将学习 TG 型铅蓄电池的构造、蓄电池特性以及充放电工作原理。

相关知识

一、TG 型铅蓄电池的构造与电化学反应方程式

TG 型铅蓄电池的结构如图 2-1 所示。

（一）正极板群

为增大蓄电池的容量，获得较大的放电电流，蓄电池有 10 片正极板。每片正极板又由板栅铅芯、套管和作用物质三部分构成。

（二）负极板群

负极板群是由 11 片涂膏式负极板组成，每片负极板由栅格状基板和铅膏两部分构成。在蓄电池极板群的制作中，均使负极板片数比正极板片数多一片，这是由于蓄电池在放电时正极板上的二氧化铅要转化成硫酸铅，作用物质体积发生膨胀，如果正极板和负极板数量相同，放电时最外侧的一块正极板只一面发生作用，易产生单面膨胀造成极板弯曲。

新造蓄电池在工厂内要进行化成充电，其目的是要使两极板上的作用物质（此时的极板为生板）电化成有用的作用物质，即正极板上为多孔性的二氧化铅，负极板上为海绵状铅，同时具有疏松适度的结构。经化成后的正负极板群，在其极板表面不仅积聚了有效的作用物质，而且也构成了电池在充放电过程中的电流通路。

（三）隔　板

隔板用来隔离正、负极板，防止它们互相短接。

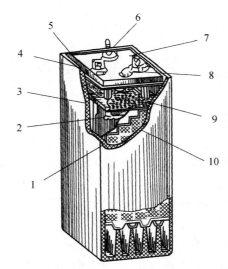

1—正极板群；2—负极板群；3—电池槽；4—极耳卡；5—沥青封口；6—浮标；
7—电池盖；8—注液孔盖；9—防护板；10—隔板。

图 2-1　TG 型蓄电池结构

（四）电池槽

电池槽是盛装极板群和电解液的容器，其底部有支持极板的脚垫，以防止作用物脱落造成极板底部短接。

（五）电池盖及浮标

电池盖及浮标结构如图 2-2 所示。

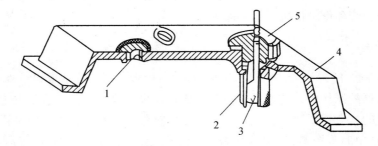

1—注液孔；2—浮标套；3—浮标；4—电池盖；5—浮标孔盖。

图 2-2　电池盖及浮标结构

电池盖上有极耳孔、注液孔及浮标孔。浮标孔盖中央处装有浮标套、浮标和浮标孔盖。浮标是指示电解液液面高度的装置，它的上部有三条指示线，中间为蓝色，其他两条为红色。当蓝色指示线与浮标孔盖顶面在同一水平时，表示液面高度合适，当上端或下端红线与浮标孔盖顶面在同一水平线时表示液面高度已达到最低或最高限，遇此情况应对液面高度进行调整。注液孔上旋有注液孔盖，其侧面有排气孔。注液孔盖旋下后可以给电池补液，充电时电池内产生的气体可从排气孔排出。蓄电池全部组装好后，用沥青将盖与槽封固，防止进入灰尘和电解液溢出。

（六）铅蓄电池的电化反应方程式

$$PbO_2 \ + \ 2H_2SO_4 \ + \ Pb \ \underset{\text{放电}}{\overset{\text{充电}}{\rightleftharpoons}} \ PbSO_4 \ + \ 2H_2O \ + \ PbSO_4$$

（正极板）（电解液）（负极板）　　　（正极板）（电解液）（负极板）

当蓄电池放电时，应放到规定的终止电压即停止，即蓄电池不宜过度放电（简称为过放电）。蓄电池过放电时，容易使与有效作用物质混在一起的微小硫酸铅结晶形成较大的晶粒，增大极板电阻，再充电时就很难还原，甚至结晶到一定程度后导致蓄电池容量严重下降。

当蓄电池充电终期时，由于正负极板上的硫酸铅（$PbSO_4$）大部分已被还原成二氧化铅（PbO_2）和海绵状铅（Pb），若再继续充电，充电电流只能起到分解水的作用，在负极板上有氢气（H_2）逸出，在正极板上则有氧气（O_2）逸出，造成强烈的冒气现象。因此，蓄电池充电终期应注意充电电流不宜过大，否则，产生强烈气泡，造成极板上的作用物质脱落，影响蓄电池的寿命。

二、电解液

电解液是电池进行电化学反应的参加物和内部导电的条件。铅蓄电池的电解液是用浓硫酸和纯水按一定比例调制而成的稀硫酸。所用的浓硫酸是一种无色、无臭的透明油状体，在 15 ℃ 时的密度为 $1.835×10^3$ kg/m³，含纯硫酸 93.2%，所用的水必须是经过净化的水（如蒸馏水），不能用自来水和其他天然水代替。其中，蒸馏水中氯离子含量不得大于 5.5 mg/L，铁离子含量不得大于 5.0 mg/L，蓄电池用蒸馏水作电导实验时，其绝缘值应大于或等于 0.3 MΩ。

三、铅蓄电池的特性

（一）电动势

在实际运用中，铅蓄电池的电动势可按 $E=0.85+d$（V）计算，式中 d 是电解液在极板有效物质细孔中的密度（15 ℃）。在充电或放电终了后的一段不长的时间内，蓄电池的电动势略有降低，在放电后则略有升高。

蓄电池的电动势在静态时均为 2.00 ~ 2.06 V，一般按 2 V 计算。

（二）端电压

蓄电池的端电压随电池充放电的状态而变化。放电时端电压降低，充电时端电压要比电动势高，相差的数值等于放电电流或充电电流在电池内阻上的电压降。

（三）容　量

蓄电池由充电充足状态放电至规定终止电压时，所放出的总电量为蓄电池的容量，它表现出蓄电池的蓄电能力。当蓄电池以恒定电流放电时，它的容量 C 等于放电电流值 $I_放$ 和放电时间 $T_放$ 的乘积，单位符号为 $A \cdot h$，即 $C = I_放 T_放$。蓄电池的容量大小与很多条件有关，如蓄电池的充电程度、放电电流、放电时间；电解液的密度、温度；电池的效率和新旧程度以及蓄电池极板表面进行电化反应时参加反应的作用物质的多少等。影响运行中蓄电池容量的主要因素有以下两个方面。

（1）放电率：蓄电池放电至终了电压的快慢叫作放电率。放电率可以用放电电流的大小或者放电至终了电压的时间长短来表示。例如，一只 315 A·h 容量的蓄电池，以 52.5 A 电流放电，6 h 后达到终了电压。此时，如用电流表示放电率为 52.5 A 率；如以时间表示则为 6 h 率。一般放电率常用时间表示。

（2）电解液温度：电解液温度高时，蓄电池容量增大；反之容量下降。

为了统一考察蓄电池的容量，根据检修规程的规定，TG 型蓄电池的额定容量是以电解液平均温度为 30 ℃ 时 6 h 率的放电容量为标准。

（四）内　阻

蓄电池的内阻包括极板的电阻、电解液的电阻以及作用物质细孔内所含电解液的电阻等，其中主要是作用物质的电阻和电解液的电阻。蓄电池的内阻与电解液的温度成反比，温度高时内阻小，温度低时内阻大。此外，电池的内阻还随电池充放电程度而变化，充电时内阻逐渐减小，放电时内阻逐渐增大。

（五）自放电

蓄电池在外电路开路时其容量的无益消耗称为自放电。造成铅蓄电池自放电的因素很多，如负极板海绵状铅的自动溶解，正极板二氧化铅的自动还原和电解液中混有有害杂质等。

（六）效　率

表示蓄电池电量或能量利用程度的百分数称为蓄电池的效率。蓄电池的效率的表示方法有两种，即安时效率和瓦时效率

$$安时效率 = \frac{I_放 T_放}{I_充 T_充} \times 100\% = \frac{Q_放}{Q_充} \times 100\%$$

$$瓦时效率 = \frac{I_放 T_放 V_放}{I_充 T_充 V_充} \times 100\% = \frac{W_放}{W_充} \times 100\%$$

蓄电池的安时效率一般能达到 85% ~ 90%，瓦时效率能达到 70%。

四、铅蓄电池充放电工作

蓄电池的充放电工作是蓄电池检修过程中的重要环节。通过它可以检查蓄电池定检后的技术状态,同时恢复电池的容量。充、放电工作的质量对蓄电池的运用性能和使用寿命影响很大。蓄电池的充电方法有定电流充电法、定电压充电法和分级定电流充电法几种,客车电池定检中的充电均采用分级定电流充电法。几种经常进行的充放电工作的意义分述如下。

(一)初充电

初充电指新造电池使用前的第一次充电,目的是恢复新造电池在化成后的部分放电和极板作用物质未被化成的部分充分化成。

(二)普通充电

普通充电是运用电池因放电或经过检修后为恢复容量而进行的充电。

在上述两种充电过程中,如遇到电池温度接近 45 °C 时应适当减小电流或采取降温措施,通常采用强通风冷却或事先将电池放在水槽中用循环水降温。充电时电解液的温度不得超过 45 °C。

(三)放电试验

(1)容量放电:经过定期检修的蓄电池,为了检查第一次充电后的容量,应进行全容量的放电称为容量放电。根据试验结果,可以了解充电的质量和运用电池自上次定检以后的使用情况。当测得的实际容量低于标称容量的 70% 时,一般不再装车使用。容量放电以 6 h 率电流进行放电,终止电压为 1.75 V。同车蓄电池的容量差不超过 10%。

(2)准放电:凡实行定期检修并需分解的蓄电池,应首先进行一次部分容量的放电称准放电。准放电以 6 h 率电流进行放电,终止电压为 1.9 V。

(四)补充电

在列车上运用的电池,当遇到某些特殊情况,如列车中途意外停车或列车编组母车不足,以及长期停用的母车电池自放电严重等,造成电池容量过少时,可在车库内进行补充电。补充电所用电流的大小,根据电池的具体情况而定,一般以 10 h 率为宜。

任务三 镉镍蓄电池

碱性镉镍蓄电池，如图 2-3 所示，其具有腐蚀性小、环境污染小、自放电小及低温性能好、寿命长等优点。碱性蓄电池由于极板活性物质的不同，分为铁镍蓄电池、镉镍蓄电池、银锌蓄电池等，按极板结构可分为有极板盒式和无极板盒式；按外形结构可以分为开口式和密封式。镉镍蓄电池在铁路客车上的运用越来越广泛，目前使用较多的为 GN-300 型、GN-450 型等，其中 G 为负极材料镉的代号，N 为正极材料镍的代号，300 或 450 为蓄电池的容量。本任务主要学习镉镍蓄电池的构造与电化学反应方程式、主要性能参数及技术要求及段修基本要求。

图 2-3 GN 型碱性蓄电池

相关知识

一、镉镍蓄电池的构造与电化学反应方程式

（一）GN 型碱性蓄电池的结构

客车用的镉镍蓄电池是方形开口袋式（见图 2-4），它主要由正极板、负极板、隔离物（隔膜）、壳体和电解液五大部分组成。

正极板：正极板由氧化亚镍粉与石墨粉及其他添加剂，包在穿孔的钢带中压制而成，如图 2-5 所示。

负极板：负极板由氧化镉（GdO）和活性铁粉及其他添加剂，包在穿孔的钢带中压制而成，如图 2-5 所示。

隔离物：硬橡胶或塑料，如图 2-5 所示。

外壳：铁质或塑料，注液口上拧上气塞或气塞阀。

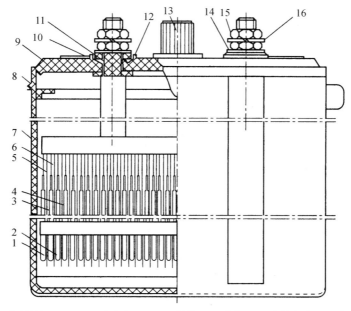

1，2—负极板组；3，4—正极板组；5，6—隔膜；7—壳体；8—塑料内盖；9—塑料盖；
10—极柱密封；11—极柱套管；12—金属垫圈；13—装配气塞；
14—金属垫圈；15—六角螺母；16—波形弹簧垫。

图 2-4　GN 型碱性蓄电池结构

图 2-5　GN 型蓄电池的正负极板和隔板

（二）电化学反应方程式

$$2Ni(OH)_2 + 2KOH + Cd(OH)_2 \underset{充电}{\overset{放电}{\rightleftharpoons}} 2NiOOH + 2KOH + 2H_2O + Cd$$

（正极板） （电解液） （负极板） （正极板） （电解液） （负极板）

二、主要性能参数及技术要求

（一）电　压

（1）充电电压：指电池在充电时两极的电位差，即 $U_充=E_0+I_充R_内$。

（2）放电电压：指电池在放电时两极的电位差，即 $U_放=E_0-I_放R_内$。

（3）额定电压：指放电过程中的平均电压。目前，国际电工协会 IEC 标准规定，镉镍系列电池单只额定电压为 1.2 V。

（二）容　量

镉镍蓄电池容量定义与铅蓄电池容量定义相同。

（三）放电率

放电率即放电速率，碱性电池通常分为"时率"和"倍率"。时率即按规定小时数放完额定所需的电流强度值，如 GN300 电池，额定容量为 300 A·h。按 5 h 率放电的电流强度值为

$$I = \frac{C_额}{5} = \frac{300（A·h）}{5（h）} = 60A$$

倍率即为以额定容量值的若干倍电流（数值）放电的电流强度，如 GN300 电池以 0.2 倍率放电的电流强度为 0.2×300=60（A），可表示为 0.2C5=60 A

式中　C5——以 5 h 率放电的容量，一般以额定容量计算。

（四）自放电率

镉镍蓄电池的自放电率定义与铅蓄电池相同。镉镍蓄电池在室温下充电后，在（20±5）℃ 环境中搁置 1 月，电池的剩余容量不低于额定容量的 90%，其放电率不大于 25%，搁置 1.5～2 月就完全停止自放电，容量一直在额定容量的 75% 左右。

（五）寿　命

蓄电池每充、放电一次叫作一次循环，按 IEC 标准进行寿命实验，循环次数应不小于 500 次，一般在 1 000 次以上。

（六）保存期

蓄电池的保存期为 4 年，其性能应符合上述主要电气性能要求。

（七）外观要求

蓄电池塑料外壳应整洁，所有金属零件应镀镍，极柱、螺母，金属垫圈应涂一层凡士林油。

（八）气塞密闭性要求

将电解液放入蓄电池中，使液面高出极板 50～60 mm，拧上气塞，蓄电池倾斜 30°时不漏液。

三、镉镍蓄电池的段修

（一）检查电解液

（1）用浮标测试电解液的比重（一般测试 3～5 只电池），如不符合要求应进行调整。
（2）测电解液的碳酸根含量。
（3）蓄电池以 1/5 额定电流恒流放电至 1.0 V/只，倒出电解液，在确保电池内部清洁后注入所需的新电解液进行充电。放电时电解液的温度不得超过 45 ℃。

镉镍蓄电池用电解液技术要求见表 2-1。

表 2-1　镉镍蓄电池用电解液技术要求

项目	标准			
	新电解液		使用的极限值	
外观	无色、透明、无悬浮物			
密度（15 ℃）/（g/cm³）	1.19～1.21		1.19～1.21	
含量/（g/L）	KOH	240～270	KOH	240～270
	NaOH	215～240	NaOH	215～240
Cl⁻/（g/L）	小于 0.1		0.2	
CO₃²⁻/（g/L）	小于 4		30	
Ca Mg/（g/L）	0.1		0.3	
氨沉淀物（以 Al 计） Al/KOH/（g/L） Al/NaOH/（g/L）	小于 0.02		0.02	
Fe/KOH/（g/L） Fe/NaOH/（g/L）	小于 0.03		0.03	

（二）检查电池容量

当电池容量低于 70% 时，视为寿命终止，三次循环一次符合要求即可。同车蓄电池的容量差不超过 10%。

（三）电池按容量分类

段修时同一客车蓄电池容量相差不大于 10%；大修时，酸性蓄电池容量差不超过 5%，碱性蓄电池不超过 8%。

（四）装车前的充电

按容量分类后，注入电解液，静置 2 h 后，调整液面，然后用 1/5 额定电流恒流充电，当充入的电量为 160%时停止充电，静置 2 h 后，拧上气塞并用棉纱将蓄电池外表擦干净，待装车运用。

燃料电池

简单地说，燃料电池（Fuel Cell，FC）是一种将燃料和氧化剂中的化学能直接转换为电能的电化学装置。

目前，国际上正积极研制开发用于高速列车供电电源的燃料电池。燃料电池是直接将燃料能源转换为电能的电池设备，燃料电池基于电化学而不是燃烧，因此具有"高效低噪、无辐射"的特点。燃料电池的研究有助于提高能源效率，通过降低对化石能源的依赖而增强国家能源安全性以及改善环境质量。

一、燃料电池的分类

目前，燃料电池依其电解质的种类，燃料电池主要可以分为碱性燃料电池（Alkaline Fuel Cell，AFC）、质子交换膜燃料电池（Polymeric-Electrolyte-Membrane Fuel Cell，PEMFC）、磷酸燃料电池（Phosphoric-Acid Fuel Cell，PAFC）、熔融碳酸盐燃料电池（Moltencarbonate Fuel Cell，MCFC）和固体氧化物燃料电池（Solid Oxide Fuel Cell，SOFC）。

碱性燃料电池是最早实现商业化应用的燃料电池。在 20 世纪中叶，其被成功地应用在阿波罗飞船上，为飞船提供纯净水以及电力，实际能量转化效率高达 70%以上。AFC 以浸泡了碱性液体的多孔基体为电解质（如 KOH），碱性条件下氧化还原反应能够快速进行，所以可以用非贵金属作为阴阳极的催化剂，阳极采用镍作为催化剂，阴极采用碳负载银作为催化剂。AFC 的缺点是容易受到 CO_2 的毒化，因为 CO_2 会与 KOH 反应生成 K_2CO_3，它会堵在多孔电极表面，阻碍气体与电极接触，即使只有极少量的 CO_2 存在，也会严重影响发电效率。因此通入的纯氢和纯氧必须完全清除 CO_2，而这是个成本高昂的步骤，大大增加了 AFC 的使用成本。

质子交换膜燃料电池是目前最具有发展前景的一种燃料电池，也是目前商业化程度最高的一种燃料电池，运行温度在 50～100 ℃，具有功率密度高、良好的启停能力等优点，已经成功运用在汽车和固定式发电装置中。PEMFC 又称为固体高分子电解质交换膜燃料电池，它以一种可以传导氢离子的高分子薄膜为电解质，电极是 Pt-C 催化剂，电极两侧是气体扩散层，用于引导气体至反应场所，同时排出产物。这三层结构就是 PEMFC 的膜电极结构（MEA），整个电池结构不包含液体，不存在液体泄漏的风险。现阶段的 PEMFC 通常用 Nafion 公司的全氟磺酸质子膜作为电解质，这种高分子薄膜需要一定的水分参与实现氢离子的传输，所以电池工作温度不能超过 100 ℃，否则水分蒸发会导致电解质电阻增大；但是电池工作时产生的水必须顺利排出，否则过多的液态水会淹没膜电极，阻碍气体与催化剂接触。此外，PEMFC 的催化剂对 CO 特别敏感，CO 比 H_2 更容易吸附在 Pt 催化剂表面，造成催化剂失活，所以 PEMFC 对氢气和空气中 CO 的浓度要求非常高。国外的代表性企业有丰田、巴拉德等，国内的有亿华通、国鸿氢能等企业。

磷酸燃料电池曾经是商业化程度最高的燃料电池，商用的 PAFC 已经实现了兆瓦级别的发电能力。它以浸泡了高浓度磷酸的碳化硅作为电解质，工作温度通常在 150 ~ 200 ℃，以负载了铂金颗粒的碳纸为阴阳极。因为工作温度较高，所以忍受 CO 的能力比较强。与其他燃料电池相比，PAFC 的功率密度相对较低，效率低（只有 40%），而且由于工作温度较高启动时间比较长。此外，电解质磷酸会对多孔基体和电极造成腐蚀，对基体材料的耐腐蚀性要求较很高。代表企业有韩国的斗山集团和日本的富士电机。

熔融碳酸盐燃料电池的电解质是熔融的碳酸盐，主要是熔融的 K_2CO_3 和 Na_2CO_3，熔融的碳酸盐通过多孔的 $LiAlO_2$ 隔膜承载。为了达到足够高的离子电导率，MCFC 工作温度需要维持在 600 ℃ 左右。因为工作温度高，电极的电化学过程相比中低温的燃料电池被大大加速，所以电极可以使用廉价的陶瓷材料代替贵金属作为催化剂，极大地降低了 MCFC 的制造成本；同时，高温下 CO 可以被内重整，因此可以使用含 CO 的气体为燃料。电池工作时，氧气在阴极被还原，同时与 CO_2 结合生成 CO_3^{2-}，通过电解质传输到阳极，与 H_+ 结合生成水和 CO_2。整个反应过程需要 CO_2 的参与，CO_2 需要循环使用。从阳极侧排出的 CO_2 经过纯化后，按照一定比例与空气通入阴极。CO_2 循环系统增加了 MCFC 的复杂性。此外，由于熔融状态的电解质具有腐蚀性，并存在泄漏问题，对电池寿命有不良的影响。在这方面唯一有突出表现的公司是 Fuel Cell Energy，该公司在加利福尼亚州图莱里县拥有输出功率为 2.8 MW 的生物质气发电站，在康涅狄格州格罗顿市和加利福尼亚州圣贝纳迪诺县拥有输出功率为 8.8 MW 的发电站。

固体氧化物燃料电池是一种全固态燃料电池，不含有任何液体，不存在液体腐蚀和泄漏的风险，它以氧化钇掺杂的氧化锆 Y_2O_3-ZrO_2（YSZ）作为电解质，在高温下具有氧离子导电能力，与 MCFC 一样属于高温燃料电池，工作范围从 500 ~ 1 000 ℃。由于操作温度高，电极材料均可以采用廉价的陶瓷，不含贵金属催化剂，现阶段的 SOFC，阳极主要以镍为催化剂，阴极主要用锶 Sr 掺杂的 $LaMnO_3$，或者（La，Sr）（Co，Fe）O_3（LSCF）作为催化剂；因为运行温度高，可以直接通入碳氢燃料和氨气进行发电，燃料适应性广。SOFC 的能量转化效率高，所需热量可以利用工业生产的废热，进一步降低能耗；电池余热可以用于热电联供，使整个系统的能量效率达到 85% 以上。但是温度太高又带来启动缓慢，寿命短等问题，而且对材料的耐热性能提出了很高的要求。代表性企业有 Bloom Energy、京瓷等，国内的企业有潮州三环、宁波索福人等。

按照工作温度划分，燃料电池可以分为低温燃料电池（AFC、PEMFC）、中温燃料电池（PAFC）和高温燃料电池（MCFC、SOFC）；按照酸碱性划分，可以分为碱性和酸性燃料电池，电解质传导阴离子的属于碱性燃料电池，电解质传导质子的属于酸性燃料电池；按照燃料的种类，可以分为氢燃料电池、甲醇燃料电池、天然气燃料电池等。因为质子膜需要水分保证电导率，所以 PEMFC 必须工作在 100 ℃ 以下；因为 YSZ 需要在高温下才有传导氧离子的能力，所以 SOFC 必须工作在 500 ℃ 以上，而高温又使它具备催化除氢气以外其他燃料的能力。

二、燃料电池的工作原理

以 PAFC 和 PEMFC 为例，在化学反应中与氢离子（H_+）相关。

（1）氢气在阳极催化剂的作用下，发生下列阳极反应：

$$H_2 \rightarrow 2H^+ + 2e$$

（2）氢离子穿过电解质到达阴极。电子则通过外电路及负载也达到阴极。在阴极催化剂的作用下，生成水反应式为

$$2H^+ + 2e + 1/2(O_2) \rightarrow H_2O$$

（3）综合起来，氢氧燃料电池中总的电池反应为

$$2H_2 + O_2 = 2H_2O$$

伴随着电池反应，电池向外输出电能。只要保持氢气和氧气的供给，该燃料电池就会连续不断地产生电能。

三、燃料电池的结构

燃料电池的基本结构主要是由四部分组成，分别为电极（Electrode）、电解质隔膜（Electrolyte Membrane）与集电器。通常电极中的阳极为氢电极，阴极为氧电极。阳极和阴极上都需要含有一定量的电催化剂，用来加速电极上发生的电化学反应，两电极之间是电解质。

实训项目

DC 600 V 空调客车 DC 110 V 蓄电池及箱静态技术检查指导书

适用范围	适用于库检人员对 DC 600 V 空调客车车下电源及箱日常检修作业		
作业条件 （含配套设备）	作业股道需能提供 DC 600 V 地面电源		
使用工具	五连套、检车锤、手电等		
注意事项	1. 确认车列防溜。 2. 作业前插设防护信号。 3. 严禁烟火：短路、闪光、烟火等，勿靠近蓄电池。这些是造成爆炸的原因！ 蓄电池使用时会产生气态氢。有时候停止充电时，气体氢留在周边。若发生打火，接近烟火，有引火爆炸危险。 4. 请勿使用未绝缘处理的金属工具（力矩扳手、螺丝钳），请使用绝缘带绝缘处理。 5. 注意电解液：接触电解液有烧伤危险，电解液进入眼睛有失明危险		
安全提示	1. 雨雪天气时，当心滑倒。 2. 现场作业时，不得侵限		
编制人员			
审核人员		批准人员	
发布日期	年 月 日	执行日期	年 月 日
符号说明	▲：质量要求	■：质量风险提示	★：劳动安全提示

DC 600 V 空调客车 DC 110 V 蓄电池及箱静态技术检查指导书

编号：

作业步骤及质量标准	图示
1. 使用检点锤敲击蓄电池箱体固定螺丝及吊架，接地线 ▲（1）检查吊架零部件齐全、安装螺栓紧固无松动。 （2）检查接地线无松动、无抗磨	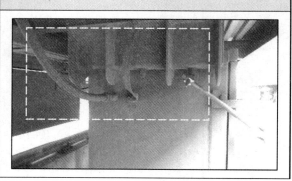

续表

作业步骤及质量标准	图示
2. 目视检查电池箱外观 ▲（1）检查门、锁、搭扣、合页齐全，作用良好。 （2）各引线套管连接良好，外观无破损。 （3）箱体表面清洁、无腐蚀破损，接地保护线作用良好。 （4）定检标记容量、检修时间等正确，清晰，无破损，安装良好	
3. 打开电池箱，目视检查内部密封胶条、托盘小车及滑道 ▲（1）密封胶条平滑完整、密封性能良好。 （2）蓄电池托盘小车运动灵活，滑道安装良好，锁紧装置可靠，轴承或轮轴润滑，损坏时更新，托盘无破损	
4. 目视检查蓄电池 ▲（1）蓄电池表面清洁，无变形破损，排气良好，绝缘良好。 （2）蓄电池组内电池容量、型号一致，数量正确，安装紧固，排列整齐，无松动。 （3）蓄电池液面高度、密度符合规定 $[1.19 \sim 1.21 \ g/cm^3（15 \ ℃）]$。 （4）单块电池电压符合规定 ★（1）注意电池箱夹伤划伤。 ■（2）旅客列车在库内无地面电源和外接电源供电时，须采取限电措施，防止蓄电池亏电。DC 600 V 供电客车当全列 DC 110 V 蓄电池电压低于 92 V 时，须切断所有负载	

续表

作业步骤及质量标准	图示
5. 目视检查接线、空开、保险 ▲电池接续线正、负极连接正确、紧固、无松动、无磨损,过桥线套管齐全,无挤压、破损、脱落;接线端子无烧损、氧化、松动,保险空开容量符合图纸规定	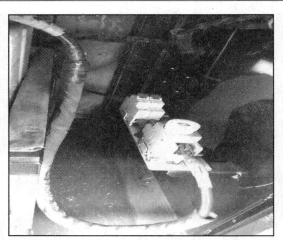
6. 检查排水排气孔作用良好,无堵塞	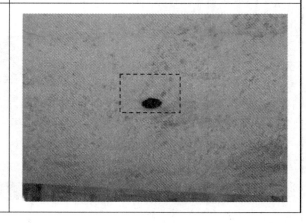

续表

作业步骤及质量标准	图示
7. 检查完毕，确认电池箱锁闭良好 ▲ 防断脱处用铁丝捆绑固定	

复习与思考

1. 写出 TG 型铅酸蓄电池充、放电过程的电化反应方程式，并标明其极性。
2. 写出 GN 型碱性蓄电池充、放电过程的电化反应方程式，并标明其极性。
3. 什么叫容量？影响其大小的因素有哪些？
4. 碱性蓄电池与酸性蓄电池相比有哪些优点？
5. 简述镉镍蓄电池段修的主要技术要求。

Part Ⅲ

项目三
柴油发电机组检修

【项目目标】

目标类型	目标要求
知识目标	（1）了解柴油发电机组的组成及其布置； （2）了解 IFC5 型三相同步发电机的结构和励磁系统； （3）掌握发电车电气控制原理； （4）掌握柴油机的调速控制与启动； （5）掌握柴油发电机组检修流程及要求
能力目标	（1）能看懂柴油发电机组布置图； （2）能看懂控制电路图； （3）能对柴油发电机组进行各项维修作业
素质目标	（1）坚定理想信念，增强"四个自信"； （2）厚植爱国主义情怀，树牢"四个意识"，爱祖国、爱行业、爱企业、爱岗位； （3）增长知识见识，掌握铁道车辆电气装置检修核心技能； （4）增强综合素质，培养综合能力和创新思维； （5）加强品德修养，培养良好的学习习惯

【项目背景】

　　轴驱式发电机，如 J5 型发电机，由于效率低，且停车时不能发电，从而限制了该供电方式的发展。随着铁路客车现代化的发展，需要不断提高旅客舒适度，大容量的用电设备，如空调机组要求供电装置不仅输出容量大，而且供电品质要好，有可靠的技术性能。因此，在 20 世纪 80 年代，出现了大容量供电发电车和大容量本车独立供电的柴油发电机组供电装置。

1983 年，开始在软卧车上使用本车独立供电柴油发电机组，当时发电机容量是 24 kW，为水冷式柴油机。1991 年，推广使用了 30 kW 柴油发电机组。1994 年，又开始使用风冷式 28 kW 柴油发电机组，保证了空调客车的用电需求。

列车设立专门的发电站向全列车供电，这种供电的方式称为客车集中供电。客车集中供电的方式有两种：一种由车下电网供电，另一种由安装在车上的柴油机发电站供电，这辆安装柴油机发电站的车称为发电车。

由于柴油机使用的柴油价格高，导致运行成本高，柴油机的磨损较大，寿命较短，检修频繁。特别是发电车出了故障从列车上摘解后，会影响全列车用电。因此，目前柴油机发电站集中供电系统仅在全列空调装置的旅客列车中应用。本项目将学习柴油发电机组组成、控制及维修。

【建议学时】

8 学时

任务一　柴油机发电机概况

任务描述

采用小型柴油发电机组单独供电，可以减少机车牵引动力，提高供电电压，减少蓄电池用电量，便于长期停站时利用市电，但要求机组工作可靠，噪声与振动较小，使用维修方便。这种供电方式适用于带有空气调节装置的软卧车、宿营车。发电机采用三相感应子交流发电机，工作电压为 110 V，功率为 10 ~ 40 kW。本任务主要介绍柴油机组的组成及其布置。

相关知识

一、柴油机及其附属设备

（一）柴油机

柴油机是发电站的动力设备，它应具有良好的调速特性及对复杂环境的适应性和可靠性，还应有较大的功率储备。为保证柴油机顺利启动、可靠工作及良好的经济性能，柴油机还必须有一些附属设备包括启动装置、调速系统和冷却系统等。目前，我国列车柴油机发电站多采用 MTU 型和 KTA19-1150-G2 型柴油机。

（二）发电机和励磁调压装置

目前，我国列车柴油机发电站多采用 1FC 系列发电机，其励磁调压装置为 THYRIPART 型可控相复励装置。

（三）柴油机及发电机的联轴器和公共支架

柴油机和发电机之间采用弹性联轴器传递柴油机的扭矩。

柴油机输出的转矩，通过飞轮、弹性衬圈、柱销、联轴器和固定键传递到发电机轴。由于弹性衬圈的变形可以储放弹性能量，因此联轴器具有良好的缓冲和吸振能力。

（四）输电和配电装置

列车发电站发出的三相交流电通过敷设在车底架两侧的两路输电干线，经车端电力连接器送往每辆客车。

列车发电站内设有配电柜，通过配电柜对全列车进行输配电控制。

电气组件：

（1）电站输配电用的自动空气开关、组合开关、按钮和指示灯等。

（2）监视和测量发电机运行状态的各种电气仪表、转换开关、熔断器和发电机电压整定电位器。

（3）监视柴油机运行状态的各种仪表（水温表、油温表、油压表、油量表和蓄电池充放电电流表等），以及操纵柴油机工作的开关、按钮、继电器。

（4）输配电系统中的继电器保护装置

二、发电车的平面布置及内部设施

（一）25A 型空调发电车

25A 型空调发电车（TZ2）的平面布置如图 3-1 所示。

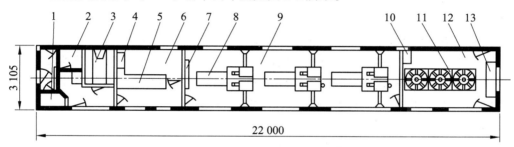

1—油炉室；2—厕所；3—休息室；4—空调控制柜；5—配电板；6—配电室；7—上燃油箱；
8—柴油发电机组；9—机房；10—钳工台；11—冷却装置；12—冷却室；13—膨胀水箱。

图 3-1 25A 型空调发电车（TZ2）的平面布置

本发电车是专门为 25A 型空调客车配置的，其中部为机房，一位端有配电室、休息室和厕所，二位端有冷却室。机房内装有三台 380 V/220 V、320 kW 柴油发电机组，分别由德国生产的 MTU12V183TA12 型柴油机驱动，装机总容量为 960 kW，其中一台为备用机组，因此向列车输出的最大容量为 2×320 kW。与柴油机配套使用的发电机为无锡电厂按德国西门子公司许可证制造的 IFC5356-4TA42-2 型无刷交流发电机。机房宽敞，具有良好的工作条件。

发电站内设卧式燃油炉一台，专供冬季柴油机预热和采暖用。机房内还设有柴油机进、排气系统。

与机房相邻的冷却室内设有 V 形布置的冷却装置。

配电室内设有用来控制柴油发电机组开、停、并联运行、送电及调压并对列车空调进行集控的主配电板。主配电板内配置了恒压充电机、手动调节充电机各一台，供应动电池和本车用电池充电。

主配电板具有失压、过载、短路及逆功率等保护装置，能对过流、逆功、冷却水温、润滑油压力、超速等进行监视、报警和自动停机，能根据报警内容发出音响信号和灯光指示。

根据负荷变化，发电站可启动一台或两台主机发电，经敷设在车下两侧的输电干线向列车供电，可两侧分别送电，也可并联送电，还可通过电力连接器由外电源向列车供电。

（二）25.5 m KD25G 空调发电车

该型发电车的平面布置如图 3-2 所示。

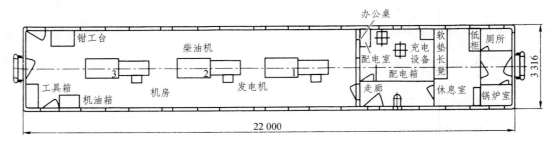

图 3-2　25.5 m 空调发电车平面布置

为满足空调列车扩编（20 辆）对供电的需求，铁道部四方机车车辆工厂在 1988 年研制了新型 25.5 m 空调发电车。车内安装有 380 V/220 V、50 Hz、300 kW 柴油发电机组 3 台，分别由 KTA-1150-G2 型柴油机驱动，装机总容量为 900 kW，向列车输出的最大功率为 600 kW。与柴油机配套使用的发电机为无锡电厂生产的 IFC5-356-4TA42-2 型交流同步发电机。

新型发电车共分五部分：锅炉、厕所、休息室、配电室及机房。机房除安装有 3 台柴油发电机组外，还有 3 台冷却装置（统型车改设在集中冷却室），机房底部装有照明和启动电池各 1 箱，每箱装有 4 只 6Q-195 型蓄电池，照明电池 4 只串联为 48 V；启动电池两路并联为 24 V。

配电室是发电车的操纵中心，能集控所有空调通风机、压缩机和照明的开、停。室内有 4 组配电箱，Ⅰ、Ⅱ、Ⅲ配电箱分别为 3 台柴油机电动机组的控制屏，Ⅳ配电箱为本车设备的遥控配电盘。配电盘上安装有各种按钮、开关、仪表、指示灯及报警装置等电气设备，用来操纵及监视机组的运行情况。室内还设有三相自耦变压器硅整流充电装置，用来对照明和起动电池充电。

任务二 IFC5 型三相同步发电机

铁路客车使用 IFC5356-4TA42-Z 和 IFC6356-4LA45 两种型号的三相交流无刷同步发电机，本任务将学习 IFC5 型三相同步发电机的结构和励磁系统。

相关知识

一、IFC5 型同步发电机结构

该电机采用相复励带 AVR（可控硅电压自动调节器）调节器的分流式自动励磁稳压系统。其主绕组为三相四线制接法，并采用不可控相复励、无刷励磁，额定功率为 400 kV·A/320 kW，额定电压为 400 V/230 V，额定电流为 580 A，额定频率为 50 Hz，额定转速为 1500 r/min，功率因数为 0.8（滞后），并设有主定子绕组 155 ℃ 高温报警，机组主要由主发电机 G1、励磁机 G2 和顶部励磁系统（THYRIPART）等构成，励磁机的主要特点是转子发电、定子励磁，励磁电源来自主发电机输出的三相交流电经背包内元件处理后产生的可控直流，励磁机转子发出的交流电，经安装在转子上的旋转整流环整流与限压后，输入主发电机转子产生磁场，主发定子中的三相绕组便发出三相交流电。

二、IFC5 型同步发电机励磁系统

该发电机采用相复励励磁系统，所谓相复励是指发电机的励磁电流由电压和电流两个分量合成。电抗器 L1 提供励磁电流的电压分量，电压分量主要取决于发电机的转速。单相电流互感器（T1、T2、T3）提供励磁电流补偿分量（电流分量），大小取决于负载电流，其相位随负载的功率因数不同而改变。两个分量联合提供和调节励磁电流，以保证发电机端电压在转速和负载电流变化时仍维持恒定。

无刷励磁的他励式交流发电机的励磁机属于旋转电枢式交流发电机，整流用的硅整流器与电枢一起旋转，主发电机为旋转磁极式，为无刷励磁。

主发电机 G1 的 U、V、W 三相电，经移相电抗器 L1 输入接至整流变压器 T6 原边绕阻，并与并联的谐振电容器 C1 产生电压谐振。由整流变压器 T6 副边绕组输出低压交流电至励磁装置中的静止整流器 V1，整流后的直流电输出至励磁机 G2 的励磁绕组 F1、F2 两端。励磁机 G2 的励磁绕组有电流通过便产生磁场，由柴油机带动的励磁绕组转子旋转后，转子三相绕组便产生三相感应电压。三相感应电压由旋转整流器 V2 整流后输出到主发电机 G1 的励磁绕组，励磁绕组产生旋转磁势使主发电机 G1 的三相定子绕组产生更高的三相交流电压并通过外接线 U、V、W、N 输出。

发电机的三相端电压随 F1、F2 两端的电压增大而提高。为了减少由于发电机绕组内阻而产生发电机输出端电压随负载的升高而下降的电枢反应影响，在发电机电气电路设计中布置了 T1、T2、T3 三个电流互感器，用电流的反馈作用补偿电枢反应的不良作用。

T1、T2、T3 的反馈电流随负载电流的增大而增大。

任务三　发电车电气控制

任务描述

本任务将学习发电车电气控制系统的组成及原理。

相关知识

一、发电车控制系统组成

发电车电气控制系统有 4 个控制屏：Ⅰ机控制屏、Ⅱ机控制屏、Ⅲ机控制屏和本车用电/集控控制屏。

辅助控制装置有本车空调控制柜、充电机、轴温报警、烟火控制器等。

康明斯发电车装有三套机组（400 V/230 V、300 kW），可分别向Ⅰ、Ⅱ路汇流排供电，总装车功率为 900 kW。柴油机采用直流 24 V 电机启动。

发电车线号的分布一般有以下的特点：

1 字头线号→Ⅰ号机相关电路；

2 字头线号→Ⅱ号机相关电路；

3 字头线号→Ⅲ号机相关电路；

4 字头线号→联络开关电路与并车电路；

5 字头、6 字头线号→本车用电设备电路；

7 字头线号→DC 24 V 电路；

8 字头线号→DC 48 V 电路。

在发电车上，可检测多项柴油机与电气的有关参数，主要有三相电压、三相电流、发电机功率、功率因素、电频率、24 V 直流电压、48 V 直流电压、24 V/48 V 充电电流、转速、水温、机油温度、机油压力、水箱水位、油箱油位等。早期出厂的发电车还包括主发电机的励磁电压。发电车有完善的保护措施，以保护柴油发电机组的正常运行及正常供电。其中停机保护有柴油机低油压停机、柴油机超速停机、高水温停机。引起分闸的保护有干线过流分闸、主开关逆功率分闸等。此外，还包括柴油机高水温预报警、低水温报警、膨胀水箱低水位报警、上油箱极低油位报警、上油箱极高油位报警、发电机绕组高温报警、干线过流报警、控制箱起机过流保护、主开关过欠压保护、发电机组间联锁保护、机房烟火保护和导线过热保护等。

二、发电车对外供电方式

发电车上一般有 3 台康明斯柴油发电机组，即有 3 套发电装置，在不同情况下对外供电的方式较多，可分为单机供电、双机供电和并车（机）供电。发电车对外供电方式如图 3-3 所示。

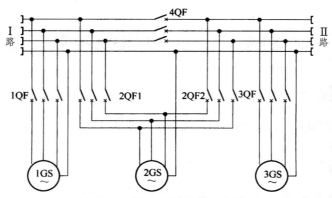

图 3-3　发电车对外供电方式

（一）单机组供电

当发电车输出功率在 200 kW 以下时，一般只开一台发电机组。此时，对外供电方式可分为单机单路供电与单机双路供电。

（1）单机单路供电是指只用一台发电机向两路电力干线中的一路供电，有Ⅰ机往Ⅰ路（合 1QF）、Ⅱ机往Ⅰ路（合 2QF1）、Ⅱ机往Ⅱ路（合 2QF2）、Ⅲ机往Ⅱ路（合 3QF）4 种方式。

（2）单机双路供电是指用一台机器同时向两路电力干线供电，它可在前面单机单路供电的基础上，通过合 4QF 主开关同时向另一路供电。Ⅱ号机组上的 2QF1 与 2QF2 主开关间是互锁的，它们不可同时合闸。

（二）双机供电

如果发电车单机供电功率不足，超过单机额定功率的 80% 时，可启用第二台机组来分担负载。双机供电一般不采用并车，由双机分别向两路供电，此时联络开关是断开的。这时，发电车可实现的供电方式有以下 3 种：

Ⅰ机往Ⅰ路（合 1QF），Ⅱ机往Ⅱ路（合 2QF2）；Ⅰ机往Ⅰ路（合 1QF），Ⅲ机往Ⅱ路（合 3QF）；Ⅱ机往Ⅰ路（合 2QF1），Ⅲ机往Ⅱ路（合 3QF）。

（三）并车（机）供电

当发电车需输出较大功率，用双机供电无法满足外部负载时，需启用第 3 台备用机组，以实现并车供电。如果发电车采用美国 GAC 调速板，为达到负载的平稳转移，也可能在两机供电时使用并车功能。所谓并车是指两台不同的发电机同时向同一路供电。发电车的并车技术虽然已比较成熟，但考虑到实际情况，目前并车功能一般不用。

三、发电车的主开关电路

发电车上，共有 3 台发电机组可向外供电，其中Ⅱ机组可向两路单独供电，因此发电车上共有 4 个主开关，即 1QF、2QF1、2QF2 和 3QF，如图 3-4 所示。

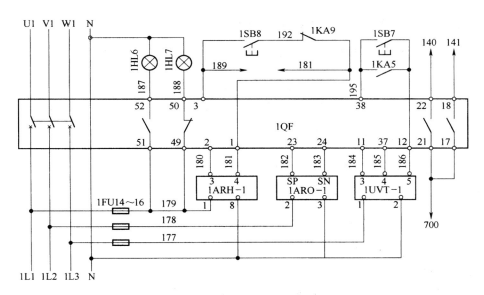

图 3-4 发电车的主开关电路

（一）合闸电路

ARH-1 为合闸整流装置，它的作用是将发电机所发的交流电经变压整流后提供给主开关 1QF 合闸用的低压直流电。

ARO-1 为过流预报警整流装置，它为主开关的保护电路提供电源。

UVT-1 为瞬动型欠电压脱扣保护整流装置，它的型号为 ARU-1SB，额定电流为 0.1 A，在 70%～35% 的额定电压下，能使断路器可靠断开，在小于 35% 额定电压时断路器不能闭合，大于或等于额定电压的 85% 时断路器能可靠闭合。

按下合闸按钮 1SB8：

1L1→1FU14→179→（1ARH-1）→180→2→3→1SB8→1KA9→1→181→（1ARH-1）→1N（1QF 完成合闸）。

1L1→1FU14→179→51→52→187→1HL6→1N（合闸指示灯 1HL6 亮）。

按下 1SB8 按钮，主开关合闸。当并车电路工作时，若 181 与 189 被接通，同样也能实现主开关的合闸。

（二）分闸电路

当 1SB7 被按下时，主开关分闸。同理，当中间继电器 1KA5（逆功率线圈）动作时，主开关也会自动分闸。

（三）保护电路

当干线电流超过过流预报警值 600 A 时，主开关上 17 与 18 号触点间闭合，接通相应报警电路，发出过流预报警。当干线电流达到脱扣值 2 000 A 时，主开关自动脱扣，并且 21 与 22 触点间闭合，接通相应的报警电路，发出过流脱扣报警。

（四）指示灯电路

指示灯电路由 1HL6 与 1HL7 两个指示灯组成，1HL6 为绿灯，当主开关合上闸后，该灯点亮；1HL7 为红灯，当 Ⅰ 机发电且主开关 1QF 分闸时，该灯点亮。

四、联络开关电路

联络开关是发电车 Ⅰ 路与 Ⅱ 路干线间的一个自动开关，当需要单机双路供电或两路并车供电时，需合联络开关，如图 3-5 所示。

（一）合闸电路

4SB2 为合闸按钮，按下 4SB2 将 4QF 联络开关上 9 号与 10 号接线端子间连线接通就可实现合闸。

在合闸电路中串入 1KA9 与 3KA9 两对常闭触点，可实现并车保护。图中 418 与 422 线在自动并车时使用。

（二）分闸电路

4SB1 为分闸按钮，按下 4SB1 将 4QF 上 1 号与 2 号端子间的 409 与 410 号线断开，就可实现分闸。

（三）联络开关线圈供电电路

开关供电电路主要由三部分组成，它包括联络开关的电源输入电路、联络开关指示灯电路和交流接触器 4KM1 与 4KM2 线圈电路，如图 3-5 所示。该电路中 4KM1 与 4KM2 两个线圈是互锁的。下面以 Ⅰ 路有电为例，分析该联络开关的电路动作过程：

当 Ⅰ 路有电时，4KM1 线圈电气通路如下：

U_I→4FU5→431→7KA8（常开闭合）→431A→4FU1→415→4KM1 线圈→413→4KM2（常闭）→402→4FU2→433A→7KA8（常开闭合）→433→4FU7→W_I。

接触器 4KM1 线圈得电，415 与 408 间常开触点闭合，U 相电引入联络开关 7 号接线端子，同时接通 4HL2 指示灯（红灯）；接触器 4KM1 的 402 与 401 间常开触点闭合，W 相电引入到联络开关的 6 号接线端子；同时，405 与 407 间 4KM1 接触器常闭触点断开，4KM2 线圈电路被反锁。当按下合闸按钮 4SB2 时，4QF 线圈得电，联络开关合闸，同时红灯灭，绿灯亮。

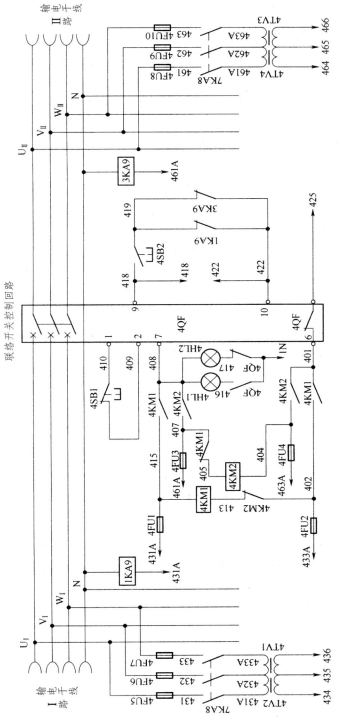

图 3-5 联络开关控制回路

（四）1KA9、3KA9 线圈的作用

电路中接入了 1KA9 与 3KA9 两个中间继电器，当 I 路有电时，中间继电器 1KA9 的线圈得电，主开关 1QF 与 2QF1 电路中的 1KA9 常闭触点分别断开，防止了二次合闸或人为并车，同时联络开关 4QF 合闸电路中的 1KA9 常闭触点断开；当 II 路有电时，2QF2 与 3QF 主开关电路中的 3KA9 常闭触点分别断开，同时联络开关 4QF 合闸电路中的 3KA9 常闭触点断开。当两路同时有电时，联络开关电路中 1KA9 与 3KA9 常闭触点同时断开，联络开关合闸电路被切断，防止了两路同时供电时人为闭合联络开关而并车。

五、发电机并车电路

发电机并车电路如图 3-6 所示。

在该电路中，主要用到两个重要器件，即同步指示表（S）和自动同步器（PIG21）。当并车条件满足，并处于自动并车位时，PIG21 自动接通主开关合闸电路，完成并车；若处于手动并车位，则可按下手动接通按钮，完成并车。自动同步器（PIG21）又叫作同步脉冲继电器，它是电路中最终实现并车功能的部件。PIG21 可以比较网电与待并发电机输出频率和相位关系，当符合并车条件时，在滑差电压过零时 PIG21 会发出一个合闸脉冲，使发电机主开关合闸。

该并车电路共有 5 种并车方式可供选择，分别是并 1QF、2QF1、2QF2、3QF 和 4QF。5 种并车方式的电路工作过程是相似的，下面以 I 路有电并 1QF 为例对并车电路的工作原理分析。

当需并 1QF 时，将并车选择转换开关打至 1QF 位，待并 I 号机组的三相电压经电压互感器 1TV1、1TV2 降为 100 V 后（见图 3-6），通过 4SA1 相应通路送往同步表 S 的 A、B、C 三个接线柱，188 号线与 455 号线接通，中间继电器 4KA1 得电吸合，同步表与同步指示灯投入工作，同时 PIG21 进入并车准备状态。按下并车接通按钮 4SB3，继电器 4KA6 得电吸合并形成自锁，并车指示灯 4HL9 点亮。继电器 4KA6 常开触点闭合时，将网电与待并电送入 PIG21，如符合并车条件，PIG21 自动接通 490 与 491 线，也就是接通 181 与 189 两线，主开关 1QF 合闸。当并车完成后，由于主开关 1QF 的上 49 与 50 号线间触点断开，188 线断电，继电器 4KA1 线圈断电，其常开点断开，并车线圈 4KA6 断电，并车电路复位。

在按下并车接通按钮 4SB3 后，当系统处于调整过程而没有完成并车时，可通过按并车取消按钮 4SB4 取消并车。完成并车后，可通过分闸以取消并车。

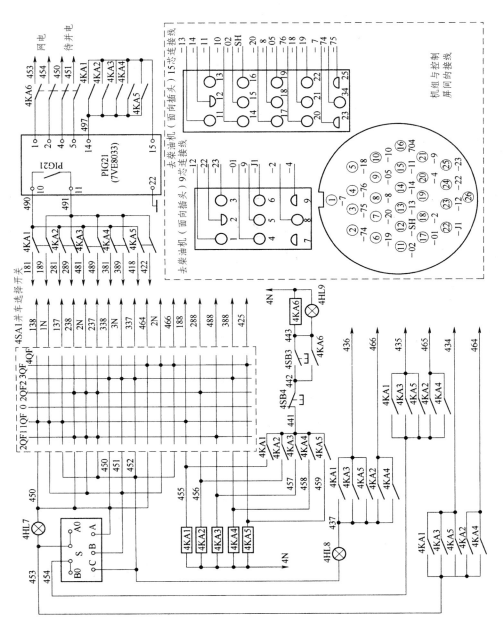

图 3-6 发电车并车电路

任务四　康明斯发电车柴油机概况

任务描述

发电车是全列空调列车的电力源，它通过柴油机带动发电机，将柴油的热能转换为电能，并通过三相四线制分二路向列车各级车厢供电。目前，我国 25 型空调客车使用的大功率发电车按柴油机的不同，分为表 3-1 中的几种类型。本任务将学习康明斯发电车的结构、原理及调速控制、启动。

表 3-1　发电车类型

发电车类型	柴油机型号	台数	装机功率/kW	产地	英文代号
康明斯发电车	康明斯 KTA-19G2	3	3×300	美国或重发	Cummins（CUMS）
小 MTU 发电车	MTU12V183TA12	3	3×320	德国	MTU
大 MTU 发电车	MTU8V396TC13	2	2×480	德国	MTU

相关知识

一、康明斯发动机命名

康明斯发动机型号名称的含义如图 3-7 所示。

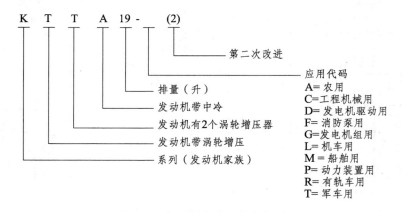

图 3-7　康明斯发动机命名规则

二、四冲程柴油机的工作过程

四冲程柴油机的工作过程包括：进气冲程、压缩冲程、燃烧、膨胀做功冲程、排气冲程。

三、柴油机的型号及有关规定

根据《内燃机产品名称和型号编制规划》（GB/T 725—2008），柴油机的命名有以下规定：

（1）输出端：柴油机向外输出功率的一端，也称为后端。

（2）自由端：与输出端相对应的另一端，也称为前端。

（3）左右侧：面对输出端，左手一侧为左侧，右手一侧为右侧。对于 V 形柴油机，其左侧的一列气缸称为左列气缸，右侧的一列气缸称为右列气缸。

（4）柴油机曲轴的旋转方向：就我国国家标准而言，面对功率输出端，凡功率输出轴顺时针旋转的称为右旋（即正转），反之为左旋（即反转）。对康明斯柴油机而言，柴油机曲轴旋转方向规定与我国的规定相反。KTA-19G2 柴油机输出端为逆时针旋转。

（5）柴油机气缸编号：气缸编号统一从自由端向输出端依次编号，如 KTA-19G2 气缸编号：K—K 系列；T—增压；A—中冷器；19—总排量（19L）；G—发电用；2—设计序号。

任务五　柴油机的调速控制与启动

任务描述

发电车柴油机的电子调速系统根据负载的大小可自动微调循环的供油量，从而达到控制柴油机转速的目的。本任务将学习柴油机的调速控制与启动。

相关知识

一、发电车柴油机的调速原理

电子调速器由测速传感器、调速控制器、执行器三部分组成，如图 3-8 所示。发电机组运行时，由装在飞轮壳上的测速传感器感应发电机组转速信号，当旋转中的飞轮齿通过磁性转速传感器时，就会在线圈内产生电脉冲信号，脉冲信号发生的频率反映了柴油机的转速，如齿数为 142 齿，当转速为 1 500 r/min 时，传感器每秒将测得 3 550 个电脉冲。高频脉冲信号送入装在控制屏仪表箱内的调速控制器，与预先设置的参考信号做比较。如果频率有偏差，通过调节通往执行器的电流大小来改变油门大小，从而控制流向喷油器的燃油压力，以调节喷入气缸中的燃油量达到控制柴油机的转速或功率的目的。

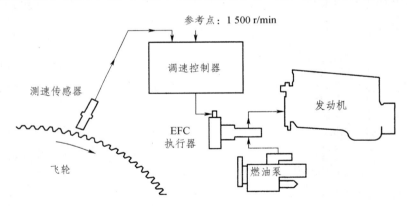

图 3-8　发电车柴油机的调速原理

康明斯发电车仪表箱面板上部是一排报警指示灯，左边是停机报警指示灯（Shut-Down），分别为超速停机（Over Speed，1 725 r/min）、低油压停机（Low Oil Press，83 kPa）、高水温停机（Coollant High water Temp，106 ℃）、遥控停机（Remote Stop）指示灯。右边是 4 盏预报警指示灯，分别为低油压（Low Oil Press，124 kPa）、机器高温（High Engine Temp，102 ℃）、低水温（Low Water Temp，40 ℃）指示灯和试灯（Lamp Test）。

面板的中间是 6 只指示仪表，依次为油压表（OIL PRESS）、转速表（TACH）、油温表（OIL TEMP）、24 V 电压表（BATTERY）、机组运行时间记录表（HOURS）、水温表（WATER TEMP）。

底部一排是仪表箱的操作键。SPEED ADJUST（转速微调）是一个 5 kΩ、2 W 的多圈式线性电位器，用来调整柴油机运行时的转速，调节范围为±100 r/min；IDLE/RUN（怠速/运行）是怠速与运行位的切换开关，向上为怠速，机器低速运行（625～700 r/min），向下为运行位（1 500 r/min）；CIRCUIT BREAKER（空气断路器）主要用于仪表箱内过流保护，发生过流时，它能自动切断箱内 24 V 电路，故障处理后可通过其上的复位按键复位；CRANK（曲柄），拨动该拨钮可以启动柴油机的启动电机，从而驱动柴油机的曲轴；START/RUN/OFF（起机/运行/停机）是一个三位开关，上拨为起机位，手放开后自动弹回到运行位，下拨为停机位，它用来控制停车电磁阀的电源。

（一）调速控制板

调速控制板简称为调速板，是柴油发电机组稳定运行的关键器件。发电车上所用的调速板外观如图 3-9（b）所示，调速板上有 4 个用来调整系统的电位计。

GAIN：增益控制调整旋钮，用来调整转速控制器对柴油机的反应速度，进口板在 50～70 处为宜，调到运行刚抖动再反转半格。

DROOP：转速降控制旋钮，又叫调速率电位计，可以调到 0%（同步）到 5%的转速降，单机工作一般为 2%～3%。

IDLE SPD：怠速控制调整旋钮，用来调整怠速。

RUN SPD：在康明斯相关资料中称为高怠速，实际上是空载转速，即柴油机的运行位转速，它与怠速调整一样，是一个可以转动 20 圈的电位计。

（二）超速控制保护板

超速保护的目的是防止电机转子飞损。发电机飞车设定一般为+20%，柴油发电机组一般设为 15%。

超速板又叫作速度开关板，它的基本原理是，转速传感器接收到柴油机的转速信号，经频率/电压（F/V）变换器转换成相应的电流信号，当测得的信号超过预设的信号强度时，保护继电器工作，切断电磁阀供电，使机组缺油停机。

在使用过程中，如果超速板损坏，可将仪表箱内第 5、7 号端子短接，然后将超速板拆下后送修，机组仍可使用，但没有超速保护。此时不用过于担心飞车时的保护，因为康明斯柴油机的 PT 泵内本来就带有超速自动限油量的功能,整定值一般设在 1 760 r/min。

超速保护的调整方法：调升空车转速至 1 725 r/min，将整定电位器逆时针缓慢旋至超速保护，保护动作后重新起机并将空车转速调回 1 500 r/min。

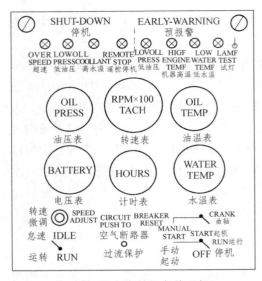

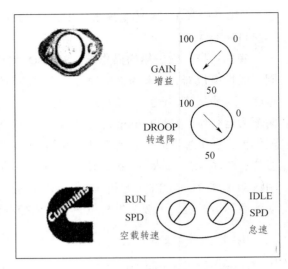

（a）调速控制仪表箱面板 　　　　　　　（b）调速控制板

图 3-9　康明斯柴油机控制仪表箱及调速版

二、柴油机启动电路

柴油机启动电路的电气结构如图 3-10 所示。

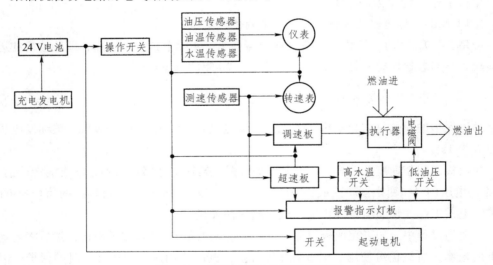

图 3-10　柴油机启动电路电气结构

目前，发电车配套的起机电路如图 3-11 所示（以 Ⅰ 号机为例），按其功能不同可以分为三大部分。

第一部分为启动电机 1SM 电路。当 718 线有 24 V 正电时，依次复位 1DF、打开电锁（DS）、按下 1-QA（仪表面板上的 CRANK 拨钮）后，1-AMS、1-SS、1SM 三个线圈相继得电，最终实现启动电机正常运转。在本块电路中，有一个直流接触器 1KM3，它的一对常开触点设置在 DC 24 V 电路中，当按下启动按钮时，1KM3 线圈得电，系统自动将 48 V 电池中分出 24 V 供给机组控制电路，当启动按钮释放后，控制电路重新由 24 V 电池供电。要注意的是起机时，当柴油机爆发后要立即释放 1-QA（CRANK）拨钮，否则会因为柴油机转速远远高于电机本身转速而损坏电机和启动齿轮。

第二部分电路是电磁阀 1-FSV 电路。该电路主要实现电磁阀的得电与断电。电路中有两条通路实现对电磁阀的供电：一条通路是 1-4→A-B→1-11→1-FSV→700，另一条通路从 1-4→C-D→1-5→SP>1725（超速保护）→1-7→t>106（高水温保护）→1-9→1-12PSI（83 kPa）（低油压保护）→1-11→1-FSV→700。其中 A-B、C-D 为仪表箱面板上的 START/RUN/OFF（起机/运行/停机）三位开关（PSI 为英制压力单位，与 kPa 的换算关系为 1 PSI=6.894 kPa，12 PSI 即为 83 kPa）。起机位（START）时，AB 通、CD 通；运行位（RUN）时，AB 断、CD 通；停机位（OFF）时，AB 断、CD 断。当机组正常运行时，由于 AB 断，CD 通，电源只能通过第二条通路到 1-FSV。

该电路可实现三级停机保护。当柴油机的转速超过 1 725 r/min 时，超速保护断开 1-5 与 1-7 两线，切断电磁阀电路，从而使柴油机断油停机，同时 1-5 线和 1-6 线接通，超速报警灯亮；当水温超过 106 ℃ 时，断开 1-7 与 1-9 两线，切断电磁阀电路，同时 1-7 线和 1-8 线接通，高水温报警灯亮；当机油压力低于 83 kPa 时，切断 1-9 与 1-11 两线，同时 1-9 线和 1-10 线接通，低油压报警灯亮。

当起机时，由于油压还没有建立，1-9 线与 1-11 线间油压开关没有接通，电磁阀不能通过第二条通路得电，因此起机时需通过 A-B、C-D 同时给电磁阀供电。只有当起机成功油压建立，低油压停机保护指示灯熄灭以后，才能松开 START/RUN/OFF（起机/运行/停机）三位开关，转入运行位。当电磁阀得电时，中间继电器 1KA 同时得电，切断声报警电路中的 1-5 线和 735 线间的常闭点。当电磁阀因故断电时，1-KA 线圈失电，24 V 正电经 1-5→1 点。当电磁阀因故断电时，1-KA 线圈失电，24 V 正电经 1-5→1-KA 常闭触点→735 号线→二极管 7VD47→730，使 I 机的报警电铃响，实现声报警。

第三部分电路是参数检测电路，主要是仪表面板上的 5 块仪表。

机器单机运行接通仪表箱电源时，油压表、油温表、水温表指针反走到底，转速表指针在 600～1 000 r/min，试灯全部都亮；当三位开关（ABCD）扳到中间运行位时，执行器内有敏捷、清脆、细小的两响响声，转速表指到零位，低油压停机指示灯亮；当三位开关向上拨到起机位（START）时，电磁阀发出敏捷、细小的"嗒"声；当同时按下起机按钮（CRANK）时，电压表指示的电压下降到 22 V 或以下（但不低于 19 V），听到电动机正常转动，转速表显示 250～350 r/min，一般可在 1～3 s 内引爆，引爆后立即松开 CRANK 拨钮，当低油压灯灭时，松开三位开关。启动成功后，转速迅速上升，达到 600～700 r/min，机器怠速运行，油压表指向 0.3～0.4 MPa，计时表开始走动，主发电机电压 120～200 V，频率表无变化（实际上并非无频率，只是在 20 Hz 左右，表上无法显示）。当将机器怠速/运行开关打到运行位时，柴油机转速迅上升，发出巨响，转速很快升至 1 500 r/min，主发电机电压升至 400 V 左右，频率表升至 51 Hz 左右，超速板中灯亮，油压上升到 0.4～0.6 MPa，油温、水温表上升，油温在 60～90 ℃，水温在 50～85 ℃。当负载加大时，油温、水温都将适当上升。启动中，如果 5 s 内不能引爆柴油机，应停止 10 s 后再重新启动，使电池及电机能充分散热。如此连续三次仍不能启动，应仔细查明原因，并给电池充电，以免电池亏电。

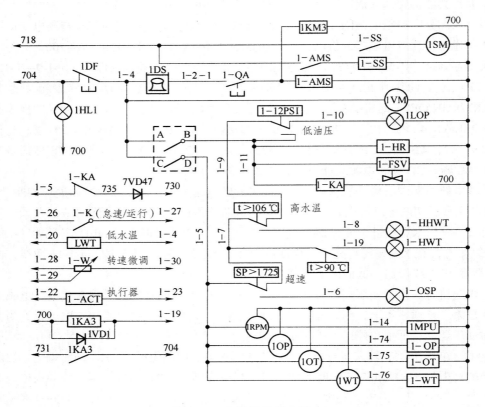

图 3-11　Ⅰ号机起机电路

三、柴油机冷却风机控制电路

柴油机采用吸风式水冷却系统，其循环冷却水的冷却靠电动机驱动冷却风扇来实现。

散热器为铜管式水散热器，每台机组采用 14 组，两侧 V 形排列装于冷却坑道内，散热器中间安装冷却风扇，散热器两侧对应车体侧墙上开设可调百叶窗吸风，经散热器将热量通过风扇由车顶排出车外使柴油机冷却。

由于冷却风扇功率消耗大，采用 18.5 kW 的三相异步电动机，启动电流大，为限制启动 I 电流，选用双速电动机，在高速运转时，必须经低速启动，延时 10 s 后转为高速运转，使柴油机冷却水温保持在 65 ~ 85 ℃。

为减小劳动强度，风扇控制设有自动位，亦设有手动位，一旦自动位失灵，转为手动位，冷却风扇仍能正常工作，电路如图 3-12 所示。

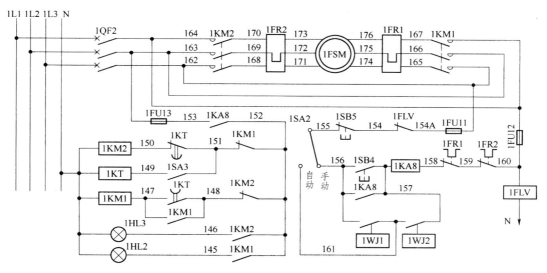

图 3-12 Ⅰ号冷却风机电路

冷却风机电路从功能上可实现手动与自动控制、手动实现高速与低速的切换，还可实现欠压保护。该电路按功能可分为四部分：风扇电机主电路、风机手动与自动电路、风机高速与低速转换电路以及风机保护电路。

（一）风扇电机主电路

风扇电机主电路相对较简单，由于风机采用双绕组电机，故当空气开关 1QF2 合闸后，只要 1KM2 或 1KM1 两个交流接触器触点中的一个闭合，就能实现风机的转动。

（二）风机的手动与自动控制电路

发电车上冷却风机的手动与自动控制功能由 1SA2 转换开关的状态决定。

1. 手动控制

闭合空气开关 1QF2，转换开关 1SA2 打到手动位，接通 155 与 156 号线，按下风机启动按钮 1SB4，风机就可启动。

1L3→1QF2（闭合）→162→1FU11→154A→1FLV→154→1SB5（常闭）→155→1SA2（手动位）→156→1SB4（按下）→157→1KA8 线圈→158→1FR1→159→1FR2→160→1FU12→164→1QF2→1L1。

1KA8 线圈得电后，156 与 157 号线间的常开触点闭合，形成自锁，以防止 1SB4 释放而造成 1KA8 线圈断电。同时 152 与 153 号线间的常开触点闭合，交流接触器 1KM2 或 1KM1 线圈电路、时间继电器 1KT 线圈电路和相应的指示灯电路接通。

2. 自动控制运转

自动与手动的动作原理基本相似，手动位是通过风机启动按钮使 1KA8 线圈得电，而自动位是通过高低温传感器使线圈得电。

转换开关 1SA2 打自动位，155 与 161 号线接通。当冷却水温度超过 65 ℃ 时，低温控制器 1WJ1 的动合触点闭合，当水温达到 85 ℃ 左右时，高温控制器 1WJ2 的动合触点闭合，接通中间继电器 1KA8 的线圈通路，从而使冷却风机进入运转状态，冷却水温开始下降。当冷却水出水温度低于 85 ℃ 后，虽然高温控制器动合触点复位，但低温控制器的动合触点仍闭合，通过中间继电器 1KA8 的自锁触点，使继电器线圈保持通电状态，冷却风机继续运转。当冷却水温低于 65 ℃ 左右时，低温控制器的动合触点也复位，从而切断了中间继电器 1KA8 的线圈的电路，中间继电器复位，冷却风机停止运转。当冷却水温度再次升至 85 ℃ 左右时冷却风机又投入运转。电气通路如下：

1L3→1QF2（闭合）→162→1FU11→154A→1FLV（常闭）→154→1SB5（常闭）→155→1SA2（自动位）→161→1WJ1（65 ℃）→156→1KA8（常开自锁触点）→157→1KA8
└────────────────1WJ2（85℃）────────────────┘

线圈→158→1FR1→159→1FR2→160→1FU12→164→1QF2→lLl。

3. 高低速电路

发电车冷却风扇电路中，由于风机采用双绕组双速电机，可以通过向不同绕组供电而实现高低速运行。冷却风扇的高低速运行是通过高低速转换开关 1SA3 来实现的。当 1SA3 闭合时，风机高速运转。

1）风机低速运转

当 1SA3 断开时，由于中间继电器 1KA8 上的 152 与 153 常开触点已经闭合，故交流接触器 1KM2 线圈得电，其电气通路为：1L2→1QF2（闭合）→163→1FU13→153→1KA8（常开闭合）→152→1KM1（常闭）→151→1KT（常闭）→150→1KM2 线圈→N。

接触器 1KM2 线圈得电后：146 与 152 号线间常开触点闭合，1HL3 低速指示灯点亮；148 与 152 号线间的常闭触点断开，接触器 1KM1 线圈电路被反锁，以防止双绕组同时供电而烧损电机；同时，1KM2 主触点闭合，风机低速运行。

2）风机高速运转

当柴油机负载较大或环境温度较高时，风机需高速运行，此时应闭合高低速转换开关 1SA3。闭合 1SA3 后，在接触器 1KM2 线圈得电的同时时间继电器 1KT 线圈也得电，但由于 1KT 是一个延时继电器，它需延时一段时间后相应的触点才会动作。当 1KT 线圈动作后，150 与 151 号线间的常闭触点断开，接触器 1KM2 线圈电路被切断，风机改为惯性运行；同时，147 与 148 号线间的常开触点闭合，接触器 1KM1 线圈所在的电路被接通，风机转入高速运行。风机高速运行时按先低速后高速的模式，可减少风机的启动电流，延长风机的使用寿命。

当前部分运用中的发电车在温度控制器设置上已做了一定的改进，取消了 65 ℃ 温度控制器，改由安装在 85 ℃ 温度控制器旁的 75 ℃ 温度控制器代替，使冷却风机的运行状态更为合理；也有部分发电车取消了原来的 90 ℃ 高水温预报警传感器，而采用柴油机自带的 102 ℃ 的传感器，停机则采用 106 ℃ 传感器。

四、本车用电电路

本车用电电路是指发电车自身用电设备的供电电路，它包括本车用电电源选择电路、全列空调客车的通风机与空调用电集中控制电路、发电车交流燃油泵电机电路、车载充电机用电电路、发电车机房顶排风扇电机电路以及本车空调、照明、走廊通风机、燃油锅炉、各类电加热、控制屏内通风机等设备的用电电路，如图 3-13 所示

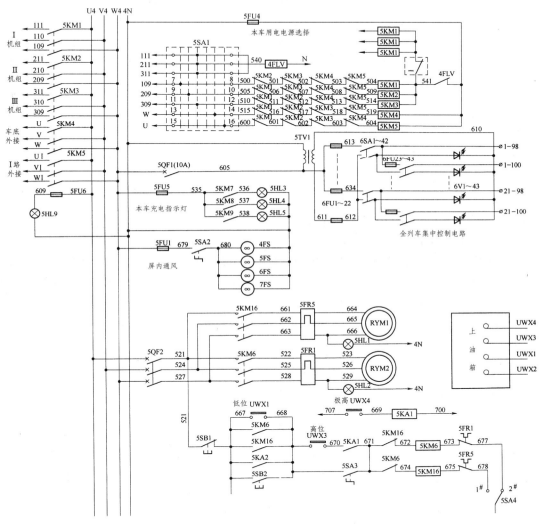

图 3-13　本车用电电路

（一）本车用电电源选择电路

本车用电共有 5 种方式：Ⅰ机供电、Ⅱ机供电、Ⅲ机供电、车底外接供电和Ⅰ路外接供电。在不同情况下，可分别选择不同的供电方式，具体使用时，可通过转换开关 5SA1 加以选择。下面以Ⅰ机供电为例，分析电路的基本工作过程。

当需 I 机供电时，合上电压检测回路中的空气开关 1QF4，109、110、111 三线有电，将本车用电电源选择开关 5SA1 打到 I 机供电位，转换开关的 1 号与 2 号触点接通，使欠电压保护线圈 4FLV 得电，欠电压保护投入使用，防止当机组供电欠电压时本车设备用电，从而保护发电车的用电设备。同时转换开关的 7 号与 8 号端子接通 109 与 500 号线，使交流接触器 5KM1 线圈得电。该线圈的电气通路如下：

109（W）→5SA1（7）→5SA1（8）→500→5KM2 常闭→501→5KM3 常闭→502→5KM4 常闭→503→5KM5 常闭→504→5KM1 线圈→541→4FLV（常闭）→545→5FU4→4N。

接触器 5KM1 线圈得电后，505 与 506、510 与 511、515 与 516、600 与 601 四对常闭触点断开，接触器 5KM2、5KM3、5KM4、5KM5 线圈电路被反锁；5KM1 主触点闭合，从 109、110、111 三线送电至 U4、V4、W4，从而使本车电力干线有电，本车电源指示灯 5HL9 点亮。

在本电路中，还有一部分与 DC 24 V 电池充电相关的电路，当本车采用 I 号、II 号或 III 号机组中的任一台供电且车载充电机不对 DC 24 V 电池充电时，5KM7、5KM8、5KM9 三个接触器中对应的一个得电吸合，从而使机组自带的 24 V 充电机对 DC 24 V 电池充电。

（二）集中控制电路

为了减轻全列空调乘务员的工作量，并使减员增效成为可能，在发电车上还设置了远程控制电路，用于各节车厢内通风机和空调装置的远程控制（即集中控制），但在实际运用中，一般不使用此项功能。

（三）交流燃油泵电路

油泵是发电车为将下油箱的柴油抽到上油箱而设置的，发电车上一般设有两个交流油泵和一个手动油泵，每个交流油泵都一台交流电机驱动的。运用中的发电车油泵电路各异，图 3-14 中所示的交流油泵电路是功能较为完善的一类油泵电路。

发电车上共有 RYM1 与 RYM2 两个交流燃油泵，两个油泵每次只能运行其中的一个，可通过转换开关 5AS1 选择。闭合空气开关 5QF2，当接触器 5KM6 与 5KM16 其中一个得电吸合时，油泵即启动，同时相应的油泵指示灯点亮。

图 3-14 中油泵电路有手动与自动两种控制方式。手动控制又叫作应急控制，在自动位故障时可使用手动控制功能。下面以 I 号油泵为例，分析手动位时的电气通路。闭合空气开关 5QF2，将转换开关 5SA4 置 I 号位，转换开关 5SA3 置手动位（将开关闭合），按下按钮 5SB2，此时接触器 5KM16 线圈电气通路为

......521→5SB1→667→ [UWX1 / 5KM6 / 5KM16 / 5KA2 / 5SB2（按下）] →668→5SA3（闭合）→671

→5KM6（常闭）→674→5KM16线→675→5FR5→678→5SA4（I号）→4N

接触器 5KM16 得电吸合后：667 与 668 号线接通，形成自锁；671 与 672 号线断开，控制Ⅱ号油泵接触器 5KM6 线圈电路被反锁断开；同时 5KM16 主触点闭合，Ⅰ号油泵启动。

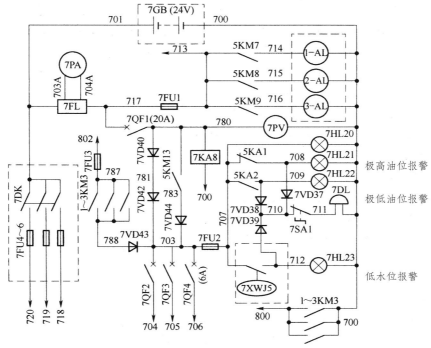

图 3-14　DC 24 V 电源电路

油泵的自动控制是通过安装在发电车上油箱中的 2 个副浮子开关来自动控制启停的。自动位时，只需将手自动转换开关 5SA3 置自动位（即断开 5SA3），当油位改变时，能自动控制油泵电路的通断，各种状态见表 3-2。

表 3-2　油箱油位状态

油位状态		UWX1	UWX3	5KM16 线圈	油泵
油位下降	>H	断开	断开	失电	不转
	<H	断开	闭合	失电	不转
	<L	闭合	闭合	得电	运转
油位上升	>L	断开	闭合	得电	运转
	>H	断开	断开	失电	不转

自动位时，接触器 5KM16 线圈通路为

$$\cdots\cdots521\to5SB1\to667\to\begin{cases}UWX1（低位）\\5KM6\\5KM16\\5KA2\\5SB2\end{cases}\to668\to UWX3（高位）\to670\to\begin{matrix}5KA1\\（闭合）\end{matrix}$$

→671→5KM6（常闭）→674→5KM16线圈→675→5FR5→678→5SA4（Ⅰ号）→4N

接触器 5KM16 得电吸合后，电路的状态与手动位相同。

由于上油箱容积有限，而康明斯柴油机的回油量较大（近 80%的回油量），油泵的起停较为频繁，故上油箱内的浮子开关容易损坏而变形，从而造成油泵无法自动启动或无法自动停止，因此在上述油泵电路中，设置了极高油位与极低油位两级保护。极低油位保护，通过设置在油箱中的最低位浮子开关 UWX2 控制电路中的中间继电器 5KA2 的得失电。当 UWX1 发生故障无法闭合时，油泵无法自动泵油，上油箱油位下降，油位降至极低油位 UWX2 以下时，UWX2 闭合，5KA2 线圈电路接通，667 与 668 号线间的常开触点闭合，5KM6（5KM16）线圈电路被接通，油泵实现自动启动。5KM6（5KM16）线圈得电的同时，707 与 709 线间的常开触点闭合，7HL22 和 7DL 电路接通，实现声光双报警（见图 3-14）。

当高油位浮子开关出现故障无法及时断开时，油箱油位会继续上升，如果不及时停止会造成柴油过满而溢出，故在上油箱高油位上方又设置了极高油位浮子开关（UWX4）。当油位高于极高油位时，UWX4 断开，中间继电器 5KA1 线圈失电，670 与 671 号线间的常开触点断开，5KM6（5KM16）线圈电路被切断，油泵自动停止泵油；同时 707 与 708 号线接通，电路实现声光双报警（见图 3-14）。

知识拓展

发电车的常见故障

当发电车出现故障时，应从故障现象着手，结合柴油机的结构与电气控制系统的原理，从理论上对故障可能的原因进行分析。查找和处理故障时应结合实践经验，从故障发生概率较高的部位入手，对故障进行分析和处理。

一、排气冒黑烟

柴油机运转时排气管排放的黑烟是由于柴油燃烧不完全产生的游离碳随废气排出而形成的，故障原因见表 3-3。

表 3-3　柴油机排气管冒黑烟的故障原因

故障位置或现象	故障原因	故障位置或现象	故障原因
进排气系统故障	进排气不通畅，如空气滤清器脏堵	燃油系统故障（油燃烧不充分）	喷油量过多，未充分燃烧
	废气涡轮增压器故障		燃油质量差
	外界温度太高或气压太低		喷油器喷油雾化不良
气缸压缩压力过低	气缸漏气严重		喷油准时不当
	柴油机转速过低	柴油机超负荷运行	
	机体温度过低		

二、柴油机运转时有杂音

（1）活塞销与连杆小头衬套孔配合过松，运转时有轻微而尖锐的响声，该类响声在怠速运转时尤其清晰。

（2）活塞与缸套间隙过大，运转时在气缸体外壁能听到撞击声，转速较高时此撞击声加剧。

（3）连杆轴瓦磨损使配合间隙过大，运转时，在曲轴箱内能听到机件撞击声，转速突然降低时可以听到沉重而有力的撞击声。

（4）曲轴轴颈与轴承间的间隙过大，运转中发出不正常声音。

（5）曲轴前、后推力轴承磨损，轴向间隙过大，导致曲轴游动，柴油机怠速时，能听到曲轴游动的碰撞声。

（6）气门弹簧折断、挺杆弯曲、推杆磨损，在气缸盖处发出有节奏的轻微敲击声。

（7）气门碰撞活塞，运转中气缸盖处发出沉重且均匀而有节奏的敲击声，用手指轻按罩壳有碰撞感觉。

（8）传动齿轮磨损，齿隙过大，在前盖板处发出不正常声音，突然降速时可听到撞击声。

（9）摇臂调节螺钉与推杆的环面座之间无机油，在缸盖处能听到干摩擦发出的吱吱响声。

（10）进、排气门间隙过大，在气缸盖处可听到有节奏的声响。

（11）涡轮增压器运转时的不正常摩擦声。

三、油底壳机油平面升高

油底壳机油平面升高的主要原因是机油中渗入了冷却水或柴油，其原因见表3-4。

表3-4　油底壳机油平面升高的故障原因

油底壳进水	油底壳进柴油
气缸盖密封垫损坏或气缸盖开裂	气缸盖开裂，使柴油道和机油道相通
气缸套"O"形密封圈损坏或穴蚀穿孔	喷油器下"O"形密封圈损坏，柴油通过气缸下渗
机油冷却器开裂，使油水混合	喷油器雾化较差（如开裂滴油等），使柴油未燃而流入油底壳
冷却水泵密封圈损坏	气缸内燃烧不良，使未燃燃油沿缸壁下流
空气中间冷却器开裂	停车后未关闭机组进油阀，并且电磁阀、执行器等关闭不严，使上油箱柴油由于重力作用通过进油通路流入气缸
机体有砂眼孔或机内相通	
消音器挡水圈损坏	

四、柴油机游车

柴油机游车是指柴油机转速忽快忽慢呈规律性变化，其故障原因见表3-5。

表3-5　柴油机游车的故障原因

1	2	3	4
燃油供给不稳定	PT泵工作不正常	柴油机温度过低，燃烧不稳定	电气故障
燃油中混有空气	PT泵齿轮调压阀不正常		DC 24 V电池电压低于19 V
燃油中混有水或杂质	调速机构故障		电子调速器失效或增益与转速调整不当
燃油滤清器脏堵或油路不通畅	执行器转运不良或磨损超标		
	执行器控制线信号干扰大		测速传感器故障

五、活塞拉缸

所谓拉缸，是指在气缸壁表面，沿活塞移动方向出现一些深浅不同的沟纹、拉毛、擦伤现象，气缸与活塞失去原有的配合间隙。活塞拉缸是由于活塞或活塞环某个部位与气缸壁之间失去润滑油膜而出现干摩擦造成的，当发展到一定程度时，将会在金属表面产生熔着而造成更严重的后果。活塞拉缸后，可能会出现表 3-6 中所示的现象，可作为判断依据。

表 3-6　活塞拉缸的现象及原因

拉缸后可能出现的现象	拉缸原因
相应缸有剧烈摩擦声	活塞组与气缸壁间隙过小、活塞环压力过大、开口过小或折断等
功率明显下降	活塞销卡簧滑出或活塞销滑出
排气冒蓝烟或黑烟（黑烟可能性大）	活塞组与气缸间的润滑不足
油底壳由于进柴油而使机油平面上升	柴油机过热
曲轴箱通风口、加油口或油标尺处冒黑烟	冷却水温过高
排气温度上升，温度过高时排气管将发红	活塞冷却喷嘴堵或喷嘴油压力低
拉缸严重时还将引起机体喘振，甚至引起连杆折断而机破	进气过脏

六、冷却水温过高

柴油机中冷却水的作用是从高温部件吸收热量，然后通过循环向外界放热，正常时水温为 74～91 ℃。冷却水温过高的原因主要有以下几种。

（1）冷却水不足或水中有空气。

（2）冷却水泵故障或水循环通路脏堵使流量下降。

（3）节温器故障使大循环不能正常工作。

（4）柴油机负载过高或部件温度过高。

（5）散热器叶片倒伏或脏堵。

（6）冷却风扇转速不足或反转。

（7）冷却室百叶窗未打开。

（8）外界环境温度过高，散热不良。

（9）温度传感器损坏造成误报。

七、发电机输出电压过低

（一）励磁系统故障

励磁系统故障可能的原因有以下几种。

（1）AVR 可控硅损坏。将 AVR 的 1 脚或 5 脚连线断开，发电机电压达 432～456 V，说明 AVR 已损坏。

（2）电压整定器 RP 短路。发电机端电压约为 360 V 且不可调整时，电压整定电位 RP 可能已短路。

（3）静止整流模块 V1 损坏。可用万用表测量其正反向电阻值加以判断。

（4）变压器 T6 匝间短路或绕组断开。变压器匝间 T6 短路或绕组断开，将造成励磁电压低或缺相，励磁电流将减小，发电机输出电压下降。

（5）L1 绕组断路、缺相或 C1 漏电。当 L1 绕组断路、缺相或 C1 漏电时，断开 AVR 的 1 脚或 5 脚后，发电机输出电压很低。

（二）转子部分故障

在 F1-F2 端加 DC 24 V 电压，发电机端电压很低且与空载特性不相符，则可判断转子出现了故障，此时应停机检查。

（1）压敏电阻 VR 短路。在 F1-F2 端通入 DC 24 V 电压，若压敏电阻 VR 发热、冒烟，说明 VR 已短路。

（2）旋转整流模块 V2 短路。检查时可分别拆下三块整流模块，用万用表测量其正反向电阻加以判断（二极管正向电阻：单管 40 kΩ；双管 85 kΩ）。

（3）励磁机 G2 定子或转子线圈短路。可用双臂电桥分别测量定、转子三相绕组的电阻值加以判断（正常值：定子 12.8 Ω；转子 0.29 Ω）。

（4）主机 G2 定子或转子线圈短路。可用双臂电桥分别测量定子和转子三相绕组的电阻值进行判断。

八、空载时电压正常，加载后电压下降明显

1FC5 系列发电机空载时电压正常，但加载后，尤其当功率超过 100 kW（或电流超过 200 A）时，端电压明显下降，且调整电位计无效。

（1）该现象可能是发电机的电枢反应现象，由发电机内阻压降过大而造成的。可检查电流互感器 T1、T2、T3 原副边及相关连线，但这 3 个元件相差线路出故障时，一般只有当电流变大时故障现象才会明显，如电流超过 200 A 时，现象较明显。

（2）如果加载后端电压立即下降，则可能是整流块中有一个或多个二极管开路，检查时可用万用表的 R×10 Ω 挡测量。

（3）当出现加载后发电机端电压正常，但随着时间的延长，有发电机端电压下降的现象时，可能是静止整流器或 AVR 内部参数发生变化，属软故障。

实训项目

MTU 柴油发电机组及附属装置（静态）检查指导书

作业步骤及质量标准	图示
1. 下部静态检查	
（1）下油箱 检查油箱配件齐全，无腐蚀、无异物，悬吊装置牢固，螺栓无松动，吊耳无裂纹，外包铁皮无破损、变形、腐蚀，不锈钢铆钉无断、缺；连通阀开启正常，无渗漏；可视液位镜及液位显示仪油位显示清晰、正确；确认燃油油位符合规定，下油箱注油口须加装滤网并锁闭	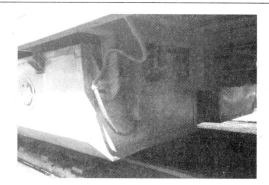 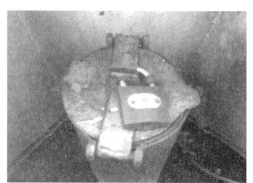
（2）蓄电池及箱（24 V、48 V）	
① 蓄电池箱。 检查配件齐全无破损；外观无腐蚀，门轴良好，各锁闭装置良好；悬吊装置螺栓无松动，吊耳无裂纹；通风器、排水口进风、排水通畅；熔断器状态良好；使用下垂式折角防开装置与箱门搭载量不小于 20 mm，使用下拉式放开装置与箱门搭载量不小于 30 mm，并确认开口销穿插或铁丝捆绑牢固，防开作用良好	

续表

作业步骤及质量标准	图示
② 蓄电池。 蓄电池安装紧固，无硫化、漏液；接线无松动、断线；电解液密度在 1.260～1.280，不符时更换；液面高度高于极板 10～15 mm，不足时补加蒸馏水；48 V 蓄电池空载电压不低于 48 V；24 V 蓄电池空载电压时不低于 24 V，启动过程中不低于 18 V。正负线标记明晰，各接线绝缘层无老化、破损、变色，接线座安装牢固，接线无松动	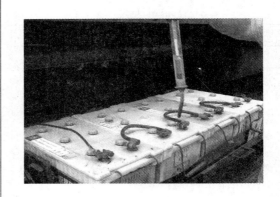
（3）外接电源箱	
① 外接电源箱悬吊装置紧固，无开焊裂纹，腐蚀严重时焊修或更换	
② 外接电源箱内部配件齐全，接线紧固，绝缘层无老化、破损、变色；电路图清晰准确，接地线安装牢固，保险容量和电路图一致，门锁配件齐全，作用良好	
2. 上部静态检查	
（1）控制屏	

续表

作业步骤及质量标准	图示
①检查控制屏配件齐全、完整，固定良好，保险符合要求，各接线不得松动、烧损、脱焊、变色。各接触器、继电器完好，热过流继电器指示值应符合规定，各元器件齐全完整无裂损，感温贴无变色；仪表校验不过期，误差在精度等级范围内；电路图清晰准确，各标记无缺失	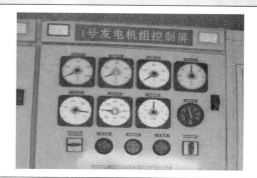
②检查屏内照明配件齐全，灯座安装牢固无松动；各门无变形、安装牢固、门轴转动灵活，密封胶条无缺失，各锁具作用良好；通风扇转动灵活、无卡滞，防护网无开焊、断裂，安装牢固	
③检查三台机组机时，时差不超过100 h，检修标记、换油标记不过期	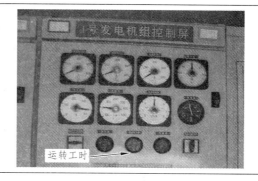
（2）充电柜	
检查充电柜配件齐全，完整，作用良好；接线无松动、烧损、脱焊、变色；各开关按钮作用良好，置于规定位置；变压器无烧损、变色，绝缘层无老化、开裂；电路图清晰、准确，保险容量与电路图一致	

续表

作业步骤及质量标准	图示
（3）火灾报警器	
火灾报警器安装牢固，箱内接线无松动、烧损、脱焊、变色；配件齐全，安装牢固，作用良好	
（4）燃油加热系统	
采暖期检查各管系无泄漏，各电气元件接线无松动变色，停用期间每月检查1次	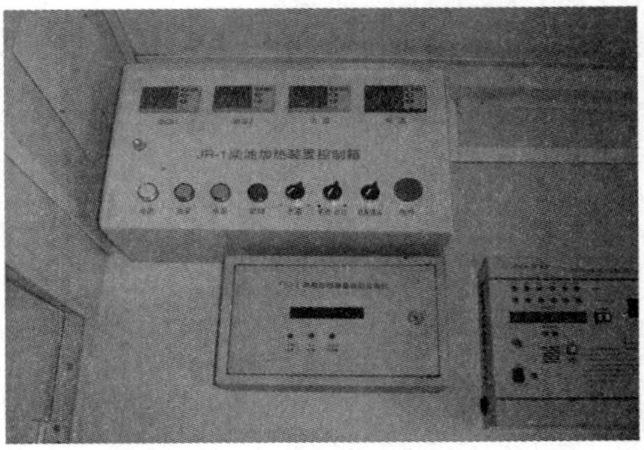
（5）燃油泵及上油箱	
① 燃油泵及联轴器、油泵电机固定良好；用手转动联轴器，电机转动应自如、不扫膛，电机接线良好；各连接管路无渗漏，阀门位置正确；燃油粗、磁滤清器安装牢固，无渗漏	

续表

作业步骤及质量标准	图示
② 油箱配件齐全，无腐蚀，悬吊装置牢固，螺栓无松动，吊耳无裂纹；液位显示仪清晰，玻璃管无裂纹、渗漏；各传感器法兰无渗漏	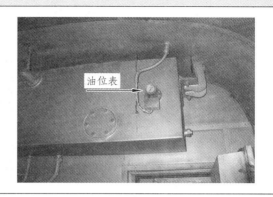
③ 手动燃油泵摇动灵活，各部固定螺栓紧固无松动，油管接头无渗漏，阀门位置正确，泵油正常	
（6）发电机	
主发电机与机架连接配件齐全，安装牢固；输出导线绝缘护套无破损。出风口罩畅通、安装牢固、无异物	

作业步骤及质量标准	图示
（7）柴油机	
①检查机组各部配件齐全、安装牢固、状态良好；各管系、阀门畅通，无漏油、漏水、漏气；进气阻力指示器显示正常；排油堵、阀无渗漏	
②检查各油压、油温、水温、转速等传感器安装可靠；启动电机、充电机配件齐全，安装牢固，接线紧固；三角皮带无破损、裂损、老化	
③检查柴油机进排气，消音器与机组排气筒法兰安装牢固	
④检查机油无混燃油或冷却水现象，确认机油油位符合规定	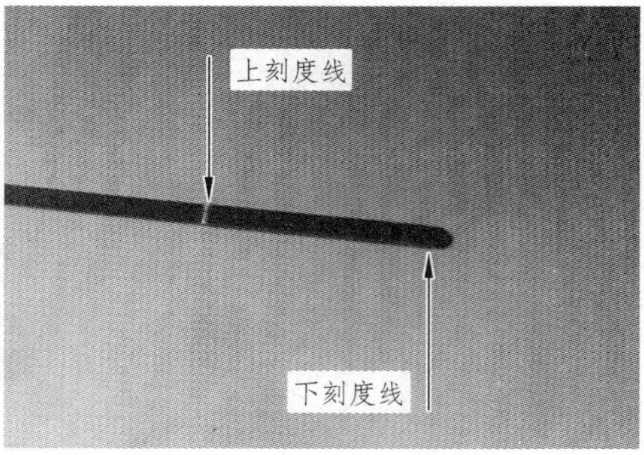 上刻度线 下刻度线

作业步骤及质量标准	图示
⑤检查双层高压油管各接头无泄漏，报警器安装牢固接线无松动	 
（8）排气扇	
排气扇电机接线及包扎良好、无磨损，冷却风扇各部连接螺栓紧固，防护网安装紧固，无开焊、断裂，固定螺栓无松动、丢失，防护网与扇叶轴端无摩擦	
3. 启动电源箱	
电源箱外观良好，箱内配件齐全，作用良好，接线无松动、烧损、脱焊、变色，电路图清晰准确，保险容量符合电路图要求，状态良好，检修标记不过期	

续表

作业步骤及质量标准	图示
（1）膨胀水箱	
① 检查膨胀水箱各部连接管无渗漏，冷却水位应在 1/2 以上，不足应补充冷却水，水位继电器安装无渗漏，吸气、呼气阀作用良好，各管路无漏损	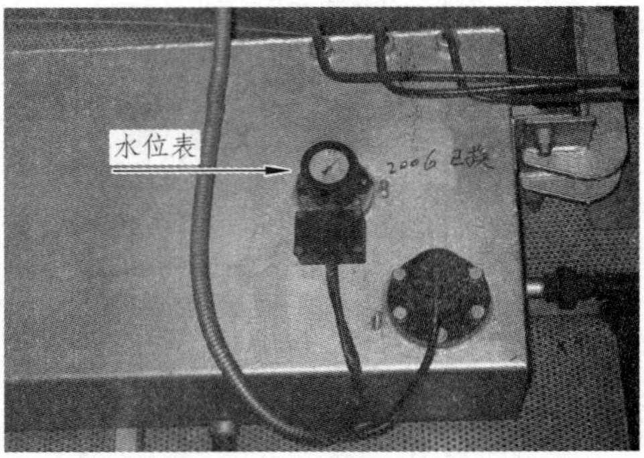
② 补水箱（桶）内防冻液水位高于 1/2 且不高于 3/4	
（2）冷却间	
① 检查散热器及管阀件安装牢固，无渗漏；散热器滤网安装牢固，无堵塞、破损	

续表

作业步骤及质量标准	图示
② 冷却间百叶窗开度适中，配件齐全，调整手轮转动灵活、作用良好	

复习与思考

1. 写出康明斯发电车柴油机的型号及其含义。

2. 简述电子调速的基本原理。

3. 写出 Ⅰ 号机正常运行时电磁阀的电气通路并说明柴油机停机保护的类别。

Part IV

项目四
AC 380 V 车辆电气系统与设备检修

【项目目标】

目标类型	目标要求
知识目标	（1）掌握铁道车辆 AC 380 V 供电系统结构原理、检修维护及故障分析处理； （2）掌握 AC 380 V 车辆电气系统图，理解相关技术参数，识别各电气设备的外观、安装位置及接线方式； （3）识别 AC 380 V 供电系统同各电气设备的外观、安装位置及接线方式； （4）掌握 AC 380 V 电源控制柜原理图、接线图，理解技术参数； （5）掌握统型应急电源原理图与接线图，理解结构、技术参数
能力目标	（1）具备良好的学习习惯，熟练运用专业术语； （2）能够使用工具完成铁道车辆 AC 380 V 电气系统的日常维修、故障检修、定期检修技术作业； （3）能够使用工具完成 AC 380 V 系统的日常维修、故障检修、定期检修技术作业； （4）掌握铁道车辆 AC 380 V 电气装置故障处理技术规范并编制分析报告； （5）掌握 AC 380 V 系统设备标准作业流程及方法； （6）能正确操作 AC 380 V 各用电装置； （7）能对 AC 380 V 供电系统、用电系统常见故障进行处理

续表

目标类型	目标要求
素质目标	（1）坚定理想信念，增强"四个自信"； （2）厚植爱国主义情怀，树牢"四个意识"，爱祖国、爱行业、爱企业、爱岗位； （3）增长知识见识，掌握铁道车辆电气装置检修核心技能； （4）增强综合素质，培养综合能力和创新思维； （5）加强品德修养，培养良好的学习习惯

【项目背景】

既有客运 AC 380 V 列车供电系统绝大部分都依靠空调发电车提供电源，主要由 AC 380 V 供电电源装置、电力连接器、供电母线、客车电气综合控制柜、应急供电系统等组成，其系统如图 4-1 所示。

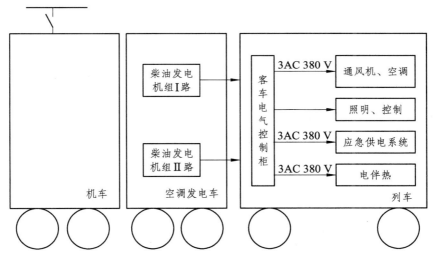

图 4-1　既有客车 AC 380 V 列车供电系统示意

发电车一般装有 3×300 kW 进口康明斯柴油发电机组（或 MTU 柴油发电机组），每台机组可单独运行，亦可并车运行。供电制式为交流三相四线制，380 V/50 Hz，可从发电车任一端与列车连挂，并分两路供电母线通过设于车每端的 4 个电力连接器供电。

内燃机车 380 V 供电系统：25T 型（直达特快 Z）列车由于运行速度较快，目前只能通过数量极少的 DF11G 型内燃机车来实现牵引和供电。DF11G 型内燃机车装有德国进口的 MTU12V183TB12G 型供电用辅助柴油机及 LSA47.1L11-4P 型发电机，供电制式与空调发电车一致，最大供电功率为 2×400 kW。通过柴油机燃烧柴油转化成机械能带动发电机运转产生电能，为空调列车提供电源，其能耗非常高。以武昌客车车辆段武昌—上海的 K121/2 次列车为例，该车次每组 18 节车厢，包含硬座、硬卧等车型，2004 年全年实际消耗燃油 482 t，费用高达两三百万元，再加上人工、维修等成本，每年的运行开支相当惊人。除此之外，空调发电车或内燃机车因为燃油泄漏还存在着一定的火灾隐患。

电力机车 AC 380 V 供电系统：随着电气化铁路逐步扩展和电力机车变流技术的重大进步，已有的 AC 380 V 列车仍然依靠大功率柴油发电机组供电已不能满足需要，而存量的 AC 380 V 列车升级为 DC 600 V 列车需要加装三相逆变器、单相逆变器、充电机、客车电气控制柜等设备，投资大、周期长。而在电力机车上按照列车负载特点定制开发一套新型 AC 380 V 列车供电装置，可直接向列车提供三相交流 380 V 供电电源，再加上列车的适应性改造，具备投资少、见效快、无污染、维修成本低等优点。新型客运 AC 380 V 列车供电系统如图 4-2 所示。

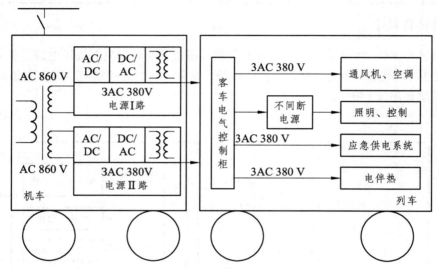

图 4-2　新型客车 AC 380 V 列车供电系统示意

电力机车列车供电装置：配置有 AC 380 V 列车供电装置的电力机车，除完成牵引任务外，还负责 AC 380 V 列车的供电。列车供电装置设有两路三相逆变电源，两路之间电气上相互独立，其输出分别与一路 AC 380 V 供电母线连接。两路逆变电源正常时保证全列车所有负载的正常应用，当一路电源发生故障时，全列车减载运行，由另外一路电源负责对全列车供电。AC 380 V 列车供电装置主要技术参数：额定输入电压为单相 AC 860 V/50 Hz；额定输出电压为三相四线制 3AC 380 V/50 Hz；额定输出功率为 2×400 kW。与柴油发电机组提供电源的途径不同，电力机车 AC 380 V 列车供电装置完全从电网取电，并通过交-直-交等电力电子技术完成电源转换，保持了输出供电制式不变，充分满足了列车用电需求。

【建议学时】

12 学时

任务一　电源控制柜与照明控制柜

任务描述

客车电源控制柜的主要作用是对来自发电车的Ⅰ路和Ⅱ路供电进行选择，并分配输出交流电供 TKDT 型铁路客车电气综合控制柜、应急电源箱、照明控制箱、电热、电开水炉、排风扇、电插座等用电负载使用，具有过载、短路、机械互锁保护以及电流和电压指示功能。为防止短路，输入切换采用 KM1、KM2 主接触器辅助触头互锁和 KA1 转换开关互锁，同时对两路输入分别加入空气开关加以隔离和保护。电源控制柜主回路电源为三相交流 380 V/50 Hz，控制回路电源为单相交流 220 V/50 Hz，其组成与原理（长春轨道客车股份有限公司 YZ25K 型客车）如图 4-3 所示。柜内各主要电气元件的型号规格见表 4-1。本任务主要介绍电源控制柜的操作步骤、照明控制柜的工作原理及操作。

表 4-1　电源控制柜主要电气元件的型号和规格

序号	代号	名称	数量	型号规格	附注
1	KA1	万能转换开关	1	LW12	
2	KA2	万能转换开关	1	LW12	
3	PA	交流电流表	1	441-A　0-100 A	
4	PV	交流电压表	1	441-V　0-400 V	
5	TA	电流互感器	1	1N1-05　100/5 A	
6	KM1、KM2	交流接触器	2	3TF50　AC 220 V	无水 213 厂
7	FU1、FU2、FU4、FU5	熔断器	4	熔断体 1A　RT18 型	
8	HL1、HL2	指示灯	2	AD11，220 V	绿色
9	Q9	空气开关	1	C45N3P　25 A	
10	Q1、Q2	空气开关	2	NC100H3P　100 A	
11	Q3、Q4	空气开关	2	C45N3P　16 A	
12	Q5	空气开关	1	C45AD3P　1 A	
13	Q6	空气开关	1	C45N3P　10 A	
14	Q7	空气开关	1	C45N3P　16 A	
15	DC	电开水炉	1	5 kW	
16	DRⅠ、DRⅡ	客室电热器Ⅰ、Ⅱ		各 6.05 kW	
17	M	排风异步电动机	1	90 W	

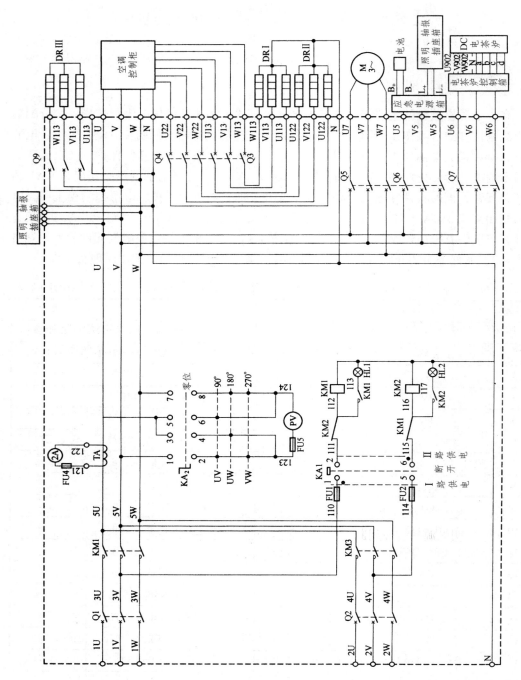

图 4-3 电源控制柜原理

相关知识

一、TKDT 型铁路客车电源控制柜操作步骤

（1）闭合空气开关 Q1、Q2，将Ⅰ、Ⅱ路供电选择开关 KA1 置Ⅰ路供电位或Ⅱ路供电位。Ⅰ路供电时，接触器 KM1 得电吸合，指示灯 HL1 点亮；Ⅱ路供电时，接触器 KM2 得电吸合，指示灯 HL2 点亮。

（2）当选择Ⅰ或Ⅱ路供电时，将电压测量选择开关 KA2 打到相应位置，可实现对Ⅰ路或Ⅱ路的电压测量。

（3）闭合空气开关 Q3，Ⅰ路电热器工作；闭合空气开关 Q4，Ⅱ路电热器工作；Q3、Q4 同时闭合，Ⅰ、Ⅱ路电热器同时工作。配属北方路局的客车另外增加了一路电热器即Ⅲ路电热器，闭合空气开关 Q9，Ⅲ路电热器工作。

（4）闭合空气开关 Q5，排风机工作；闭合空气开关 Q6，给应急电源提供交流电源；闭合空气开关 Q7，向开水炉供电。

二、照明控制柜控制原理及操作

长春轨道客车股份有限公司生产的 YZ 25K 型客车，照明控制柜组成与原理如图 4-4 所示。其主要电气元件的型号和规格见表 4-2。

照明控制箱电路主要包括交流（AC 380 V/220 V）照明、温水箱用电负载电路和直流 DC 48 V 轴报、水位检测、显示屏等用电负载电路两大部分。操作与控制原理如下：

（一）照明电路

闭合空气开关 Q1，三相干线有电，电源指示灯 H1 亮。照明转换开关 KA 置断开位，照明灯无电熄灭；KA 置半灯 1 位时，交流接触器 KM1 及应急电路接通，通过台、走廊、乘务员室、配电室、洗脸间、厕所等处灯亮，客室 8 支 40 W 荧光灯亮，本工作位适于深夜行车使用；KA 置半灯 2 位时，交流接触器 KM1、KM2 及应急电路接通，通过台、走廊、乘务员室、配电室、洗脸室、厕所等处灯亮，客室 14 支 40 W 荧光灯亮；KA 置全灯位时，KM1、KM2、KM3 及应急电路都接通，全部照明灯亮，本位适于夜间正常照明使用。当正常照明电源有故障间断供电，且非白天运行（这时照明转换开关 KA 不在断开位）时，应急照明灯保持继续点亮，以保持客室最低照明。

（二）温水箱电路

主电路由空气开关 Q8、交流接触器 KM6 主触点和温水电热元件 RH4 组成；控制电路由钮子开关 K1、液位继电器 SY1、温水箱温度调节器 BT 和接触器 KM6（线圈）组成。当温水箱内有水时，水位开关 SY1 闭合。在水温低于设定值时，温控器 BT 触头闭合。此时，闭合 Q8、K1，KM6 线圈得电，其常开触头闭合，电热元件 RH4 得电工作，温水箱开始加热。调节温控器 BT 可设置水温。

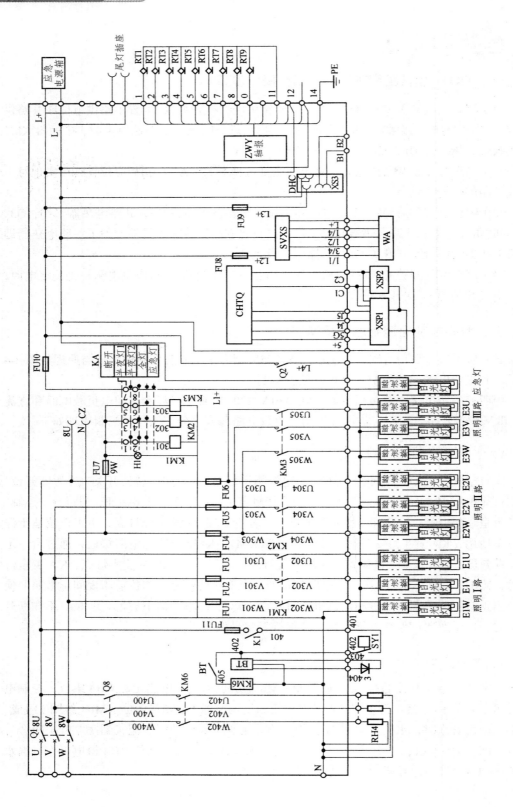

图 4-4　照明控制箱原理

表 4-2　照明控制箱主要电气元件型号和规格

序号	代号	名称	型号规格	数量	附注
1	KM1、KM2、KM3	交流接触器	LC1-LC12	3	
2	Q$_1$	自动空气开关	C45N-3P（16 A）	1	
3	Q$_2$	自动空气开关	C45N-C-1P（3 A）	1	
4	BT	温水器温度调节器		1	
5	FU1—FU9	保险器	RT18 系列（3 A）	10	
6	B	温度传感器		1	与 BT 配套
7	KA	照明控制开关	LW12 系列	1	
8	HL1	指示灯	AD11	1	绿色
9	SVXS	水位检测装置		1	
10	Q8	空气开关	C45N3O（3 A）	1	
11	KM6	交流接触器 3TF50	AC 220 V	1	
12	ZWT	轴温警报器		1	
13	RI1～RI9	感温头		9	
14	CZ	单相插座		1	
15	RH4	温水电热元件	共 900 W	3	
16	DHC	电话插座		1	
17	XSP1	1 位端信息显示屏		1	
18	XSP2	2 位端信息显示屏		1	
19	CHTQ	车厢号调节器		1	
20	K1	钮子开关	KN3-3	1	
21	SY1	液位继电器	JYF-01	1	
22	FU11	熔断器	熔断体 1 A RT18 型	1	
23	FU10	熔断器	熔断体 10 A RT18 型	1	

（三）直流负载电路

由应急电源箱供电。闭合空气开关 Q2，显示屏得电工作，其他直流负载均直接连在直流主电路上。

（四）过载或短路保护

各用电负载均设有过载或短路保护。

三、AC 380 V 供电制式电气综合柜试验操作

AC 380 V 供电制式电气综合柜试验操作见表 4-3，电气连接螺栓扭矩见表 4-4，车体配线绝缘见表 4-5。

表 4-3 AC 380 V 供电制式电气综合柜试验操作

安全注意事项	1. 拔插接插件、拆卸或紧固接线端子时，必须断电作业，避免触电及损坏绝缘检测装置。 2. 客车供电时，必须确认人员安全，防止触电，供电后必须挂供电警示牌。 3. 使用工具时，要避免掉落伤脚
作业流程	开工前准备→检查配线绝缘→通电试验→空调试验→各用电器供电→漏电试验→断电处理→记录填写→完工清理
工具材料	手电、钳表、螺丝刀、红外线温度测试仪、1 000 V/500 V 级兆欧表、克丝钳、扳手、力矩扳手、毛刷、毛巾、圆珠笔
工序	作业内容及标准
1. 开工前准备	（1）作业者防护用品穿戴整齐。 （2）检查工具齐全，且状态良好
2. 检查配线绝缘	（1）用相应级别兆欧表测试车体配线各相线间及对地绝缘电阻值。绝缘电阻值应符合表 4-5 要求。 （2）用相应级别兆欧表测试客室电加热器配线、灯具配线、轴温报警器配线等配线对车体对壳的绝缘电阻值。绝缘电阻值应符合表 4-5 要求
3. 通电试验	（1）确认车体供电转换器处于断开状态且地面电源供电总开关处于关闭状态。后连接地面电源，并在车体两端电力连接器座挂"有电危险"警示牌。 （2）确认本车各用电器处于断开状态。对本车进行供电试验，在电源断电状态连接，车体、构架接地线正常连接后方可通电。 （3）电源转换功能及配套试验：分别将电源转换开关置于"Ⅰ路""Ⅱ路"位，观察主接触器和指示灯工作情况。 ① 电源指示灯及主接触器的工作位置与输入电源路数（Ⅰ、Ⅱ路）相符，Ⅰ、Ⅱ路转换功能正常。 ② 互锁试验，Ⅰ、Ⅱ路电源主接触器任一个吸合，另一个不能吸合。 （4）对各用电器进行通电试验，用电器使用正常。本车防滑、火灾、轴报、车门、漏电信息显示正常
4. 空调试验	（1）检查显示屏显示功能，显示屏显示正常，无花屏、黑屏、缺字，不良者拆卸送检修间进行检修。并在触摸屏上试验Ⅰ、Ⅱ路供电控制和断电控制功能。Ⅰ、Ⅱ路转换功能正常，主接触器无卡滞、粘连现象。 （2）工况检查：通过触摸屏"空调控制"控制空调转换到"强风""弱风""制冷""采暖""自动冷""自动暖"挡位。各工况运行时相对应继电器、接触器应处于吸合状态，吸合时无卡顿或粘连现象，动作顺序正确，作用良好。 （3）在各工况下检查各电器元件的动作情况。空调各工况转换正常，对应各工况断路器、继电器、接触器接触良好，无缺相、烧损、粘连。继电器、接触器吸合动作无卡阻、异响。各控制柜指示灯指示准确，颜色一致。 （4）若出现故障，判断机组或控制柜故障原因后，处理。各控制柜带载试验各部良好，无过热痕迹、电磁噪声及蜂鸣现象，各电气元件不良者进行更新，扭矩应符合表 4-4 要求

续表

5. 各用电器供电	在控制柜内闭合灯具、电开水炉、客室电热等用电器空气开关，检查各用电器运行状态各用电器能正常运行，电压正常
6. 漏电试验	（1）按动漏电检测按钮 3～5 s，观察全车供电情况。全车供电主接触器断开，漏电指示灯亮。 （2）将供电按钮置于"停止"位。漏电指示灯灭。 （3）将供电转换开关置于另外一路供电。全车正常供电，相应接触器吸合，供电指示灯亮
7. 断电处理	（1）各部试验正常后，对本车供电进行断电。各用电器断路器、转换开关打"断"位后将电源转换打"停"位。保证先关用电器再关供电开关。 （2）断开供电开关后，取下供电电力连接器，并取下供电警示牌。注意用电安全，防止触电
8. 记录填写	填写检修记录，记录填写工整、齐全，数据、检修内容属实
9. 完工清理	（1）关闭设备电源，擦拭保养。 （2）收好工具材料，定置存放。 （3）清扫作业场地，保持清洁

表 4-4　电气连接螺栓使用的扭矩

范围	规格	扭矩/N·m		
		铜螺栓	碳钢或不锈钢螺栓	带弹垫碳钢螺栓
逆变器箱 DC 600 V 主路端子、控制柜（综合控制柜、电源转换箱、空调控制柜、发电车控制屏）DC 600 V/AC 380 V 主路端子	M5	2	3.7	6
	M6	3	6.5	10
	M8	6	15	25
	M10	10	31	50
	M12	15.5	53	88
	M16	30	130	215
车端电气连接器电气安装螺母螺栓	M16×1.5	65	68	65

表 4-5 车体配线绝缘标准 单位：MΩ

额定电压	兆欧表等级	相对湿度			
		状态	<60%	60%~85%	>85%
DC 600 V 配线 DC 600 V/AC 380 V 兼容配线	1 000 V	对地	≥2	2~0.5	≥0.5
		线间	≥4	4~1	≥1
AC 380 V/AC 220 V 配线	500 V	对地	≥2	2~0.5	≥0.5
		线间	≥4	4~1	≥1
AC 100 V 以下配线 DC 110 V/DC 48 V/24 V 配线	500 V		≥2	2~0.38	≥0.38
通信系统配线	500 V		≥1	1~0.3	≥0.3

相对湿度 60%~85%时，按线性内插法计算最低限值。如相对湿度为 70%，AC 220 V 线间绝缘电阻要求须按下式计算：$(85\%-70\%)\times(4-1)/(85\%-60\%)+1=2.8(\text{M}\Omega)$；即相对湿度为 70%，AC 220 V 线间绝缘电阻不低于 2.8 MΩ

任务二 统型应急电源概况与整流器

任务描述

目前，在 25G、25K 等空调客车中装备的多为统型应急电源。统型应急电源控制箱与外部蓄电池组构成空调客车 DC 48 V 供电系统。统型应急电源中的蓄电池采用的是全密闭免维护型铅酸电池，控制箱则由整流器、充电机和应急控制系统三部分组成。控制箱的外形有立式和卧式两种结构。本任务主要介绍统型应急电源的结构及工作原理、整流器的工作原理。

一、概 况

在全列空调客车中，直流负载可分为一般负载和应急负载两类。一般负载是指在本车交流断电后不再用电的 DC 48 V 用电器，如厕所有无人显示器、水位显示器等；应急负载是指在本车断电后仍需用电的 DC 48 V 用电器，如应急灯、轴温报警装置、尾灯插座等。

应急电源由应急电源箱和蓄电池组两部分组成。客车运行中，当本车交流有电时，应急电源可以将交流电整流成 48 V 直流电，并向一般直流负载和应急负载供电，同时还能向蓄电池充电。当本车交流断电时，由蓄电池向应急负载供电。

统型应急电源的结构原理如图 4-5 所示，其电气原理如插页图所示。当本车 AC 380 V/220 V 正常时，由整流器将 AC 380 V 转换成 DC 48 V 向所有直流负载供电，同时充电机将 AC 220 V 转换为直流电向 DC 48 V 蓄电池充电；当交流断电时，电池在应急控制系统的控制下向轴温报警装置、应急灯、尾灯插座等需应急工作的直流负载供电。

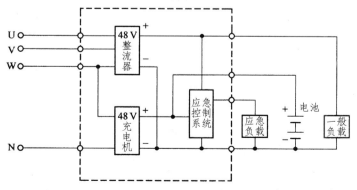

图 4-5 统型应急电源箱结构原理

统型应急电源主要技术指标见表 4-6。

表 4-6　统型应急电源的主要技术指标

设备	项目	技术指标
整流器	输入电源	三相　AC 380 V　50 Hz
	额定输出电压	DC 48 V
	额定输出电流	5 A（961 型、981 型）/10 A（962 型、982 型）
充电机	输入电压	AC 220 V　50 Hz
	充电电流	5 A（961 型、981 型）/10 A（962 型、982 型）
	过充保护	55 V/59 V 两档（54～56 V/58～60 V）
应急控制系统	欠压保护	（42±1）V
	过高压保护	（64±1）V

二、整流器

统型应急电源控制箱中的整流器采用抽屉式的结构，主要元器件有空气开关 Q2、降压变压器 B2、整流模块 U2、电感器 L2 和电容器 C101 等。整流器的工作原理如图 4-6 所示。

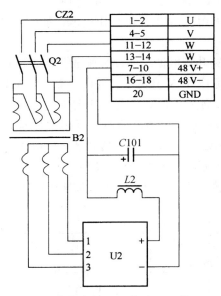

1—2	U
4—5	V
11—12	W
13—14	W
7—10	48 V+
16—18	48 V−
20	GND

图 4-6　统型应急电源整流器工作原理

三相 380 V 交流电源从接线端子排 JX1 的 1、2、3 号接线柱经整流器插座、插头 CZ2、CT2 的 1-2、4-5、11-12 输入，通过空气断路器 Q2 加到△/Y 连接的三相降压变压器 B2，三相变压器的次级接到整流模块 U2。整流模块 U2 内部为三相桥式整流电路，低压交流电源经 U2 整流后输出 DC 48 V 直流电。DC 48 V 直流电源经电感器 L2、电容器 C101 滤波，然后由整流器插头、插座 CT2、CZ2 的 7-10 和 16-18 向外输出 DC 48 V 电源。

如图 4-7（a）所示，整流器输出的 48 V 直流电源可向一般直流负载、应急负载及控制箱面板上的正常指示灯供电。其中：

　　向一般直流负载供电的通路为，整流器插座 CZ2 的 7-10→熔断器 RD7→接线端子排 JX1 的 11 号接线端子→一般直流负载→接线端子排 JX1 的 8 号接线端子→接线端子排 JX1 的 7 号接线端子→整流器插座 CZ2 的 16-18。

　　向应急直流负载供电的通路为，整流器插座 CZ2 的 7-10→接触器 KM2 常开触点→熔断器 RD6→接线端子排 JX1 的 10 号接线端子→应急负载→接线端子排 JX1 的 8 号接线端子→接线端子排 JX1 的 7 号接线端子→整流器插座 CZ2 的 16-18。

　　向正常指示灯供电的通路为，整流器插座 CZ2 的 7-10→接触器 KM2 常开触点→熔断器 RD6→接触器 KM2 常开触点→正常指示灯 D104→电阻 R43→应急控制系统电路板插座 CZ3 的 B19、B20→整流器插座 CZ2 的 16-18。

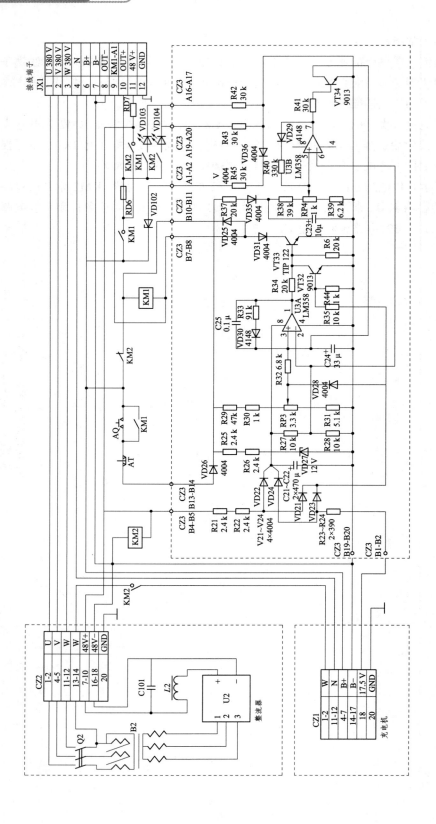

（a）统型应急电源应急控制与整流电气图

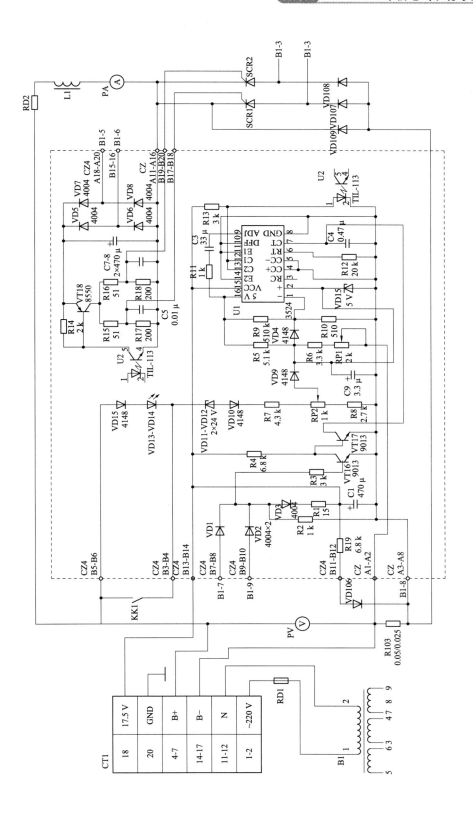

（b）统型应急电源充电机电路

图 4-7　统型应急电源

任务三 统型应急电源充电机

任务描述

统型应急电源控制箱中的充电机采用的也是一种抽屉式的结构，主要元器件有变压器 B1、熔断器 RD1、电压表 PV、过充保护选择开关 KK1、充电电流检测电阻 R103、充电机有电指示灯 VD106、半控整流桥（由晶闸管 SCR1、SCR2 和二极管 VD107、VD108 组成）、续流二极管 VD109、电流表 PA、电感器 L1、熔断器 RD2 和充电机印刷电路板等。本任务主要介绍充电机的主电路工作原理、光电耦合控制触发脉冲电路、同步移相控制触发信号电路、恒流恒压充电控制电路、辅助电路等。

一、充电机主电路

充电机是一种单相半控桥式整流充电装置，其主电路如图 4-7 所示。变压器 B1 次级的 3-4 绕组输出低压交流电，经晶闸管整流器的 SCR1、SCR2，电流表（PA），阻流圈（L1），熔断器（RD2），至 48 V 电池正极。充电电流从电池负极经电流检测电阻 R103，二极管 VD107，VD108 回到变压器次级。图 4-8 中，VD109 为续流二极管。

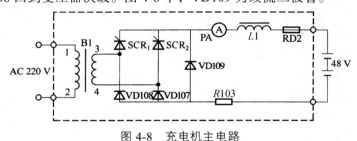

图 4-8 充电机主电路

在充电主电路中，单相半控桥式整流电路输出电压、电流的平均值。

即充电电压为 $U_充 = 0.9 U_次 \dfrac{1 + \cos \alpha}{2}$

充电电流为 $I_充 = \dfrac{U_充}{R_L} = 0.9 \dfrac{U_次}{R_L} \dfrac{1 + \cos \alpha}{2}$

式中 R_L——充电回路的负载电阻；

    α——晶闸管的控制角。

控制晶闸管 SCR 控制角 α 的大小，便可实现对输出充电电流的大小及输出电压的高低控制，加上反馈控制便可实现恒压恒流充电。

二、光电耦合控制触发脉冲电路

光电耦合控制触发电路[图 4-7（b）右上角]主要由光电耦合器 TIL-113、三极管 VT18、电阻 R14 ~ R18、电容器 C5 ~ C8 和二极管 VD5 ~ VD8 等组成。TIL-113 作用之一是传递触发信号，光耦合器件得电导通时，VT18 通过电阻 R15、R16 给晶闸管 SCR 提供同步移相触发脉冲；作用之二是电位隔离，因控制电路电压与晶闸管控制极电压（可控整流输出电压+电阻 R17 或 R18 上的分压）之间的电位差可达 80 ~ 90 V，所以必须用电位隔离的耦合电路来传递触发信号。当光耦合器件截止时，VT18 也截止就没有触发脉冲产生。总之，TIL-113 导通时间↑→SCR 导通角↑→充电电压和电流↑，反之亦然。变压器次级绕组 5-6、二极管 VD5 ~ VD8、电容器 C7-C8 组成本电路的辅助电源（约 7 V）。

三、同步移相控制触发信号电路

正常供电时，充电机能根据蓄电池的工况，自动控制恒压恒流充电过程。其控制电路主要包括电压基准电路、误差放大器、电压电流反馈电路、与电网同步的锯齿波产生电路、移相比较电路、光电耦合控制 SCR 触发脉冲电路和控制电路用低压辅助电源电路等。

其中，电压基准电路、误差放大器、锯齿波产生电路和移相比较电路的电路功能主要由开关集成电路 U1（LM3524）完成。

（一）开关集成电路 LM3524

该集成电路内部包含 5V 基准电压稳压器、误差放大器、振荡器、脉冲宽度调制比较器（PWM）、相位分离触发器（T 触发器）、交变输出晶体管对、限流电路（CL）和关闭控制电路等。在目前的晶闸管整流充电机中，相位分离、限流电路和关闭控制等功能没有用到。当把输出晶体管对的集电极、发射极分别并联，等效成一个晶体管，将限流电路和关闭电路的输入端（4、5、10）接参考地，上述没有用到的功能即消失。

LM3524 内部振荡器，其振荡频率由外接定时电阻（RT）和定时电容（CT）确定，并在定时电容上形成一个锯齿波电压。在目前的应用中，该振荡器的作用是作为锯齿波发生器，RT、CT 仍用以控制锯齿波频率，同时在电网电压过零时强迫 CT 放电来控制锯齿波起点，以保证锯齿波与电网同步。

当前使用中，LM3524 内部框图如图 4-9 所示。

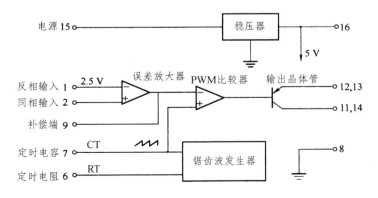

图 4-9　LM3524 内部框图

（二）同步与移相

同步移相触发是晶闸管整流器正常工作的必需条件。同步是保证当正弦交流电过零点时，晶闸管可靠关断，移相是控制晶闸管在半个周期内导通的起始时间，如此才能达到控制输出电压、电流大小的目的。移相多少通常用移相角 α 表示，即加到晶闸管整流器控制极的触发脉冲的前沿至电网电压过零点的电角度称为移相角（也称为控制角），当负载为纯电阻时，晶闸管整流器的导通角 $\beta=180°-\alpha$，波形如图 4-10 所示。

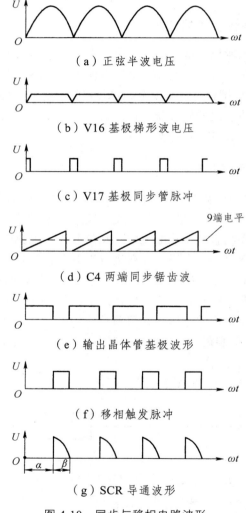

（a）正弦半波电压

（b）V16 基极梯形波电压

（c）V17 基极同步管脉冲

（d）C4 两端同步锯齿波

（e）输出晶体管基极波形

（f）移相触发脉冲

（g）SCR 导通波形

图 4-10　同步与移相电路波形

原理分析：B1 变压器次级辅助绕组 7-8-9 与二极管 VD1、VD2 组成单相全波整流电路，输出 100 Hz 正弦半波电压如图 4-10（a）所示，此电压经过电阻 R3 加到三极管 VT16 发射极上，VT16 导通，其基极形成梯形波电压，如图 4-10（b）所示。VT16 集电极接三极管 VT17 基极，当半波电压瞬时值小于 0.7 V 时，VT16 截止 VT17 导通，故在 VT17

基极形成与电网过零同步的窄脉冲，如图 4-10（c）所示，该脉冲期间 VD17 导通，强迫定时电容 C4 放电，得到与电网同步的锯齿波电压，如图 4-10（d）所示。PWM 比较器将锯齿波参考电压与误差放大器输出信号电平（即 9 端电平）相比较，当 $U_9 > U$ 时，输出低电平，PNP 型晶体管对导通，反之截止，如此可得到输出晶体管的 U_{eb} 波形，如图 4-10（e）所示。因 LM3524 内部输出晶体管接成集电极输出并与外部 TIL-113 光耦合器的发光二极管并联，所以晶体管对导通时，发光二极管截止，没有触发信号产生，晶体管对截止时，发光二极管导通，产生触发信号，即得到触发脉冲波形如图 4-10（f）所示，此脉冲通常称为移相触发脉冲，其宽度依 9 端电平而变。电阻负载时，SCR 导通波形如 4-10（g）所示。

四、恒流恒压充电控制电路

（一）电流反馈与恒流

电流信号从串联在充电回路中的电阻 R103 获取。电阻 R103 上的压降很小，为了使反馈端（LM3524-2）与基准端电压差不致过大，该信号通过接到 5 V 电压的分压器 R5、R6、RP1 加到 LM3524 的 2 端。RP1 用来调整 LM3524 的 1-2 端之间的压差，从而调整充电电流的大小。

充电电流由于电池电压或电网电压的影响变大时，电阻 R103 的压降升高，LM3524 的 2 端电位高于 1 端，放大器输出电平增高，触发脉冲相移增大，SCR 导通角减小，充电电流减小。反之亦然，这样系统就达到了恒流充电的目的。

（二）电压反馈与恒压

电池电压经 VD15～VD10、R7、RP2、R8 接至参考地。电池电压取样信号从 RP2 滑动臂经二极管 VD9 加至误差放大器反馈端。电池电压低时，VD9 不导通，不影响恒流充电特性。电池电压升到某一定值时，VD9 正偏，电压信号加到反馈端使充电电流开始减小。随着电池电压进一步升高，充电电流最终将减至零，从而获得恒压性能。

调试时，通过闭合开关 KK1，将 VD13～VD15 短路，当电池电压为 55 V 时，调整 RP2 使充电电流下降为零。在充电过程中，电池电压升到约 53 V 时，充电电流开始减小，电池电压达到 55 V 时，充电电流下降为零。由于 VD13～VD15 的压降为 4 V，故 KK1 断开时，电池电压的最高值将增加 4 V，即 59 V。

图 4-7（b）中，二极管 VD4、稳压管 VD15 用以保护误差放大器。

五、辅助电路

（一）辅助电源

VD1、VD2 整流后的脉动电压经 VD3，R1 给电容器 C1 充电，C1 即得到脉动极小的 17.5 V 直流电压，该电压作为供给控制电路的辅助电源。同时，该电压经电阻 R19 给控制箱面板上的充电机有电指示灯 D106 供电。另外，17.5 V 辅助电源还通过充电机插头插座向应急控制系统供电。

（二）基准电压

LM3524 第 16 脚输出稳定的 5 V 标准电压，经电阻 R9、R10 分压后加到误差放大器反相输入端（LM3524-1），形成反馈系统基准电压，电压值约为 2.5 V。

（三）缓启动电路

LM3524-16 的 5 V 标准电压通过电阻 R11、电容器 C3 接至补偿端 9，这样开机时 9 端电平将抬高，触发脉冲消失，随着电容 C3 充电，9 端电平慢慢降低，移相角从 180° 逐渐减小，SCR 导通角从零缓慢增大，实现充电电流缓启动。此外，R11、C3 降低了误差放大器交流增益，使系统工作稳定。

任务四 统型应急电源应急控制系统

任务描述

应急控制部分包括下述功能：

（1）整流器工作正常时，由整流器输出 DC 48 V 直流电供给所有直流负载，并切断电池向应急负载供电的通路。

（2）整流器突然断电时，自动转换成电池向应急负载供电。

（3）为保护电池，在电池放电时，当其电压降至（42±1）V 时切断电池放电通路。

（4）电池电压过高时，切断电池向外供电。

（5）控制电路故障时，通过对接触器绕组供电进行强迫合闸。

本任务主要是对这些功能进行介绍。

相关知识

一、直流 48 V 供电自动转换

如图 4-7（a）所示，当本车交流有电时，由整流器输出 48 V 直流电供给所有直流负载。同时，由于接触器 KM2 得电吸合，其常闭辅助触点断开，接触器 KM1 处于断电释放状态，电池向应急负载供电的通路被切断。

插页图中，接触器 KM1 线圈一端通过接触器 KM2 常闭辅助触点接电池正极，另一端通过 VD31、VD33 接电池负极，只要 VD33 导通，KM1 即得电吸合，电池通过 KM1 主触点及熔断器 RD6、JX1-10 向应急负载供电。同时，接触器 KM1 辅助常开触点接通，发光二极管 VD103 指示应急工作。

当本车交流有电时，整流器插座 CZ2 的 7-10 输出 48 V 直流电，经电阻 R21、R22、二极管 VD22 向电容器 C21、C22 充电；同时，来自充电机的 17.5 V 辅助电源通过电阻 R23、R24、二极管 VD24 也向电容器 C21、C22 充电。另外，整流器插座 CZ2 的 7-10 输出 48 V 直流电，经电阻 R21、R22、二极管 VD21、VD28、电阻 R32 向电容器 C24 充电；同时，来自充电机的 17.5 V 辅助电源通过电阻 R23、R24、二极管 VD23、VD28、R32 也向电容器 C24 充电。当本车断电时，电容器 C21、C22、C24 分别向 U3A 输入基准电压与比较电压，U3A 输出高电平，三极管 VT33 导通，接触器 KM1 得电吸合，电池开始放电，实现 DC 48 V 供电的自动转换。

插页图中，与按钮 AQ 并联的是接触器 KM1 的自锁触点。

二、手控应急通断与过放保护

电池能否供电取决于三极管 VT33 的通断，而 VT33 的通断除受 AQ、AT 控制外，还受电池过放检测和电池电压过高检测电路的控制。电压的检测由比较器 U3A 和 U3B 完成。

电池正极经 AQ、AT、V26 提供给控制电路作三种用途：辅助电源、电池过放检测分压信号和电池电压过高分压信号。

（一）辅助电源

R25、R26、VD27、C21、C22 构成 12 V 稳压电源供 U3A（LM358），同时，R27、R28 分出 6 V 电压给两个比较器反相端（2、6）作基准电压。

（二）电池电压过放保护

电池电压由 R29、R30、RP3、R31 分压，经 RP3 滑动臂输出至 U3A 同相输入端（3）与 6 V 基准比较，当电池电压低于 42 V 时，U3A 输出低电平，VT33 截止，KM1 断电释放，电池停止向外供电。R33、VD30 接 U3A 的 1、3 之间构成正反馈，这样只有电池电压高于 47 V 时才可能恢复向外供电。

（三）电池电压过高保护

R37、VD35、R38、RP4、R39 构成电池电压过高检测电路。调整 RP4 使得当电池电压为（64±1）V 时，U3b-5 端电平高于 6 端（6 端接 6 V 基准）。U3b-7 输出高电平，VT34 导通，C24 放电，对过放比较而言，等效于电池过放，结果 KM1 断开。R40、VD29 也是正反馈电路，保护动作后电池电压回落至 60 V 以下，方可重新合闸。

综上所述：

（1）RP3 是调整过放点（42 V）电位器，RP4 是调整过高点（64 V）电位器。

（2）电池电压正常时，可按下 AQ 接通应急输出，按下 AT 切断应急输出。

（3）电池电压过高、过低保护动作后不能自动恢复供电。

三、电池反接指示

电池反接时，对应急电源系统的损害是充电机充电熔断器 RD2 熔断，这是因为充电机中的续流二极管 VD109、熔断器 RD2 对电池构成短路状态。RD2 熔断后，接在电池两端的 VD36、R45、VD102 流过电流，电池反接指示灯 H102 点亮。

一旦发现电池反接应及时处理，电池极性纠正后，应检查并更换充电机的充电熔断器。

四、强迫合闸

当应急控制系统中电路板出现故障使电池不能放电时，拆下接线端子排 JX1 的 9 号接线并将其接入 8 号接线柱，可使接触器 KM1 得电吸合，从而使电池放电。但强迫合闸后，系统不能执行电池电压过高、过低保护动作。

任务五 统型应急电源检修与故障分析处理

任务描述

本节主要介绍统型应急电源的常见故障及应对措施、应急电源检修步骤。

相关知识

一、应急电源运用检修

应急电源检修步骤见表 4-7。

表 4-7 应急电源检修步骤

安全注意 事项	1. 必须按规定穿戴工作服、安全帽、绝缘鞋、专业防护口罩等防护用品，禁止穿拖鞋、凉鞋、高跟鞋作业。 2. 作业人员必须参加电工特种作业培训，培训合格方可上岗。 3. 各项电气工作要认真严格执行"装得安全、拆得彻底、经常检查、修理及时"的规定。电器或线路拆除后，可能通电的线头必须及时用绝缘胶布包扎好，确保安全稳妥。 4. 作业时关闭电源，挂好用电警示标识，禁止带电进行检修作业。使用高压风枪前要排净风管内的积水。 5. 开工前按照设备操作规程检查各种设备、工卡量具技术状态良好
作业流程	开工前准备→外观检查、功能测试→车辆断电、部件分解→各部清扫除尘→外观检查、检修各部件→电气参数检测→整理工具、回收废料、清理现场
工具材料	万用表、电工工具、兆欧表（500 V、1 000 V 级）、接地电阻仪、高压风枪、强光手电筒、插针螺丝刀、指示灯、空气开关、按钮、瓷保险座、变压器、接触器、电流表、电压表、拨动开关
工　序	作业内容及标准
1. 开工前 准备	（1）按规定穿戴工作服、工作鞋，戴好工作帽，准备好帆布劳保手套。 （2）确认车辆已供电；在车辆两端设置供电牌

工 序	作业内容及标准
2. 外观检查、功能测试	（1）检查应急电源箱箱体外观良好，无腐蚀、裂损。箱体腐蚀严重者应更新。 （2）启动/停止测试：断开应急电源交流空气开关，合蓄电池空气开关，按下应急启动按钮，系统自动进入应急供电状态、应急指示灯亮；再按下停止按钮，系统自动断开应急电输出、应急指示灯灭。 （3）应急/正常测试：合交流电空气开关，系统自动切换到正常状态，正常灯亮、应急灯灭；再断开交流电空气开关，系统自动切换到应急输出状态，正常灯灭、应急灯亮。 （4）电压电流测试：断开交流电空气开关，查看蓄电池电压；合交流电开关，查看充电电压、整流电压、充电电流。合格标准如下： 整流电压（50±2）V、充电电压 96 型<60 V、其他型号<（55±1）V、充电电流 96 型<10 A，其他型号<5 A、电池电压>48 V
3. 车辆断电、部件分解	（1）确认车辆已断电；在车辆两端设置禁电牌。 （2）一体式应急电源拆下电压表、电流表、空气开关、触发板、过欠压板，标注车号后送检校验，进行换件。 （3）抽屉式充电整流装置及过欠压板标注车号后拆下后送检修。 （4）拆下蓄电池送检修（参考蓄电池检修作业指导书）
4. 各部清扫除尘	（1）用高压风枪对应急电源内外部各部件除尘、除垢，清除杂物；一体式应急电源箱对变压器、整流模块、充电模块、保险座等进行彻底除尘，面板、指示灯等用乙醇溶液擦拭干净。 （2）落地检修的充电整流装置分解电压表、电流表、空气开关进行换件，用高压风枪进行内部除尘，面板和底板用乙醇溶液擦拭干净
5. 检修、外观检查各部件	（1）框架及面板平整光洁，手把及面板固定牢靠，各部无破损、变形、脱焊；固定螺丝丝扣良好；面板各标识齐全、清晰、正确。 （2）空气开关安装牢固，作用良好，容量符合要求（与电路图相对应）。

工 序	作业内容及标准
5. 检修、外观检查各部件	 （3）各保险座、指示灯、按钮、钮子开关等配件齐全，安装牢固，作用良好，无裂损、松脱现象，保险容量符合要求（与电路图纸相对应），与保险座接触良好，指示灯指示准确。 （4）整流箱、充电箱内各电气元件安装、焊接牢固，无烧损、老化、变形、变色等异常现象。 （5）检查线路板各电子元件焊接牢固；各部无烧损、变色、松脱；敷铜板无翘起；插接口无裂损、变形，接触良好；线路板支架安装牢固，无弯曲、变形。 （6）插接件安装牢固，定位良好，导柱、导槽等无裂损、弯曲，触点接触良好，无变形、变色、裂损，后接线焊接牢固。 （7）电压表、电流表安装牢固，罩壳无裂损、变形，量程符合要求，校验不过期。 （8）各接触器检查主触点状况，不得有松动、变色、划痕、烧损粘连等现象，接触良好。检测通断控制情况，无卡阻、歪斜、接触不良等现象。 （9）各部配线捆扎固定良好，接线端子连接紧固，无松脱、老化、裂损、变色，线标齐全、清晰、正确，配线穿过箱体、墙体部位防护胶套齐全良好。 （10）接线排配件齐全，安装牢固，无裂损、松脱。 （11）变压器安装牢固，线圈无变色老化，接线紧固
6. 电气参数检测	（1）检查各接地线及接地标记齐全良好。用接地电阻仪检测接地电阻不大于 4 Ω。 （2）用绝缘表检测三相电源配线、整流柜充电柜内所有配线绝缘阻值不得小于 2 MΩ
7. 整理工具、回收废料、清理现场	（1）确认车辆已断电；收好电力连接线。 （2）将所有作业工具擦拭干净。 （3）清点、回收作业废料送废料间，要求领用材料与回送废料数量一一对应。 （4）清理作业现场，做到工完料净场地清

二、应急电源故障分析处理

（一）整流器故障类型分析

1. 合闸时，空气断路器跳闸

（1）有短路现象：检查负载，整流模块 U2，输出电容是否短路。

（2）瞬态冲击电流引起跳闸：合闸时要轻推，多合几次。

2. 接通负载时，输出电压低

（1）电网电压低。

（2）超载。

（3）缺相。配电箱熔断器熔断，引线脱落，变压器接线脱焊等。

（4）整流模块内部损坏。若变压器次级电压正常，而整流电压低，可能是整流模块内部个别二极管开路，应断开 U2 至变压器次级连线后对 U2 进行测量判断。

3. 三相整流变压器参数（线电压）

初级：380 V。

次级：空载 40.3 V；满载 38 V。

（二）充电机故障分析

充电机维修时，首先检查判断 220 V 电源及电池的连接线状况、电池是否损坏、熔断器是否熔断等。当充电电流不正常时，首选采取更换电路印制板的方法，其次是更换备用充电机，判断故障大致处所后再做进一步的检修。

1. 电池状态的检查

电池是易损器材，当 4 只电池串联使用，若有一只损坏，即表现为 4 只电池都损坏。电池变质后，往往表现为充不进放不出。以下情况应更换免维护密封铅酸电池。

（1）电池漏液。

（2）电池组各电池端电压异常。

（3）停止充电时，电池电压很快下降。

（4）充电时，电池电压很快升至限压值，放电时其容量大于对应环境温度下应有的容量。

（5）充、放电时，电池温升异常。

（6）电池外壳机械损坏如变形、裂纹等。

2. 无充电电流

（1）检查熔断器是否熔断。

（2）检查电池是否变质。

（3）检查 AC 220 V 输入是否正常；拔出充电机，测量 CZ1 的 1-2 与 11-12 之间有无

220 V 电压。

（4）检查电路印制板上辅助电源是否正常，测量 C1、C7 及 C8 两端电压，正常值分别为（17.5±1.5）V 和 6~10 V。

（5）其他元件故障或脱焊，特别是电路印制板上 R1、RP1、RP2、VD11、VD12、VD18 等元件。

（6）检测 LM3524 各引出端正常时的电压：除 5 V 基准电压端（16）是由内部电路决定外，其他端电压均与外部元件或充电机工作状态，包括充电电流大小、电池电压及交流 220 V 电压的高低有关。例如，RP1、RP2 损坏可使 2 端电压升高或降低；VD11、VD12 短路可使 1、2 端电压升高等。

在不接电池（空载）情况下，检测 LM3524 各引出端电压，正常电压值可参考表 4-8。

表 4-8　LM3524 各引脚电压　　　　　　　　单位：V

管脚号	1	2	6	7	9	11、13	15	16
接有 C9 时	2.5	2.5	3.8	1.7	3.2	0.4	17.5	5
未接 C9 时	3.4	3.8	3.8	1.7	0.15	1	17.5	5

注：部分印制板未接 C9，充电机空载时电压表指示大于 60 V，接有 C9 时，电压表指示小于 20 V。

（7）主回路故障引起无充电电流：

① 测量变压器电压是否正常，正常值见表 4-9。

② 检查变压器 5-6 端电压是否加到主整流桥。

表 4-9　测量变压器正常电压值　　　　　　　　单位：V

引出头编号	1-2	3-4	5-6	7-8-9
空载电压	220	76	7	2×14
负载电压	220	72	6.8	2×12.5

③ 检查整流桥正、负端至插座 CZ1 有关连线是否断开，包括电感 L1、电流表 PA、电阻 R103 等是否开路。

④ 检查电流表是否损坏。当电流表开路时将无充电电流；当电流表偏转线圈开路时，有充电电流，但指针不动。

3. 充电电流抖动

（1）同步电路故障：当锯齿波与电源频率不同步时，SCR 导通角忽大忽小，造成充电电流不稳。检查相关电路元件（R3、R4、R12、C4、VD16、VD17 等）。

（2）缓冲电路损坏：检查 R11、C3 是否变质或脱焊。

（3）SCR 变质：SCR 一好一坏，会造成充电电流减小且不稳定。

4. 充电电流过大故障

电流过大，是指充电电流大于技术指标规定的额定值且不受控制。造成充电电流过大的主要原因有 R103、RP1、RP2、U1、U2 或 VD16 损坏等，下述方法可快速判断故障部件。

将充电机取出，测量 VD18 各电极之间，光电耦合器 U2 与 4-5-6 之间是否短路，在确认未短路的情况下，将充电机空载通电，这时电流表指示为零，电压表指示在 20 V 以内（或未接 C9 时，60 V 以上），以该电压为初始电压值，依下列次序分别短路相应元件使 SCR 触发脉冲消失，电压表应指示为零，否则可判断该元件损坏。

（1）短路 VD18 的 B、E 极，使之截止。

（2）短路 VT2 的 1、2 脚，发光二极管部分被短路，VT2 三极管部分截止，VD18 截止。

（3）将 VT1 的 9 脚接 16 脚，VT1 的 9 脚接 5 V 电源后，PWM 比较器的比较端电压高于锯齿波峰值，VT1 内部输出三极管饱和导通，SCR 无触发脉冲。

（4）用一个电阻值为 2 kΩ 的电阻，并联到 R5 上，使 VT1 误差放大器 2 端电压高于 1 端电压。

以上短路应仔细进行，不能短错。短路线去除后，电压表指示经过一个暂态（往往是电压表指示很大）再回到其初始值。

5. 熔断器断故障

（1）RD1（交流）。

变压器短路或 SCR1-2、D107-D109 短路。

（2）RD2（直流）。

① 电池接反。

② VT1 及其周围元件损坏，造成电流过大。

③ 熔断器座氧化，接触电阻大，造成温升过高。现象是充电机工作一段时间后 RD2 熔断，且现象可重复。

6. 充电机简易判断和调校

（1）充电电流调校。

将充电机输出端子短路，调整 RP1 使电流表指示为规定值（5 A 或 10 A）。

（2）过充保护调校。

用一只电容（其耐压不小于 100 V，容量不小于 100 μF）和一个电阻（3 kΩ/2 W）并联代替电池接在充电输出端，通电后，调整 RP2 使电容上电压等于所需的数值，该电压值即为充电电流下降为零时，电池可能充到的最大值。

（三）应急控制系统故障分析

应急控制系统的故障主要表现在应急无输出、按键通断不起作用、不能自动转换、指示灯不亮等。

1. 按键通断不起作用

（1）电池电压过低：检查电池好坏，及时更换电池。

（2）按键 AQ、AT 损坏。

（3）串联在 KM1 线圈中的 KM2 常闭接点接触不良。

（4）达林顿三极管 VT33 损坏。

（5）VD27 损坏，12 V 电源不正常。

（6）U3A 损坏。

（7）接触器 KM1 损坏。

（8）C24 漏电严重，U3A 第 3 脚电压变低（正常值约为 6 V）。

2. 应急不能自动转换

整流器供电或电池供电不能自动转换的原因，除上述按键通断不起作用中所述的原因外，由 R21、R22、VD22、R23、C22 组成的暂态电源因元件损坏、焊接不好等原因不能建立或维持时间过短使 U3A 不正常，从而使 KM1 不能闭合。

VT34 损坏，影响过放比较器工作不正常也是原因之一。

3. 应急无输出

（1）KM1 合不上，造成应急无输出。

（2）熔断器 RD6 熔断。

4. 指示灯不亮

（1）KM1、KM2 常开触点接触不良。

（2）有关引线脱开。

（3）发光二极管损坏。

5. 控制电路板调校

调校控制电路板，需有可调电源（可调范围至少为 40～65 V）、万用表等，将可调电源的正端接 CZ3-B13、B14，负端接 CZ3-B19、B20。接通电源后检查以下数据：

（1）稳压管 VD27 两端电压（12 V）。

（2）U3-2、6 端电压（6 V）。

（3）在外加电源为 48 V 时，U3-3 端电压高于 6 V，U3-1 大于 10 V；U3-5 低于 6 V，U3-7 小于 0.7 V；短路 R31，U3-1 电压将小于 0.7 V，短路 R28，U3-7 电压将升高且大于 10 V。

以上试验可检查 U3 是否完好。

（4）电压表接 U3-1，然后将电源电压从 48 V 调低，观察 U3-1 变为低电位时对应的电源电压值，该电压应为（42±1）V，否则可调整 RP3 以满足过放保护要求，U3-1 输出为低电平后，再升高外接电源电压，在电压恢复至 47V 左右时，U3-1 输出高电平，过放整定完成。若恢复高电平电压误差太大，应检查 R32、R33、C24 是否有问题。

（5）继续升高可调电压，检查 U3-7 输出高电平对应的外接电压，该电压正常为（64±1）V，恢复低电平电压为（60±1）V，超出保护范围可调整 RP4。

复习与思考

1. 试述 25K 型客车电源控制柜的工作原理。

2. 试述 25K 型客车照明控制柜的工作原理。

3. 统型应急电源由哪几部分组成？

4. 统型应急电源的作用是什么？

5. 试述统型应急电源的结构原理。

6. 统型应急电源主要参数有哪些？

7. 试述统型应急电源整流器的工作原理。

8. 画出统型应急电源充电主电路，并说明二极管 VD109 的作用。

9. 统型应急电源充电主电路中，控制充电电流的主要元件是什么？它们是如何控制充电电流的？

10. 试述统型应急电源控制箱中三极管 VT18 与晶闸管 SCR1 和 SCR2 的控制关系。

11. 试述统型应急电源控制箱中光电耦合器 U2 与三极管 VT18 的控制关系。

12. 试述统型应急电源控制箱中开关集成电路 LM3524 的基本工作情况。

13. 统型应急电源控制箱中 17.5 V 直流电源是如何获得的？

14. 试画出同步与移相电路波形图，并说明其含义。

15. 统型应急电源控制箱中电位器 RP1 的作用是什么？

16. 统型应急电源控制箱中电位器 RP2 的作用是什么？

17. 统型应急电源控制箱中元件 C3 和 R11 的作用是什么？

18. 试述统型应急电源控制箱过放保护工作原理。

19. 试述统型应急电源控制箱过高压保护的工作原理。

20. 统型应急电源控制箱中，电位器 RP3、RP4 的作用分别是什么？

21. 统型应急电源控制箱的整流器突然断电时，电池如何自动向应急负载供电？

22. 在什么情况下应更换免维护密封铅酸电池？

23. 统型应急电源无充电电流的原因有哪些？

24. 统型应急电源充电电流过大的原因有哪些？

25. 统型应急电源充电电流抖动的原因有哪些？

26. 统型应急电源按键通断不起作用的原因有哪些？

27. 统型应急电源应急不能自动转换的原因有哪些？

Part V

项目五
DC 600 V 车辆电气系统
与设备检修

【项目目标】

目标类型	目标要求
知识目标	（1）了解接触网供电原理； （2）掌握 DC 600 V 车辆电气系统图，理解相关技术参数，识别各电气设备的外观、安装位置及接线方式； （3）掌握电气综合控制柜原理图与接线图，理解结构、技术参数和保护功能； （4）掌握 TGF23 系列逆变器原理图与接线图，理解主电路波形变换、技术参数和保护功能； （5）掌握 TCP1 型充电机原理图与接线图，理解主电路波形变换、技术参数和保护功能
能力目标	（1）能操作及检修综合控制柜并处理故障； （2）能检修逆变器，并处理故障； （3）能检修充电机，并处理故障
素质目标	（1）具备良好的学习习惯，熟练运用专业术语； （2）能正确操作各用电系统； （3）能够掌握标准作业流程及方法

【项目背景】

我国首列 DC 600 V/AC 380 V 兼容供电列车于 1998 年在郑州铁路局武昌至北京正式开通运营。此后，DC 600 V 列车供电系统作为一项技术政策，被应用到高速列车和动车组，取得了良好的社会效益和经济效益。

从国家的能源政策和环境保护政策出发，以接触网供电的电力机车集中向客车供电的 DC 600 V 供电系统，无疑具有技术和经济上的优势；而在全国电气化铁路尚未完全成网时，以 AC 380 V/DC 600 V 兼容供电系统作为一种过渡模式，也是从长远考虑。

DC 600 V 供电系统应用过程中，原铁道部有关部门组织了多次技术论证，对推动 DC 600 V 供电系统的应用和提高 DC 600 V 供电系统的技术水平起到了决定性作用。

【建议学时】

20 学时

任务一　接触网供电

任务描述

电气化铁路不仅为机车提供能源，同时通过接触网向客车输送所需的电能。电气化铁路的接触网供电能源效率可达 97%，而采用柴油发电机组供电总效率仅为 26.4%。接触网高压供电对减少列车输电损失和减小输电导线截面积，节约有色金属消耗极为有利。

我国由接触网供电的旅客列车的电源，采用客运电力机车主变压器增设的两个辅助绕组供给，容量为 800 kV·A、电压为 3 000 V 或 1 500 V。车辆上的三相异步电动机电源需通过变流装置变换为三相工频 380 V/220 V 交流电压。随着自动控制和电力电子技术发展，变流技术日益完善，成本也越来越低，因此采用电气化接触网供电有着广阔的前景，将作为未来铁路客车的主要供电方式。

本任务主要介绍铁路客车接触网供电方式、关键技术、电力机车供电装置工作原理、接地保护问题、供电回路原理等。

相关知识

一、接触网向列车供电方案

DC 600 V 供电制式的空调客运列车，在电气化区段运行时，采用电力机车集中供电（DC 600 V）、客车分散变流供电方式。在非电气化区段运行时，DF11 型客运大功率内燃机车本身带有辅助发电机，既可采用 AC 380 V 柴油发电机组集中供电，也可将发电机组输出整流以 DC 600 V 方式向客车供电，当实现电气化牵引后，采用 DC 600 V 供电，这就是 AC 380 V/DC 600 V 兼容供电系统。DC 600 V 供电系统工作原理如图 5-1 所示。

（一）电气化区段系统运行方式

电气化区段，新研制的客运电力机车（SS8、SS7、SS9）的列车辅助供电装置，将受电弓接受的 25 kV 单相高压交流电降压、整流、滤波成 600 V 直流电。机车上安装了两套 DC 600 V 电源装置，两套装置分两路通过 KC20D 连接器向空调客车供电。空调客车通过综合控制柜自动（按车厢号分奇偶选择）将其中一路 600 V 直流电送入空调逆变电源装置（简称为逆变器）及 DC 110 V 电源装置（简称为充电器）。空调逆变电源将 600 V 直流电逆变成三相 50 Hz 交流电，向空调装置、电开水炉等三相交流用电负载供电。DC 110 V 供电装置将 600 V 直流电变换成 DC 110 V 直流电，给蓄电池组充电的同时向照明、供电控制等负载供电。客室电热采用 DC 600 V 直接加热。

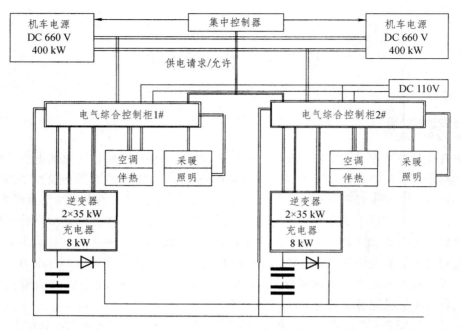

图 5-1　DC 600 V 供电系统工作原理框图

（二）非电气化区段系统运行方式

非电气化区段，内燃机车牵引的 DC 600 V/AC 380 V 兼容空调客车既可采用大功率柴油发电机组供电，也可采用将发电机组交流输出整流成 DC 600 V 供电。如果发电机组的输出为二路三相 50 Hz、380 V 交流电，空调客车通过综合控制柜自动选择其中一路的三相交流电直接向空调装置、电开水炉等三相用电负载供电；通过 DC 110 V 电源装置将三相 AC 380 V 变换成 110 V 直流电，给蓄电池组充电的同时向照明、供电控制等负载供电。如果发电机组以整流方式输出为二路 600 V 直流电，空调客车通过配电柜供电选择开关将其中一路的 600 V 直流电送入空调逆变电源装置及 DC 110 V 电源装置。空调逆变电源将 600 V 直流电逆变成三相 50 Hz 交流电，向三相用电负载供电。DC 110 V 电源装置将 600 V 直流电变换成 110 V 直流电，给蓄电池充电的同时向 110 V 直流用电负载供电。

25T 型 AC 380 V/DC 600 V 兼容客车，在主要考虑目前的 AC 380 V 集中供电系统的同时兼顾了 DC 600 V 供电系统，即兼容供电系统不仅可以运用在柴油发电机组集中 AC 380 V 供电系统，在电气化区段也可以直接用于 DC 600 V 供电系统。

尽管可以由柴油发电机组集中供电，但由于要兼顾 DC 600 V 供电，因此 AC 380 V/DC 600 V 兼容供电 25T 型客车的照明和控制系统采用 DC 110 V 供电，车下安装中倍率碱性蓄电池和 AC 380 V/DC 600 V-DC 110 V 充电器，而空调机组、客室电加热、开水炉、温水器伴热等主电路全部采用 AC 380 V 供电，控制电路则采用 DC 110 V 供电。

（三）关键技术

1. 电压制式的确定

DC 600 V 供电电压制式的选择，参照了国外供电制式并结合我国国情和技术现状。高压供电从经济性考虑无疑具备优势，但是，采用高压供电系统必定将降压、整流和逆变器全部集中在客车上，其安装和配重难度较大。而机车集中整流后向客车供电，在技术上没有太大的困难。

基于我国逆变器技术的现状，确定了 600 V 电压等级，因为 AC 380 V 三相交流电压整流后的直流电压为 540 V，而直/交变换存在电压利用率问题，输出交流要达到 380 V 时，要求直流电压应在 600 V 左右，国外有 540 V、600 V、660 V、720 V 甚至 750 V 等级。我国采用 DC 600 V 电压等级，一方面可以提高逆变器的可靠性，另一方面这个等级的电压，在绝缘、耐压等方面与 AC 380 V 基本一致，安全性好。

2. 逆变技术

将交流电变成直流电的过程称为整流，将直流电变成交流电的过程称为逆变。电力机车接触网电压是单相供电而且供电品质很差，不能降压后直接供给列车的用电负载，因而必须用到逆变技术，将单相交流电变成直流电后再逆变成三相交流电供给客车负载。近几年，国内逆变技术已达到实用化程度，为 DC 600 V 列车供电提供了技术基础。

客车空调逆变器的基本原理为：在每个正弦波周期内，将直流电压分割成若干个脉冲，这些脉冲的面积，正好等于正弦波的面积。通常情况下，一个周期内脉冲的个数乘以 50 即为调制频率，调制频率越高，输出的脉冲个数越多，在没有滤波器时，电动机负载的电流越接近正弦波，而如果有滤波器，则滤波器的体积可以减小，输出电压波形的谐波成分越低。调制频率越高，对 IGBT 的驱动和保护要求越高，技术难度大。

图 5-2 中由 6 只 IGBT 构成三相桥式逆变器，A、B、C 为电动机的三相绕组。当 VT1、VT6 导通，其他管子截止时，电流由正极经 A 相流过 C 相流到负极，则 UAC 正相波形如电压波形图的上半周；VT2、VT5 导通时，电流由正极经 C 相流过 A 相到负极，则 UAC 反相电压波形如波形图下半周。

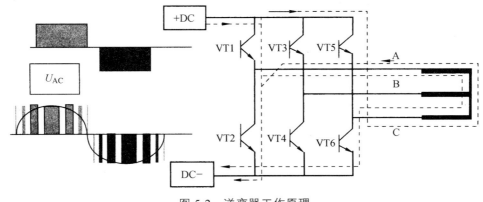

图 5-2　逆变器工作原理

3. 变频变压（VVVF）技术

如果按正弦波规律控制 IGBT 的导通和关断，则可输出调制波形。

电动机在启动时，存在 7 倍左右的电流冲击，如果不采取软启动方式，逆变器必须有 7 倍以上的额定容量，显然极不经济，同时机车电源也要承受启动电流冲击。如果能做到启动电流较小或基本与额定电流一样，则比较经济而且可靠性高。采用输出电压（U）和输出频率（f）同时变化并保证 $U/f=C$（常数）即可实现软启动。

电动机有两个基本公式：

$$U = C_e \Phi f \qquad\qquad\qquad (5-1)$$
$$M = C_m \Phi I \qquad\qquad\qquad (5-2)$$

上述两式中，C_e、C_m 为常数。由式（5-1）可以看出，电压 U 降低而频率保持不变，则磁通 Φ 减小，而根据式（5-2），磁通减小，必然要增大电流才能保证启动转矩。而如果保证在电压变化时，频率也保持同步变化，即 U/f 等于常数，则启动过程中磁通保持不变，在保证启动转矩的同时，可以使启动电流减小，这就是软启动的原理。负载直接启动而不实行 VVVF 启动的方式称为强迫启动或突投，如图 5-3 所示。

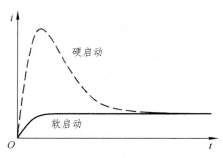

图 5-3　软启动技术示意图

4. 大功率高频开关电源

DC 600 V 供电系统中的充电器是供蓄电池充电及照明控制等系统用电的重要设备，由于输入为 DC 600 V（或兼容 AC 380 V 整流后），因此必须采用 DC/DC 变换技术。为了减小充电器的体积和防止高压窜入低压系统，采用高频绝缘式 DC/DC 变换器。我国铁路目前使用的高频绝缘式充电器技术已达到国外先进水平，关键技术有以下几种。

（1）采用电压电流双闭环控制，实现蓄电池恒流定压充。

（2）采用软开关技术，减小 IGBT 高频开关损耗，效率达到 92%。

（3）采用先进的非晶态铁心制造变压器、电抗器，减小充电器的体积。

（4）IGBT 的开关频率达到 20 kHz 以上，避开了音频区域，减小充电器的电磁噪声。

5. 综合控制技术

25T 型 DC 600 V 和 AC 380 V/DC 600 V 兼容供电客车采用了智能化综合控制技术，供电系统的转换与控制、空调系统的控制与保护、电源装置的启动与监测等，是基于 PLC 为核心的智能化控制。可以在触摸屏上设置车厢号、车辆编号，设置电源和空调机组的保护值，设置制冷、采暖的转换温度，显示逆变器充电器的工作状态、输入输出参数和故障诊断信息；可以记录电源的运行状态和参数、空调机组的工况和运行参数，记录压缩机、电热器的运行时间和电流参数，可以根据温度传感器自动控制空调装置的工况转换；可以记录电气系统内出现的故障；可以通过触摸屏控制其他车辆的电源和空调状态。

AC 380 V/DC 600 V兼容供电客车，除具备DC 600 V供电系统的功能外，还增加了直流、交流电源的自动转换、识别和手动选择，通过电压传感器、频率传感器的采样，区分直流供电和交流供电，并自动进行转换和运行参数的记录等。

6. 网络监控技术

25T型客车采用新的运行管理体制，即每列车只设有一个乘务人员，因此除对客车供电系统的可靠性和安全性提出更高要求外，还要实现无主式网络监控。25T型列车采用Lon Works网络技术，实现了无主式网络监控。所谓无主式网络监控是指在任何一个车厢都能对全列其他车厢进行监控，而监控的概念包含监视和控制两个功能。

监视功能包含对本车电气系统信息的监视和对他车电气系统信息的监视。由于控制和保护装置安装在车辆不同的位置，因此为便于乘务人员的检查，在综合控制柜的触摸屏上集中显示本车的供电状况和供电参数、空调系统的运行工况和运行参数、轴温报警器每个轴位的轴温信息、防滑器的工作状态和信息、车门的状态、烟火报警器的工作信息、车下逆变器充电器的工作状态和运行参数等。可以在任何一节车厢对他车的电气系统进行监视，监视的内容与本车显示内容一致。

在触摸屏上，乘务人员除可以控制本车的供电转换和空调运行状态，还可以对全列其他车厢的空调和供电进行控制。

25T型列车除了实现电气系统的无主式监控外，还在工程师室设置了主控站。其主要功能为：将全列车每个车厢的供电系统信息集中到工程师室内显示；将供电系统的各种参数信息和故障信息集中存储在数据记录卡，到地面计算机进行转存，以便检修和日常管理。主控站还对机车供电电源的输出参数以曲线的形式显示出来，使乘务人员在客车上能对机车电源的输出进行直观的分析和判断。

7. 车辆运行数据无线传输装置

无线数据传输装置综合了Lon Works网络技术、卫星定位系统（GPS）技术、通用分组无线业务GPRS技术、地理信息系统（GIS）和计算机网络通信技术，将列车电气系统Lon Works网络上的信息和车下走行部分安全监测故障信息收集起来，通过无线的方式传送到地面数据接收装置，地面数据中心的应用程序将车辆信息解析后形成数据库，供用户使用。

用户根据自己的权限，可登录固定的网站，查看所属列车运行的当前信息和历史数据。这些数据包括每节客车所处的供电电源回路、电源电压、总电流、空调状态、电热器状态、车厢室内温度、轴温报警器工作状态、防滑器工作状态、烟火报警器、逆变器充电器、车门等的状态；可以查询车辆安全运行系统诊断的故障信息；可以显示列车的起始和终止时间、当前时间、运行区间、累计运行里程等信息；可以根据GPS信息，建立车辆动态运行电子地图。

8. 车辆运行安全监测系统

车辆安全运行检测系统采用 Lon Works 网络技术，整个网络分为车辆级网络和列车级网络。车辆级网络主要包括：通过安装在转向架和车体上的传感器，对车辆运行品质进行检测，综合判断车辆走行部分是否正常；通过安装在制动回路的传感器，对制动系统进行检测和控制，综合判断制动系统是否正常；通过防滑器获取检测系统运算所需的速度信号等。列车级网络是将全列检测单元连接在一起，对车辆运行品质进行综合判断，并在主控站对系统参数进行记录处理，及时将发生的故障信息传递到无线数据传输装置，发回地面监控中心

9. 过分相区问题

由于电力机车牵引每 50 km 存在分相区，过分相区时，受电弓失电，DC 600 V 电源没有输出，逆变器也停止向空调机组供电，为了防止过分相区时，控制接触器频繁吸放，控制系统采用 DC 110 V 供电。过分相时控制系统和照明的电源来自 DC 110 V 蓄电池。

电力机车经过分相区的最短时间约为 10 s（200 km/h），对空调机组的启动没有影响，仅仅是制冷量稍有损失，而由于逆变器采用 VVVF 启动，空调机组的电流冲击并不存在。过分相区的时间加上 DC 600 V 的缓启动时间及逆变器的缓冲、延时和软启动时间，至少在 30 s 以上，空调机组有足够的时间来平衡压力，因此，没有必要在空调机组内进行旁通控制。电力机车过分相时，电源输出波形如图 5-4 所示。

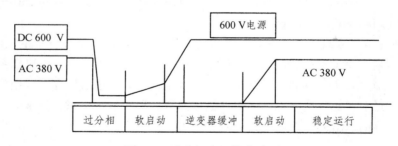

图 5-4　过分相电源输出波形

二、电力机车供电装置工作原理

（一）电力机车供电原理简介

接触网通过电力机车向空调列车供电，如图 5-5 所示。机车主变压器设置两个列车供电绕组，将受电弓接收的 25 kV 单相交流高压电降压，利用两套独立工作的单相半控整流装置，将单相交流电整流成直流，分别向列车供电。

电力机车供电装置主电路原理如图 5-6 所示。供电绕组 a7-X7、a8-X8 从主变压器抽头输出，每绕组输出额定电压、电流、功率。

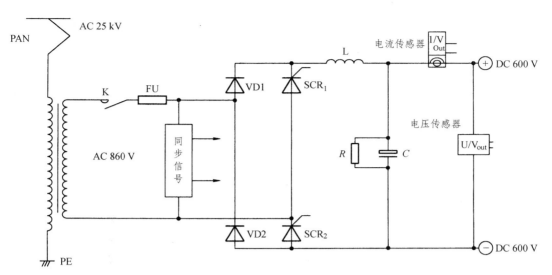

图 5-5　电力机车 DC 600 V 供电系统主电路原理

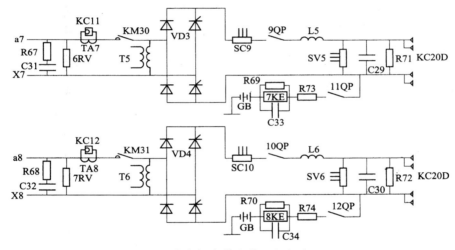

图 5-6　电力机车供电装置主电路原理

交流真空接触器 KM30、KM31 是供电装置总开关；同步变压器 T5、T6 提供整流用同步移相电压信号及整流器投入或停止的电压提示信号。

整流器 VD3、VD4 采用单相半控桥式整流，额定输出电压 600 V、电流 670 A、容量 400 kW。滤波电抗 L5、L6 分别与电容 C29、C30 构成滤波电路，电抗值为 9 mH，电容值为 10 400 μF，滤波后输出电流脉动率小于 30%；R71、R72 分别为电容 C29、C30 的放电电阻，接触器 KM30、KM31 断开后，端电压由 600 V 降至 50 V 需要 30 s。

电阻 R67、R68 分别与电容 C31、C32 组成过压保护电路；TA7、TA8 分别与 KC11、KC12 构成交流侧过流保护装置，过流整定值为 1 000（1±10%）A；电流互感器 SC9、SC10 及电压互感器 SV5、SV6 构成直流侧恒压限流控制及过流保护控制。

主电路的接地采用传统的有缘保护，接地继电器与机车蓄电池串联后与直流输出干线的负载相连。

为保证 DC 600 V 与 AC 380 V 兼容的安全性，机车加装供电集控器。司机台上设有供电钥匙，由司机通过该钥匙来控制交流真空接触器的闭合与分断。主司机台上显示屏中显示列车供电时的工作状态和故障状态，副司机台左侧电流电压表分别显示两路电输出的电流值、电压值。供电输出插座 KC20D 位于机车两端。

电力动车组动力车供电装置主电路除容量外均与 SS_8 型机车相同。

（二）电源装置使用中注意的问题

电力机车 DC 600 V 电源本身的工作原理与控制系统完全区别于发电车集中供电，而且安装在机车上，出现问题时车辆乘务人员无法进行操作和维护。根据动车组的运用经验，车辆随车工程师应重点注意以下几个问题：

（1）机车 DC 600 V 供电装置的输出品质。机车 DC 600 V 电源是供电系统的关键，如果电源出现故障，没有 600 V 输出，客车上的主要用电设备将无法工作。DC 600 V 电源装置早在 20 世纪 90 年代研制出来，尽管电路结构非常简单，但是受客车负载的随机变化、网压波形的畸变和受电弓抖动造成的瞬间离线等因素影响，实际运用中存在很多问题。实际运用中供电系统发生过因参数不匹配而产生的低频震荡，也发生过多次因电源故障而影响客车供电的事故，因此应合理选择机车电源的滤波参数，消除供电系统可能出现的低频震荡；新造 25T 客车的综合控制柜能够记录 DC 600 V 电源的输出参数，而且在主控站的显示屏上可以即时观察电源输出波形的时间曲线，发现电源异常时可进行相应的切换处理。

（2）机车电源的输出失控可能造成毁灭性的破坏。

DC 600 V 电源的输出电压有时或长时间达到 1 000 V 以上，这种故障是由于 SCR 全导通，可控整流变成全波不可控整流。由于客车上的逆变器充电器大多采用 1 200 V 的 IGBT，因此容易引起功率器件的损坏，此外客车综合控制柜和逆变器充电器使用的直流接触器，在进行电源隔离时断弧困难，触点容易损坏。

（3）机车 DC 600 V 输出的电力连接器和控制连接器由于形式不统一，给电力连接器和供电控制连接器的操作带来一定的困难。

（三）接地保护问题

SS_{7C}、SS_{7D}、SS_{7E}、SS_8、SS_9 为有源接地，如图 5-7 所示。SS_{9G}、DF_{11} 为中点接地，如图 5-8 所示。客车为不接地系统。

有源接地与中点接地相比缺点为：不隔离供电的负载对地电压相对较高，DC 600 V 正线及交流负载线对地电压为 710 V，提高了对绝缘的要求，绝缘利用不对称，EMI（电磁兼容）效果差。

中点接地与有源接地相比的优点是：各线对地电压对称（为 ±300 V）可以充分利用绝缘，EMI 效果好。推荐采用中点接地方式，机车接地保护电流动作值为 150~180 mA，客车为 100~150 mA。

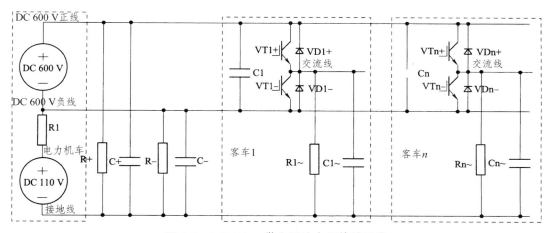

图 5-7　DC 600 V供电系统有源接地示意

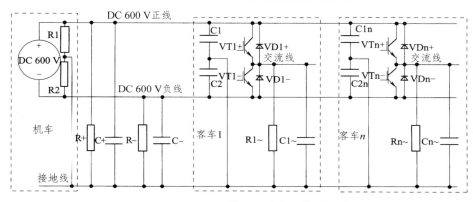

图 5-8　DC 600 V供电系统中点接地示意

为与不同机车编组，客车采用不接地系统进行保护。客车保护既考虑了直流保护，同时考虑了交流负载保护。在不接地系统中，由于电位浮地，系统不同设备（车厢间）的串扰较大。客车漏电流设置为软件 100 mA 动作，硬件 150 mA 动作。

（四）供电回路原理

电力机车 DC 600 V 电源，通过 KC20D 电气连接器向列车母线供电。在车厢内，两路 DC 600 V 首先进入电气综合控制柜，电气综合控制柜设有供电选择电路，可以选择Ⅰ路或Ⅱ路 DC 600 V 电源,同时还设有漏电检测装置,当本车厢 DC 600 V 电路和 AC 380 V 电路有漏电时，可以切除本车 DC 600 V 电源。电气综合控制柜将输入的 DC 600 V 电源进行分配，供给逆变器和充电器。逆变器将 DC 600 V 电源，变换成 AC 380 V 电源，并输出到电气综合控制柜，供给空调机组。充电器将 DC 600 V 电源变换成 DC 110 V 供本车蓄电池充电和照明等其他用电负载用。

任务二　综合控制柜概况

任务描述

TKDD 型铁路客车电气综合控制柜（以下简称为综合控制柜）用于 DC 600 V 供电的客车，是集电源转换控制、空调机组控制、蓄电池欠压保护、照明控制等功能单元于一体的智能型综合控制柜。综合控制柜具有检测、控制、诊断保护、信息提示、联网通信功能，实现供电及控制系统的综合控制，可进行车对车通信，并实现车对地、地对车的计算机联网通信。本任务主要介绍综合控制柜的特点、技术规格、系统功能。

相关知识

铁路客车电气综合控制柜简称为综合控制柜，其控制核心采用可编程控制器（PLC）。PLC 通过微型可编程序终端（触摸屏），接受各种指令并自动执行相应的操作步骤，对电气系统运行中出现的各种故障及时进行诊断、显示或保护；实时存储电压、电流及各种工况控制的运行记录，同时通过网关和车辆 Lon Works 网络进行联网通信。综合控制柜采用计算机控制和网络技术，实现了客车电气系统的智能化控制。控制方案以自动为主，同时考虑了控制系统故障的应急措施，包括极端情况下的手动应急措施。

根据控制的空调机组台数的不同，综合控制柜也分为 1T1 型和 1T2 型两种型号。硬座车使用 1T2 型综合控制柜，硬卧车、软卧车、餐车、行李车使用 1T1 型综合控制柜。综合控制柜型号含义如下。

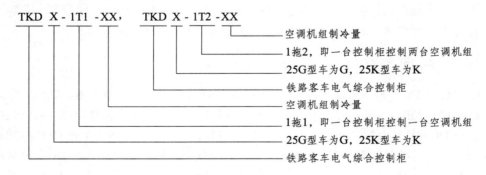

一、主要特点

（1）综合控制柜实现了客车电气控制系统的小型化、智能化、集成化和系统化。

（2）综合控制柜根据预设参数实现自动控制，减轻了操作人员的工作强度，避免了人为操作引起的事故，便于操作和维护。

（3）综合控制柜对整车电气系统参数进行实时监测，出现故障时及时进行保护动作，避免了由于保护不及时而引起的严重后果。

（4）综合控制柜可对轴温、防滑器、烟火报警器、车门的状态进行监视和显示。

（5）综合控制柜充分考虑了整车各个电气功能部件的协调工作，整个电气系统工作更加安全可靠。

（6）根据《铁道客车配线布线规则》和实际存在的问题，不同系统、不同电压等级、不同电流类别的导线尽量相互隔离，减少相互间的电磁干扰。

（7）综合控制柜的控制方案以自动为主，同时考虑控制系统故障的应急措施，包括极端情况下的手动应急措施。

（8）综合控制柜主要具备六大功能：电源转换与控制功能；空调机组控制功能；蓄电池欠压保护功能；照明供电功能；轴温、防滑器、烟火报警器、车门及电源箱状态监视功能；联网通信功能。

二、技术规格

（一）主要技术参数及功能

1. 综合控制柜控制单元

综合控制柜控制单元由 PLC 主机单元（CPM2A-CPU61）、12/8 点的 I/O 扩展模块（CPM1A-20EDR1）、欧姆龙公司的信息显示触摸屏（NT31-ST121-EV2）组成。

（1）PLC 能实现：整个电气系统自动控制；电气系统运行中的参数监测与分析；对出现的故障进行自动处理；通过显示触摸屏实现人机对话，响应显示触摸屏输入的命令、参数；将故障信息、运行记录通过显示触摸屏显示等。其规格和主要技术参数见表 5-1。

表 5-1　综合控制柜中 PLC 的规格和主要技术参数

内容	参数	内容	参数
模拟量输入点	17 点（DC 0～10 V）	开关量输出点	24 点（继电器输出）
温度输入点	1 点（PT100）	输出端最大开关功能	2 A，AC 250 V（$\cos\phi=1$）；2 A，DC 24 V
开关量输入点	24 点（DC 24 V，8 mA）	输出端最小开关功能	100 mA，DC 5 V

（2）信息显示触摸屏是一种微型可编程终端，采用全中文液晶显示触摸屏（带背光），具有字符类型和图像类型显示，由通信接口和 PLC 的外设接口进行通信。它的主要功能是现场参数设定、电源转换、空调机组等功能单元运行工况的人为控制、运行工况参数的显示、实时显示各功能单元的运行状态及实时报告故障现象。其规格和主要参数为如下：

字符、图像类型显示：不少于 20×15 个汉字。

LCD 规格：不少于 320×240 点。

2. 交、直流电源

（1）主电路电源。

主电路由两路电源母线中的其中一路提供电源，向温水箱、逆变器、充电器供电，并由逆变器Ⅰ、逆变器Ⅱ变换成 AC 380 V，向车内空调、伴热等交流负载供电，主电路主要技术参数见表 5-2。

表 5-2　综合控制柜主电路的主要技术参数

项目	参数	项目	参数
直流主电源	DC 600 V	额定工作电压	三相交流 380 V
额定工作电压	DC 600 V	电压波动范围	三相交流 323～437 V
电压波动范围	DC 500～660 V	额定工作频率	（50±1）Hz
交流主电源	AC 380 V		

（2）蓄电池。

DC 110 V 电源全列贯通，各车厢蓄电池及充电器通过逆流二极管与 DC 110 V 干线并联。蓄电池在充电机停止或故障时，向本车照明、水位显示、塞拉门、车下电源箱控制、温水箱控制、开水炉控制等负载供电。其电池欠压保护动作值为（91±1）V，恢复值为（97±1）V。

（3）直流控制电源（见表 5-3）。

应急灯、轴温报警器、防滑器、PLC 等重要负载由列车 DC 110 V 母线供电；照明、车下电源箱、温水箱、开水炉、水位显示等负载的控制电源由本车 DC 110 V 电源提供；控制柜内的 DC/DC 电源模块将 DC 110 V 电源转换成 DC 24V 后，向 PLC、显示触摸屏、网关、安全用电记录仪供电，转换成 DC 12 V 后向传感器供电；DC110 V/DC48 V 电源将 DC 110 V 转换成 DC 48 V 后向尾灯、电话插供电。

表 5-3　直流控制电源参数

直流电器控制电路		PLC、触摸屏电路		信号采集电路（传感器）	
额定工作电压	DC 110 V	额定工作电压	DC 24 V	额定工作电压	DC 12 V
电压波动范围	DC 77～135 V	电压波动范围	DC 20.4～26.4 V	电压波动范围	DC 11.4～12.6 V
				输出电压范围	DC 0～10 V；0～5 V

（4）PLC、触摸屏及传感器供电电源（见表 5-4）。

表5-4 PLC、触摸屏及传感器供电电源参数

内容	参数	内容	参数
额定输入电压	DC 110 V	电压调整率	不大于1%
输入电压波动范围	DC 77~135 V	电流调整率	不大于1%
额定输出电压	DC 24（1±5%）V	额定输出电流	DC 24 V 不小于 3 A
	DC 12（1±5%）V		DC 12 V 不小于 1 A

（5）尾灯、电话插座供电电源（见表5-5）。

表5-5 尾灯、电话插座供电电源参数

内容	参数	内容	参数
额定输入电压	DC 110 V	额定输出电流	不大于1 A
输入电压波动范围	DC 77~135 V	电压调整率	不大于1%
额定输出电压	DC 48（1±5%）V	电流调整率	不大于1%

（二）WG 型网关规格

WG 型网关包括 PLC 网关、轴温报警器网关、防滑器网关、烟火报警器网关。这些网关一方面通过各种通信接口实现 PLC 到安全记录仪之间、轴温报警器到 PLC 之间、防滑器到 PLC 之间、烟火报警器到 PLC 之间的数据传递，另一方面通过 Lon Works 接口及列车总线实现车辆间的信息和命令传递。

额定输入电压：DC 24 V。

输入电压波动范围：DC 20~27 V。

（三）DL-Ⅱ代理节点

代理节点是连接列车和车厢的桥梁，它有 2 个独立的 Lon Works 通信接口。上行 Lon Works 通信接口负责列车级网络通信，接收列车主机的信息，并将信息转发给下行 Lon Works 通信模块。下行 Lon Works 通信接口负责车厢级网络通信，转发集中控制命令，接收车厢各应用节点传输的参数、工作状态等信息。

额定输入电压：DC 24 V。

输入电压波动范围：DC 20~27 V。

三、系统功能

（一）触摸屏功能

触摸屏的功能包括现场参数的设定、电源供电的转换、空调机组运行等功能单元运行工况的操作、运行状态和主要参数的实时显示。通过触摸屏可以调出 3 h 以内的各种工作状态和运行参数。

（二）电源供电转换功能

综合控制柜的供电电源有 AC 380 V 和 DC 600 V 两种。当选择"交流供电"时，供电系统为发电车集中供电；当选择"直流供电"时，供电系统为机车集中向客车供电。

（三）空调机组控制功能

通过空调工况转换开关可将空调机组控制设置为"自动""试验冷"或"试验暖"位。PLC 因故障停止工作时，可将空调工况转换开关置于"试验暖"或"试验冷"位，手动控制空调机组运行。"试验冷"可实现强通风、半冷和全冷工况；"试验暖"可实现弱风、半暖和全暖三种工况。

（四）照明控制功能

照明采用 DC 110 V 供电，照明的控制方式为手动控制。照明控制开关设在乘务员室内（特殊要求除外），通过控制开关可实现车内照明的控制。

（五）网络功能

本车轴温信息、防滑器信息、车门状态信息、烟火报警器信息等通过网络连接，在触摸屏上集中显示。

列车设两路双绞屏蔽网络线，通过综合控制柜内网线转换开关与柜内网关连接，可实现全列集中监视和控制。

通过网络实现全列监视，即在任何一节车厢的触摸屏上都可以查看其他车厢的供电、空调、轴温信息、防滑器信息、车门状态信息、烟火报警器信息等设备的运行状态及参数。

通过网络实现全列集中控制，即在任何一节车厢的触摸屏上可以控制其他车厢的供电和空调运行。

任务三 综合控制柜的工作原理

任务描述

铁路客车电气综合控制柜在 25G 型客车上已经推广应用，25T 型客车电气综合控制柜许多控制逻辑和控制流程与 25G 型客车相同，不同的是 25T 型客车的电气系统监控更丰富些。本任务主要介绍 25T 型客车电气综合控制柜的工作原理。

相关知识

国产 25T 型客车采用 TKDT 型铁路客车电气综合控制柜，简称为综合控制柜。综合控制柜是集电源转换与控制、空调机组控制、照明控制、蓄电池欠压保护等功能单元于一体的智能型综合控制柜。

一、客车的供电控制与转换

综合控制柜的电源有两路供电，分"自动""试验Ⅰ路"和"试验Ⅱ路"位。正常情况下，选择开关置于"自动"位，自动控制流程如图 5-9 所示。

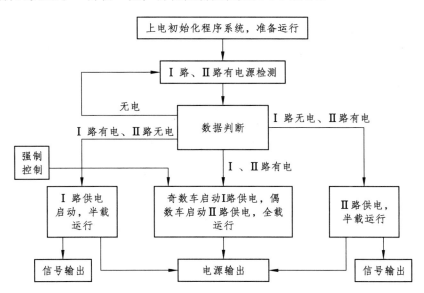

图 5-9 综合控制柜自动控制流程

（1）正常情况下，转换开关 SA1 置于"自动"位。

当Ⅰ路、Ⅱ路均有电时，设定车厢号后，PLC 按照均衡供电原则，奇数号车厢选择Ⅰ路供电、偶数号车厢选择Ⅱ路供电，Ⅰ路和Ⅱ路在软件和硬件上互锁，显示屏显示相应信息，电源指示灯亮。

当电池电压高于 96～98 V 时，欠压保护板输出一个 DC 110 V 正极性信号（311）使 KM4 吸合；依次合上 Q20、Q30、Q19、Q18，此时 PLC、触摸屏、传感器、网关、安全记录仪等得电工作，+113 有电，KM3 得电吸合，其得电通路为：

+113→Q18→+141→VD1→41→SB2→198→VD0→+198A→KM3 线圈→-111。

KM3 得电吸合后，断开 Q19。

依次合上 Q1、Q2，+601/-601，+602/-602 之间有电，电压传感器 JKl 输出 A1/AGND，电压传感器 JK2 输出 A2/AGND，触摸屏得电显示Ⅰ路、Ⅱ路供电是否正常，如果正常，先合上 Q35、Q36，充电机、逆变器控制得电，然后合上 Q3，将供电转换开关 SA1 置于"自动位"。

奇数号车厢选择Ⅰ路供电，KA10 线圈得电，其得电通路为：

+190→SA1（5—6）→540C→PLC（540）→SA1-2→KM2 常闭触点→+191→KA10 线圈→-111。

KA10 的常开触点闭合，KM1 线圈得电，其得电通路为：

+111→KA10 的常开触点→+151→KM1 线圈→-111。

KM1 的常开触点闭合，实现Ⅰ路供电。

偶数号车厢选择Ⅱ路供电，KA20 线圈得电，其得电通路为：

+190→SA1（5—6）→541→PLC（541）→SA1-8→KM1 常闭触点→+192→KA20 线圈→-111。

KA20 的常开触点闭合，KM2 线圈得电，其得电通路为：

+111→KA20 的常开触点→+152→KM2 线圈→-111。

KM2 的常开触点闭合，实现Ⅱ路供电。

如果Ⅰ路有电、Ⅱ路无电，所有车厢 PLC 通过检测可自动选择Ⅰ路供电，负载减半运行。如果Ⅱ路重新供电，则偶数车厢 PLC 通过检测可重新选择Ⅱ路供电。

如果Ⅱ路有电、Ⅰ路无电，所有车厢 PLC 通过检测可自动选择Ⅱ路供电，负载减半运行。此时如果Ⅰ路重新供电，则奇数车厢 PLC 通过检测可重新选择Ⅰ路供电。

可以通过触摸屏的电源控制菜单和提示选择或转换供电回路。

在Ⅰ路、Ⅱ路都有电，奇数号车厢Ⅰ路供电、偶数号车厢Ⅱ路供电的情况下，如果Ⅰ路（Ⅱ路）电源出现故障（如过压），PLC 自动转换到另一路电源供电，同时负载减半运行。

当故障排除恢复正常后，通过触摸屏操作解除故障保护或电源重新供电，通过 PLC 检测后，PLC 自动转换回原供电回路，负载恢复全载运行。两路供电回路重新供电时，PLC 将自动解除保护，转换到原供电回路。

在一路有电，另一路无电，所有车厢都是同一路供电的情况下，如果供电回路出现故障，则 PLC 停止供电，不进行转换。

在一路正常，另一路存在故障未消除，车厢供电已经进行了一次转换的情况下，如果供电回路再出现故障，则 PLC 停止供电，不进行转换。

故障排除后，可以通过触摸屏上的"电源控制"菜单，按下"停止供电"或"自动供电"触摸开关解除故障保护。通过 PLC 检测后，PLC 自动转换回原供电回路，负载恢复全载运行。

故障排除后也可以通过转换开关由"停止"位转换到"自动"位，PLC 自动解除保护，转换回原供电回路，通过 PLC 检测后，负载恢复全载运行。

出现过压故障，恢复正常后，两路供电回路重新供电时，PLC 将自动解除保护转换到原供电回路，恢复全载运行。

（2）试验位时可将转换开关置于"试验Ⅰ路"或"试验Ⅱ路"，人为选择Ⅰ路供电或Ⅱ路供电，此时 PLC 只进行检测报警，不能进行电源回路的转换。

将转换开关置于"试验Ⅰ路"时，KA10 线圈得电，其得电通路为：

+111→SA1（1-2）→540→KM2 常闭触点→+191→KA10 线圈→-111。

KA10 的常开触点闭合，KM1 线圈得电，KM1 的常开触点闭合，实现Ⅰ路供电。

将转换开关置于"试验Ⅱ路"时，KA20 线圈得电，其得电通路为：

+111→SA1（7-8）→541→KM1 常闭触点→+192→KA20 线圈→-111。

KA20 的常开触点闭合，KM2 线圈得电，KM2 的常开触点闭合，实现Ⅱ路供电。

主电路中接有电压传感器 JK1、JK2 和漏电流传感器 JK8，并设有绝缘检测装置 JYJC（6～150 mA 可调），显示触摸屏上可显示主电路的电压、电流、DC 110 V 母线电压、本车蓄电池电压、电源状态、逆变器输出电压等信息，当某路电源出现过压、绝缘等故障时，显示触摸屏显示故障提示，相应电源故障灯亮。

正常供电时，合上 Q7，DC 600 V 电源通过+600、熔断器 FU3、+609 给温水箱供电；合上 Q15、Q25，DC 600 V 电源通过+600、熔断器 FU1 给客室电热Ⅰ及端部电热Ⅰ供电；合上 Q16、Q26，DC 600 V 电源通过+600、熔断器 FU2 给客室电热Ⅱ及端部电热Ⅰ供电，35 kV·A 逆变器 NBQ1 通过 U1、V1、W1 给空调负载供电；合上 Q6，另一台 35 kV·A 逆变器 NBQ2 通过 U2、V2、W2 向电开水炉 DKSL 供电；合上 Q5、Q12、Q22，通过 U3、V3、W3 向三相变压器、通风机 PFJ、伴热 1、伴热 2 等交流负载供电；两台逆变器互相热备份，当一台故障时，向 PLC 发出半载信号，PLC 切换到半载工况，负载由正常工作的逆变器供电；电伴热、交流插座、通风机、水泵、风口调节器等负载由 10 kV·A 隔离变压器供电；单相逆变器为音视系统供电。DC 110 V 电源向照明、车下电源箱控制、轴温报警器、防滑器、水位显示仪等供电。

二、空调机组控制

空调机组控制原理在"客车空调装置"中具体阐述，此处从略。

三、蓄电池欠压保护

为保护蓄电池，综合控制柜设蓄电池欠压提示功能，当 PLC 检测到本车蓄电池电压低于欠压保护设定值（90～92 V 断开，96～98 V 闭合），触摸屏应显示相应故障信息提示用户。蓄电池欠压保护功能判断信号由车下电源给出，当蓄电池欠压时，车下电源给出信号切断相应负载。

四、照明控制

照明控制功能通过转换开关 SA4 分为"半灯""全灯""停止"。

将 SA4 置于"半灯"位，SA4 的 3-4、5-6 触点闭合，KM6、KM7 线圈得电，其得电通路为：

+110→+113→SA4（3-4）→KM6 线圈→-111→-110。

+110→+113→SA4（5-6）→KM7 线圈→-111→-110。

KM6、KM7 的常开触点闭合，使得终夜灯和应急灯工作。

将 SA4 置于"全灯"位，SA4 的 1-2、3-4、5-6 触点闭合，KM5、KM6、KM7 线圈得电，KM5 得电通路为：

+110→+113→SA4（1-2）→KM5 线圈→-111→-110。

KM5、KM6、KM7 的常开触点闭合，使得终夜灯、半夜灯和应急灯工作。

五、轴温、防滑器、烟火报警器、车门及车下电源箱状态监视

通过 WG 型网关可以将轴温、防滑器、烟火报警器、车门、车下电源箱的状态送给 PLC，并在触摸屏上显示。通过主画面上的"本车网络"触摸开关可以查询本车轴温、防滑器、烟火报警器、车门的详细信息。

六、网络通信

代理节点能实现车辆间的通信。各个车厢的 PLC 通过代理节点将本车信息发送给其他车厢的命令传送到列车总线上，供其他车厢调用。本车 PLC 可以通过代理节点读取列车总线上其他任一节车厢的信息；接收其他车厢发给本车的命令并执行。PLC 上的 PORT 口的拨动开关置于"OFF"。

任务四 TGF23 系列逆变器的组成、参数与原理

任务描述

25T 型客车之所以采用 2×35 kW 逆变器，主要从两方面考虑：一是 25T 型客车由于新增加了许多设备，单车负载容量较大；另一方面是为适应新的运行方式，增加供电系统的可靠性和安全性。两个逆变器其中一个主要给空调机组供电，另一个给开水炉、伴热器等交流负载供电。正常情况下，两个逆变器相互独立，互为热备份。当其中一个发生故障时，由另一个继续向负载供电，但部分负载要减载运行（如空调机组转入半冷或半热工况）。客室电热器、温水器等电阻性负载，采用 DC 600 V 直接加热的方式，一方面减轻了逆变器的冬季负载，另一方面减轻了电阻性负载引起的漏电流。本任务主要介绍 TGF23 系列逆变器的结构组成、技术参数、工作原理。

相关知识

一、结构组成

TGF23 系列 25T 型客车逆变器箱适用于具有 DC 600 V 供电电压的动车组、车辆或其他具有相应供电制式及功率等级的设备。该逆变器箱包括 2 台 35 kV·A 的逆变电源装置和 1 台不小于 10 kV·A 的变压器。逆变电源为空调、电加热器以及其他车载交流 380 V 用电设备供电，变压器为 AC 220 V 用电设备供电。

TGF23 系列逆变器包括提供给长春轨道客车股份有限公司的 TGP23 型及 TGF23D 型（高寒高包车用）、提供给四方机车车辆股份有限公司的 TGF23A 型（软硬车用）、TGF23B 型（高包车用）、TGF23C（餐车用）。TGF23D 型逆变器箱与其余 4 种的主要区别在于其三相变压器容量为 15 kV·A。其余 4 种之间的主要区别体现在柜体吊装和出线规划方面的差异。

TGF23、TGF23A、TGF23B 及 TGF23C 四种型号对应用户的型号为 25T-2×35 kV·A+12 kV·A，TGF23D 型对应用户的型号为 25T-2×35 kV·A+15 kV·A。

TGF23 系列 5 种型号客车逆变器箱电气原理完全相同，均采用 DC/AC 变换技术，有两路 35 kV·A 逆变器及一路 12 kV·A/15 kV·A 三相四线变压器构成。两路逆变器之间可以相互转换，互为冗余。

该逆变器箱体采用耐候钢结构，箱体为全密封结构，并装有防飞石装置。功率电缆出线采用菲尼克斯接线端子，控制线采用万可接线端子。控制装置位于箱体中间腔体前部。逆变器模块位于箱体中间腔体后部，控制箱的后面，正弦滤波器、EMC 滤波器、变压器及输出接触器位于箱体两侧腔体。

二、主要技术参数

该系列逆变器的主要技术参数见表 5-6。

表 5-6　逆变器的主要技术参数

额定输出电压/V	输入 DC 600 V 电压		控制电源电压	
三相交流电压有效值：380（1±5%）（准正弦波输出，谐波含量<10%）	额定电压	DC 600 V	额定工作电压：DC 110 V	额定输出容量：2×35 kV·A
单相交流电压有效值：220（1±5%）（准正弦波输出，谐波含量<10%）	最高电压	DC 660 V	最高工作电压：DC 130 V	额定输出频率：（50±1）Hz
	最低电压	DC 500 V	最低工作电压：DC 77 V	三相四线变压器输出容量≥10 kV·A

三、25T-2×35 kV·A+12 kV·A 逆变器工作原理

（一）主电路的组成

25T 型客车采用 2×35 kV·A 逆变器供电方式，两个逆变器的工作原理是相同的。

25T 型客车逆变器箱主电路为三相桥式电压型电路，采用 IGBT 作为开关器件，具有开关频率高、驱动简单、损耗低的特点。其控制采用 SPWM 调制技术，依据 $U/f=C$（常数）实现软启动。输出端配有正弦波滤波器及 EMC 滤波器，以保证输出电压谐波含量小于 10%及减小电磁干扰，并具有输入输出隔离接触器及转换接触器，当出现故障时，可以自动实现电气上的完全隔离和故障转换。过无电区时，逆变器失电停止工作，过无电区 30 s 后能自动软启动。控制装置采用单片机控制技术，对外部指令识别、系统状态判定、故障诊断及显示实行全面的管理、控制，通过 RS-485 接口与 Lon Works 网关相连，实现与列车网络系统的互联，可方便地进行网络集中控制和信息查询，与外部进行信息交换。该逆变器采用模块化设计，整体散热、全密封结构，可用于环境较恶劣的场合。

逆变器主电路原理如图 5-10 所示，包括以下几部分。

1. 输入输出隔离电路

图 5-10 中的 KM1、KM3 电磁接触器，其主要功能是在逆变器、输入电路或输出负载发生故障时实施隔离，防止故障扩散。

2. 中间支撑电路

中间支撑电路主要由滤波电容 C1、C2 组成。其主要功能是滤平输入电路的电压纹波，当负载变化时，使直流电压平稳。由于逆变器功率较大，因此滤波电容的容量较大，一

般使用电解电容。但由于电解电容的电压等级限制（一般最高工作电压为 450 V），需要两个电容串联后再并联。由于电容自身参数的离散，使得串联的两个电容电压无法完全一致，因此采用电容两端并联均压电阻的方法，如图 5-10 中的 R1 和 R2。R1 和 R2 的另一个作用是在逆变器停止工作时，将电容上的电压放掉。

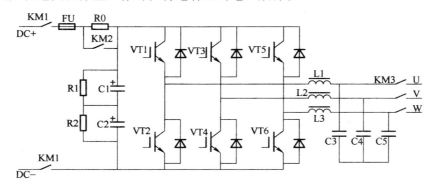

图 5-10　逆变器主电路原理

3. 缓冲电路

缓冲电路由 R0 和 KM2 组成。电容的特性是电压不能突变，因此在合闸瞬间，电容的电压很低，基本可以认为瞬间短路，因此对电源造成很大的冲击电流，这个电流足以使保护熔断器熔断，因此逆变器电流一般都有输入缓冲电路。其工作原理为在输入端施加电压时，先通过缓冲电阻 R0 对电容充电，当电容电压充到一定值时（如 540 V），KM2 吸合，将 R0 短路。只有在电阻 R0 短路后，三相逆变电路才能启动工作。

4. 桥式三相逆变电路

由 VD1～VD6 组成的桥式三相逆变主电路是逆变器的核心电路，目前大部分逆变器采用 IGBT 和 IPM 作为开关器件。IGBT 是 MOSFET 和 GTR 复合的产物，具有 GTR 的导通特性和 MOSFET 的驱动特性，驱动简单、功率小、开关频率高、通态压降低、损耗功率小。IPM 是一种智能型模块，是把 IGBT 的驱动电路、保护电路及部分接口电路和功率电路集成于一体的功率器件。35 kV·A 等级的 DC 600 V 逆变器一般采用 1 200 V/300 A 的模块，IGBT 和 IPM 分为单单元和双单元，所谓双单元是指一个模块上包含上下桥臂的两个 IGBT(或 IPM)。6 只单单元器件或 3 只双单元模块可构成三相逆变器的主电路。IGBT 或 IPM 内部都集成了续流二极管，如图 5-11 所示。IPM 元件构成的主电路结构和控制相对简单，但因为驱动和保护模式固定，降低了控制电路设计的灵活性。

5. 交流滤波电路

交流滤波电路由 L1～L3 和 C1～C3 组成，主要是将逆变器输出的 PWM 波变成准正弦波。早期的逆变器输出波形 PWM 波，谐波含量高，很多负载无法适应。根据铁路新的技术条件要求,25T 型客车使用的逆变器输出为正弦波。由于驱动和保护技术的不断完善，使逆变器的调制频率提高，最高可达到 6～8 kHz，因而滤波电感和电容的体积并不太大。

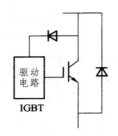

图 5-11　IGBT 内部集成续流二极管

（二）主电路的工作原理

三相逆变器的主电路如图 5-12 所示。输入端为 A、B，输出为 U、V、W，右上角为 VT1 ~ VT6 的导通顺序，阴影部分为各个 IGBT 的导通时间，每一格的时间为 π/3。根据各 IGBT 的导通顺序，可以绘出 U、V、W 的线电压波形。

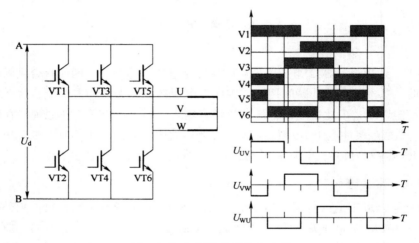

图 5-12　三相逆变器的主电路

（1）T1、T2 时间内，VT1、VT4 同时导通，U 为+，V 为-，U_{UV} 为+且 $U_m=U_d$。

（2）T4、T5 时间内，VT2、VT3 同时导通，U 为-，V 为+，U_{UV} 为-且 $U_m=-U_d$。

（3）T3、T4 时间内，VT3、VT6 同时导通，V 为+，W 为-，U_{VW} 为+且 $U_m=U_d$。

（4）T6、T1 时间内，VT4、VT5 同时导通，V 为-，W 为+，U_{VW} 为-且 $U_m=-U_d$。

（5）T5、T6 时间内，VT5、VT2 同时导通，W 为+，U 为-，U_{WU} 为+且 $U_m=U_d$。

（6）T2、T3 时间内，VT1、VT6 同时导通，W 为-，U 为+，U_{WU} 为-且 $U_m=-U_d$。

三相线电压之间的相位差为 $2\pi/3$，幅值与直流电压 U_d 相等，只要按照一定的顺序控制 6 个逆变管的导通与截止，就可以把直流电逆变成三相交流电。

实际上由于 IGBT 的开通与关断特性的影响，同一桥臂中的两个 IGBT 在关断与开通之间有一定的时间延迟，即死区保护，主要是防止同一桥臂的上下 IGBT 同时导通，造成所谓的桥臂贯穿短路。

按照上述原理，我们把方波电压按照正弦波的规律调制成一系列脉冲，即使脉冲系列的占空比按正弦规律排列，当正弦值为最大时，脉冲的宽度也最大；反之，当正弦值为最小时，脉冲的宽度也最小。把脉冲的宽度调制得越细，即一个周期内脉冲的个数越多，调制后输出的波形越好，电动机负载的电流波形越接近于正弦波。

（三）逆变器的保护功能

通常逆变器具有输入过压、欠压保护，输出过流、过载、短路保护，IGBT 过流、过热路保护等功能。

1. 过压保护

输入电源、电动机的突然停止和线路感抗等是引起逆变器过压的原因。对于输入电源的短时过压，逆变器一般进行检测后，自动停止工作，当电源恢复正常后，逆变器可以自动重新工作，但对于输入电源的长时间过压，则逆变器将切断输入电路进行隔离保护；对于电动机的突然停止，由逆变器本身的中间支撑电容和系统内其他负载消化；对于线路感抗产生的过电压，则依靠逆变器自身的吸收电路来解决。

2. 欠压保护

由于接触网电压的波动，有可能造成输出欠压，但在这种情况下逆变器可以不停止工作，而是采取降频、降压的方式工作，即当输入电压低于 540 V 时，逆变器按照 $U/F=C$ 的规律降频、降压工作。电力机车由于存在过分相的问题，因此欠压保护可以不考虑保护，而只是进行提示。

3. 过流保护

逆变器在下列情况下会出现过流：

（1）负载尤其是电动机负载的冲击。

（2）输出侧短路。

（3）自身工作不正常，如逆变桥臂中某个 IGBT 损坏、上下桥臂同时导通等。25T 型客车用的逆变器在技术要求中已明确要求逆变器具备承受电动机负载突加与突减的能力；当输出侧和负载发生短路时，逆变器能立即封锁脉冲输出，并停止工作，这种保护是一次性的，必须在故障清除后，逆变器才能重新工作。逆变器在三相输出侧都安装了电流检测传感器，传感器的输出信号既做输出电流的监测，又用于过流和过载保护；逆变器的内部过流保护一般依靠 IGBT 的驱动模块或 IPM 的内部电流检测电路来实现，其原理是检测 IGBT 或 IPM 导通时的管压降 U_{ce}，当器件故障时，U_{ce} 会发生变化，根据变化来判断是否过流并采取保护对策，如减低驱动脉冲的幅值、封锁脉冲等。

4. 过载保护

由于某种原因，使逆变器的输出超过其自身的输出能力，称为过载。逆变器的过载检测由输出侧的电流传感器或输入侧的直流电流传感器完成。一般情况下逆变器的过载保护为反时限特性，即设定过载电流为额定电流的 1.5 倍持续 1 min 后保护，低于 1.5 倍可延长保护动作时间，高于 1.5 倍时则保护动作的时间小于 1 min。

5. 过热保护

IGBT 工作时产生各种损耗，其中主要包括导通过程损耗、通态损耗和关断时的损耗，这些损耗以热量的形式通过散热器向外传送。当调制频率低即 IGBT 的开关频率低时，通态损耗占主要成分，散热器的温升不会太高，而当开关频率增高后，IGBT 的开关损耗便不可忽略，因此散热器温升相对升高。半导体器件工作在较高的温度环境下，性能、寿命、可靠性等都受到影响，因此需要对 IGBT 进行过热保护。25T 型客车使用的逆变器开关频率比较高，靠散热器的自然冷却有一定的难度，因此大都采用风扇强迫冷却，当散热器的温度达到一定值时（设置为 65 ~ 80 ℃），风扇启动。当散热器温度超过允许温度时，安装在散热器上的热保护继电器给出信号，逆变器的控制电路自动封锁脉冲，逆变器停止工作。

（四）逆变器输出波形对负载的影响及改进

DC 600 V 供电系统在试验运用阶段，逆变器的输出波形为 PWM 调制波，这种波形在运用中出现几个比较突出的问题：

（1）逆变器输出端到空调机组有约 20 m 长的导线，由线路阻抗引起的脉冲尖峰电压（高达 1 000 V）施加在小电动机上，会影响电动机的绝缘，甚至烧毁电机。

（2）脉冲调制波形输出，使客室电加热的漏电流增大，导致机车电源的接地保护动作，影响 DC 600 V 供电，调制频率越高，等效阻抗越小，漏电流越大。

（3）民用负载基本无法适应这种供电品质。

（4）调制频率低、滤波器体积大的问题，对车下安装带来一定的难度。此外，电源工作时产生的高频噪声也影响到旅客乘车的舒适度。

铁标《旅客列车 DC600 V 供电技术条件》（TB/T 3063—2002）明确规定了逆变器输出电压波形的谐波总含量不大于 10%。25T 客车使用的逆变器的输出与以前相比有以下改善：

（1）改善逆变器的输出品质，直接输出正弦波，提高逆变器的无故障运行时间，解决电动机端电压脉冲的问题和电动机因谐波影响温升的问题。

（2）提高逆变器的开关频率，减小滤波器的体积和重量，降低工作时的噪声。

（3）实现主电路和控制电路的一体化，减少车上、车下的电气连线。

（4）完善逆变器的故障诊断，逆变器的运行信息和故障诊断与充电器进行通信，通过充电器的通信接口连接到综合控制柜的 PLC 并在显示屏上显示。

（五）逆变器故障时的对策

逆变器的可靠性对保障客车空调系统的正常工作至关重要，在提高逆变器的可靠性要求的同时，应当考虑故障情况下的对策。25T 型客车采用两台 35 kV·A 逆变器，其中一台专门为空调机组供电，而另一台为其他三相负载供电，在一台逆变器出现故障时，通过控制系统可以转换到无故障电源，同时空调机组减半载运行，如图 5-13 所示。

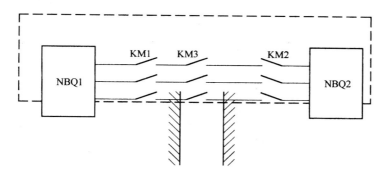

图 5-13　逆变器故障时的对策

任务五　TGF23 系列逆变器的使用与维护

任务描述

　　逆变器作为一种比较复杂的电力电子设备，包含了强电弱电控制技术、微电子技术、计算机控制和网络通信等技术，使用和维护比较困难，一般维修更需要专业人员和专用工具。本任务主要介绍逆变器使用中应注意的问题、维护与检修、调试试验、常见故障及处理。

相关知识

一、使　用

（一）使用中应注意的基本问题

（1）必须注意输入 DC 600 V 和 DC 110 V 的极性不能接反。

（2）两个逆变器的输出不能并联，逆变器的输出三相禁止接入其他电源。

（3）逆变器工作之前，最好能测量负载三相是否平衡，是否存在短路。

（4）启动时先合 DC 110 V 控制电源再合主电源，停止时先断主电路电源，再断控制电源，禁止工作中突然断开控制电源。

（5）避免逆变器在空载输出情况下，突加全部空调负载（控制电源正常，空调主电路开关由断开状态突然合闸）。

（6）模拟量控制线、数字信号线和通信线采用屏蔽线，屏蔽层靠近逆变器的一端接在控制电路的公共端（COM），另一端悬空。

（7）开关量、控制信号线可以不用屏蔽线，但同一信号的进出两根线尽可能绞在一起。

（8）两台逆变器分别接地，不允许两逆变器的地线连接后再接地，如图 5-14 所示。

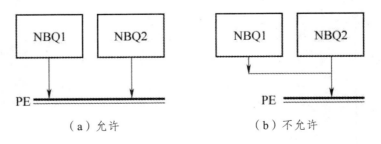

图 5-14　两逆变器的地线连接

（二）逆变器使用中的问题

客车用的逆变器属于静态辅助电源（SIV），控制方案和控制精度比变频调速系统要简单得多，但在使用中，客车逆变器却不是那么简单。单纯的变频器，控制的负载单一，而客车逆变器供电的负载却非常复杂，有风机类、压缩机类、电阻性负载、容性负载等，电源要适应或满足上述不同负载的要求，因此，逆变器的设计和应用相对困难。

1. 逆变器工作时对母线电压的影响

所有的逆变器都更关注输出电压波形，而忽视了逆变器工作时对直流母线电压波形的影响。实际上，逆变器和充电器工作时，由于线路阻抗的存在，换流时产生很高的脉冲电压，这些脉冲电压直接反馈到直流母线上，使母线电压波形叠加了很多高频脉冲成分。当几个逆变器并联在母线上时，母线电压波形便含有大量的高频脉动成分。这种脉动一方面对挂在母线上的电源装置产生影响，另一方面可能对机车电源的工作产生影响。目前，逆变器使用的 IGBT 或 IPM 对过电压有一定的承受能力，因此大多数逆变器仅采用在桥臂上并联高频电容的简单吸收电路，这种吸收对电源本身没有太大的影响，但对系统的影响却很大。

2. 电热器、PTC 元件的漏电问题。

1998 年，首列 DC 600 V 供电列车和部分动车组存在一个比较大的问题是电加热器的漏电问题。当时的客室电加热器采用板式电加热器，由逆变器输出的 PWM 波供电，后改成管式电加热器，有的逆变器输出增加了滤波。PWM 波形下的板式电加热器产生漏电的原因在于，板式电加热器由于结构和材料的问题，对地存在等效电容，在频率不高的情况下，对地电容通过的电流非常小，而频率较高的情况下，通过等效电容的漏电流便无法忽略。

板式电加热器的等效电路如图 5-15 所示。

等效电容的容抗为

$$X_C = 1/(2\pi f C)$$

则通过电容上的电流为

$$I = U/X_C = (2\pi f C)U$$

可见，尽管 C 很小，但当 f 较高时，漏电流是无法忽略的。

25T 型客车和 2003 年部备 25G 型 DC 600 V 列车的客室电热采用 DC 600 V 加热的方式，直流电的频率为 0，因此客室电加热的漏电流几乎为 0，但是使用了大量的 PTC 伴热元件，使得漏电流问题仍然很突出。从特性上分析，PTC 元件的等效电路如图 5-16 所示。

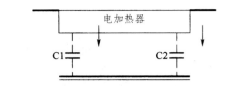

图 5-15　板式电加热器的等效电路

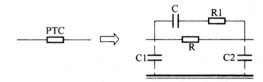

图 5-16　PTC 元件的等效电路

PTC 元件在市电 AC 220 V 工作时就存在 3 次及以上谐波，在逆变器供电时，尤其是逆变器的开关频率很高时显得更加突出，而且对地漏电流也很大，对地漏电流的谐波成分较多。

3. 电磁干扰（EMI）问题

电力电子技术的发展，使得高频化、大功率逆变器和充电器的应用更加普及。高频化和大功率使电力电子装置内部的电压、电流发生剧变，不但使器件承受很大的电压电流应力，还在逆变装置的输入输出引线周围空间产生高频电磁噪声，引发电气设备的误动作，这种公害称为电磁干扰（EMI）。

逆变器对外的高次谐波干扰主要分为直接传导、感应和辐射三种。由于逆变器的输出是超过几千赫的高频电压脉冲，其输出线对地以及负载对地之间都存在有分布电容，并由此产生高次谐波电流。在民用上，谐波电流的存在使通用的漏电断路器经常跳闸，因此民用上必须使用带有抑制高次谐波能力的漏电断路器。

高次谐波干扰的直接传导体现在输入直流回路中存在大量的高次谐波电流，使系统的漏电流增加；控制设备的 I/O 接口、低压测量回路和显示回路则受到高次谐波的感应而产生干扰或误动作；逆变器工作时产生的电磁干扰，对客车内部的电子装置、控制设备和网络通信的正常工作产生不良影响，电子装置尤其应当在设计上采取抑制措施。

二、维护与检修

根据机车车辆的一般检修体制并考虑到 25T 型客车逆变器箱的特点，该型逆变器的修程分为入库检修、日常维护、一级检修 A1、二级检修 A2、三级检修 A3、四级检修 A4。

检修周期定义：

一级检修 A1：30 万 km；

二级检修 A2：60 万 km；

三级检修 A3：120 万 km；

四级检修 A4：240 万 km。

（一）出、入库检查

检查各吊装螺丝是否松动及门锁是否锁紧。检查电源系统是否正常，接入 DC 600 V 应能正常工作。

（二）日常维护

该客车逆变器箱正常运行情况下不需要维护。但为保证其正常安全运行，应经常检查箱体安装螺丝、各部分紧固螺丝及门锁，确保没有松动。

（三）A1～A4级检修

A1～A4级检修根据表5-7进行。

表5-7　25T型客车逆变器 A1～A4 级检修

部位	检查项目	检查内容	判断依据及相应对策	A1	A2	A3	A4
逆变器箱体	骨架	变形、伤痕、裂纹	裂纹、变形、伤痕等情况已影响辅助电源的密封和使用，需修复或更换		√	√	√
	柜门	变形、伤痕、裂纹	裂纹、变形、伤痕等情况已影响辅助电源的密封和使用，需修复或更换		√	√	√
	控制线插头	变形、伤痕、裂纹、松动	裂纹、变形、伤痕等情况已影响辅助电源的密封和使用，需修复或更换，有松动情况需要重新拧紧或更换	√	√	√	√
逆变器箱内部检查	布线	老化、破损	更换老化严重及破损的导线		√	√	√
		接线端子、密封套、连接器	变形、破损、脱扣、生锈，更换		√	√	√
	紧固螺钉	松动、脱落	重新拧紧		√	√	√
	逆变器模块	布线检查紧固件检查	布线情况及紧固件如出现上述问题则采取相应对策		√	√	√
		密封圈	存在永久变形或弹性差时需更换		√	√	√
		散热器检查	检查积灰情况并除尘		√	√	√
		电容组件	电容漏液或塌陷时更换电容或组件	√	√	√	√
		IGBT元件	元件有裂纹或放电痕迹时查明原因并更换相应元件	√	√	√	√
	控制箱	外观检查	变形、伤痕、腐蚀等情况已影响电源变换箱的使用，需修复或更换。紧固件、连接件是否有松动及损坏，需修复		√	√	√
		控制插件检查	检查积灰情况并除尘		√	√	√

部位	检查项目	检查内容	判断依据及相应对策	A1	A2	A3	A4
逆变器箱内部检查	电阻、滤波器、电流/电压传感器	外观检查	表面如积灰,需清扫干净;脱色或损坏,需更换	√	√	√	√
		接线端子检查	有松动的连接部分重新紧固,更换有裂纹或变形的部分		√	√	√
		LC滤波器	检查风扇转动情况,不正常则更换	√	√	√	√
	接触器	通电动作情况	触头是否有连跳、卡死、粘连,出现任何异常必须更换	√	√	√	√
		触头表面颜色或磨损	触头表面颜色发黑或磨损超过 1.5 mm,更换接触器	√	√	√	√
	散热风扇	外观检查	若有破损,需更换	√	√	√	√
		通电动作情况	通电情况下,动作不正常,需更换	√	√	√	√
	绝缘检测	高压端对地低压端对地高低压之间	用 500 V 兆欧表测量			√	√
	试验	控制系统整机功能	依据使用说明书分别进行弱电、强电实验	√	√	√	√

三、调试试验

调试的原则是先弱电、后强电,先轻载、后重载。

此项试验需要另外配套提供稳定的不小于 70 kW 的 DC 110 V 动力电源和不小于 200W 的 DC 110 V 控制电源;能测量逆变器的输出基波电压、电流及输出基波频率的谐波表,以及相应负载。

（一）弱电试验

仅给控制箱提供 DC 110 V 直流电压,逆变器的开关电源插件控制开关置合（ON）位,开关电源应能正常工作。此时逆变器的主控板 4 A 灯闪烁,逆变器板 6 A 灯闪烁。检查逆变器的主控板、逆变器控制板上的指示灯,除主控板 27 A 灯周期性闪烁外应无任何红色指示灯亮。若有红色指示灯亮,表明系统有故障,应排除故障后方可进行后续试验。

（二）空载试验

系统接入 DC 600 V 电源,逆变器应能正常启动,待稳定后测量逆变器和变压器的三相输出电压、输出电压的上升率、输出电压峰值,测量值应符合技术要求。

（三）轻载试验

系统接入 DC 600 V 电源,给逆变器带上小风机（1～3 kW）、变压器带小负载,应能正常启动，输出电流、电压、频率应符合技术要求。

（四）额定负载试验

系统接入 DC 600 V 电源，给逆变器和变压器带上额定负载运行，应能正常启动，输出电流、电压、频率应符合技术要求。

四、常见故障分析及处理

在正常情况下，从置于车上的信息灯查看到逆变器正常的信号显示，表示逆变器正常。另外，显示屏还可以查看到有关逆变器的更详细的信息。

一般情况下，当客车逆变器发生故障时，置于车上的显示屏上会有相应的故障显示或故障提示。检修时可根据故障提示进行有针对性的检查、试验和处理，从而确定具体故障点。在进行故障处理或检修结束后，应进行通电试验，以确保电源状态完好。利用本装置控制箱插件面板上信号灯及机车显示屏信息可对故障进行判断及排除见表 5-8。

表 5-8 逆变器故障处理

序号	现象			描述
	输入输出板	主控板	逆变器控制板	
1	3B 灯亮、3A 灯不亮	29A 灯亮		K1 触头卡位合不上
2	4B 灯亮、4A 灯不亮	29A 灯亮		K2 触头卡位合不上
3	5B 灯亮、5A 灯不亮	29A 灯亮		K5（K6）触头卡位合不上
4	6B 灯亮、6A 灯不亮	29A 灯亮		K4 触头卡位合不上
5	3B 灯不亮、3A 灯亮	29A 灯亮		K1 触头卡位断不开
6	4B 灯不亮、4A 灯亮	29A 灯亮		K2 触头卡位断不开
7	5B 灯不亮、5A 灯亮	29A 灯亮		K5（K6）触头卡位断不开
8	6B 灯不亮、6A 灯亮	29A 灯亮		K4 触头卡位断不开
9	1B 灯亮、1A 灯不亮	29A 灯亮		K7 触头卡位合不上
10	2B 灯亮、2A 灯不亮	29A 灯亮		K8 触头卡位合不上
11	1B 灯不亮、6A 灯亮	29A 灯亮		K7 触头卡位断不开
12	2B 灯不亮、6A 灯亮	29A 灯亮		K8 触头卡位断不开
13	9B 灯亮	28A 灯亮	2A 和 3B 红灯同时亮，若故障排除 2A 灯灭	逆变器模块故障，应更换故障模块
14	9B 灯亮	28A 灯亮	2A 和 3A 红灯同时亮，若故障排除 2A 灯灭	逆变器模块过流，应重点检查负载和电流传感器
15	9B 灯亮	28A 灯亮	2A 和 4A 红灯同时亮，若故障排除 2A 灯灭	逆变器模块三相输出电流不平衡，此时应重点检查负载和电流传感器

续表

序号	现象			描述
	输入输出板	主控板	逆变器控制板	
16	9B 灯亮	28A 灯亮	2A、3A 和 3B 红灯同时都亮	检查逆变器模块控制板插头是否松动和逆变器的门极控制板是否故障
17	9B 灯亮	28A 灯亮	2A 和 2B 红灯同时亮，若故障排除 2A 灯灭	逆变器输入过压，测量逆变器控制板 33A 中间直流电压值 1 V/100 V

任务六　25T 型客车充电器概况与基本原理

任务描述

25T 型客车充电器整个系统由 TCP4-008/600（L）型 DC 110 V 充电机和 TKB2-0035D/110（L）型单相逆变器组成。TCP4-008/600（L）型 DC 110 V 充电机的作用是将 DC 600 V（AC 380 V）的输入变换成 DC 110 V，供给客车照明、110 V 蓄电池充电及其他 110 V 负载。TKB2-0035D/110（L）型单相逆变器的作用是将 DC 110 V 的输入变换成单相 AC 220 V/50 Hz 输出，供给单相负载使用。本任务主要介绍充电器的基本原理。

相关知识

一、概　况

25T 型客车充电器包括 TDK1H-CB 型、TDK1H-CBL 型、TDK1J-CB 型、TDK1J-CBL 型、TDK1K-CB 型、TDK1K-CBL 型、TDK1L-CB 型、TDK1L-CBL 型 8 种型号。TDK1H-CB 型、TDK1J-CB 型、TDK1K-CB 型、TDK1L-CB 型充电机及单相逆变器箱的工作环境温度为-25 ~ +45 ℃；TDK1H-CBL 型、TDK1J-CBL 型、TDK1K-CBL 型、TDK1L-CBL 型充电机及单相逆变器箱的工作环境温度为-40 ℃ ~ +45 ℃。

TDK1H-CBL 型及 TDK1J-CBL 型充电机及单相逆变器箱系统接线如图 5-17 所示；TDK1K-CBL 型及 TDK1L-CBL 型充电机及单相逆变器箱系统接线如图 5-18 所示。

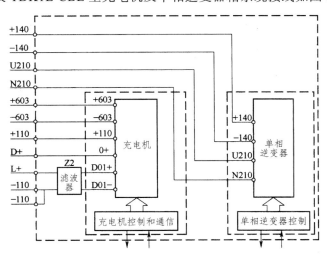

图 5-17　TDK1H-CBL 型及 TDK1J-CBL 型充电机及单相逆变器箱系统接线

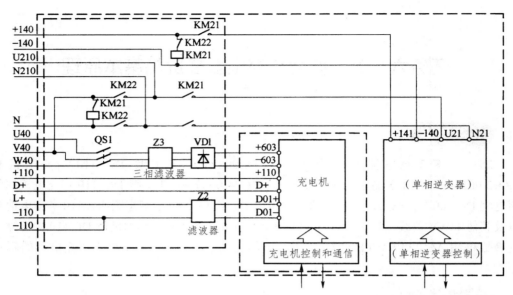

图 5-18　TDK1K-CBL 型及 TDK1L-CBL 型充电机及单相逆变器箱系统接线

25T 型客车充电器的主要技术参数见表 5-9。

表 5-9　25T 型客车充电器的主要技术参数

项目	参数		项目	参数
输入 DC 600 V 电压	额定电压　DC 600 V		输入 AC 380 V 电压	额定电压　3AC 380 V
	最高电压　DC 660 V			最高电压　3AC 440 V
	最低电压　DC 500 V			最低电压　3AC 340 V
控制电源电压	额定工作电压　DC 110 V			额定频率（50±1）Hz
	最高工作电压　DC 130 V		额定输出电压	DC（119～123）V（可调）
	最低工作电压　DC 77 V		输出电压稳定调整率	≤±1%
输出电压纹波	峰-谷值≤10 V（与蓄电池并联）		输出容量	≥8 kW
充电器变换效率	≥92%（额定输出负载）		欠压保护	蓄电池电压低于 90 V

DC 600 V 供电系统中的充电器是供蓄电池充电及照明控制等系统用电的重要设备，由于输入为 DC 600 V（或兼容 AC 380 V 整流后），因此必须采用 DC/DC 变换技术。为了减小充电器的体积和防止高压窜入低压系统，采用高频绝缘式 DC/DC 变换器，如图 5-19 所示。

按反相控制规律分别控制 VT1、VT4 和 VT2、VT3，即 VT1、VT4 导通时，VT2、VT3 截止，而 VT2、VT3 导通时，VT1、VT4 截止，这样就可以在变压器副边感应出高频脉冲电压，该电压通过整流滤波，得到 DC 110 V 输出。

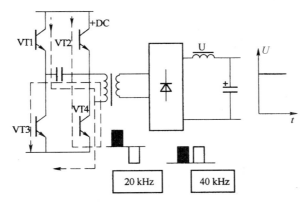

图 5-19　高频绝缘式 DC/DC 变换器

我国铁路上使用的高频绝缘式充电器其技术已达到国外先进水平，主要关键技术有以下几种。

（1）采用电压电流双闭环控制，实现蓄电池恒流定压充电。

（2）采用软开关技术，减小 IGBT 高频开关损耗，效率达到 92%。

（3）采用先进的非晶态铁心制造变压器、电抗器，减小充电器的体积。

（4）IGBT 的开关频率达到 20 kHz 以上，避开了音频区域，减小充电器的电磁噪声。

二、充电器基本原理

25T 型客车无论兼容供电还是 DC 600 V 供电，都需要通过充电器将 DC 600 V 或 AC 380 V 变换成 DC 110 V 供给蓄电池和照明等负载。从系统的安全性和可靠性来考虑，充电器是供电系统中最重要的设备之一，一旦充电器发生故障，蓄电池无法充电，电压会放到很低，有可能使本车挂在蓄电池上的所有设备都无法启动和工作。

基于 DC 600 V 的输入电压和大于 8 kW 的功率等级，客车用大功率 DC/DC 变换的主电路一般采用适应高压变换的半桥或全桥结构，如图 5-20 所示为 PWM 桥式 DC/DC 变换电路。

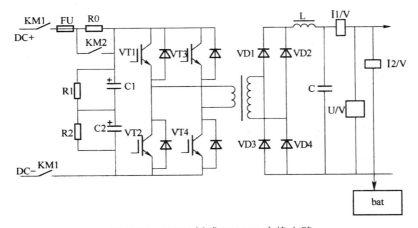

图 5-20　PWM 桥式 DC/DC 变换电路

充电器的输入隔离、滤波和缓冲电路与逆变器相同。逆变桥由 4 只 IGBT 组成，功率的传输靠高频变压器传递，变压器的输出经过高频整流和滤波后，供给直流负载和蓄电池。

（一）高频桥式逆变主电路

VD1～VD4 构成 DC/DC 变换的主电路，VD1～VD4 的控制逻辑和变压器原、副边电压波形如图 5-21 所示。

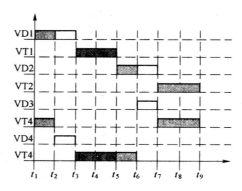

图 5-21　VD1～VD4 的控制逻辑和变压器原、副边电压波形

VT1～VT2 区间内，VD1 和 VD4 导通，变压器原边电压为正相电压。

VT3～VT4 区间内，VD2 和 VD3 导通，变压器原边电压为反相电压。

VT2～VT3 区间内任何一只 IGBT 都不导通，这段时间称为"死区"，主要是考虑防止上下桥臂的两只 IGBT 同时导通造成桥臂的"贯通"短路。

充电器用的 IGBT 一般采用双单元，即一个模块上集成了上下桥臂的两个 IGBT，电路结构简单，但因为 IGBT 工作在 20 kHz 左右，因此其开关损耗大，散热困难。为解决高频开关的损耗问题，采用移相技术实现 IGBT 的准软开关控制，如图 5-22 所示。

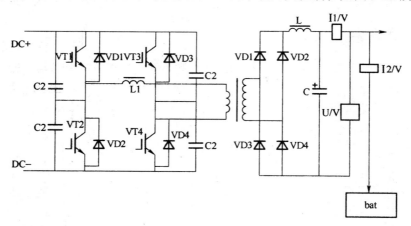

图 5-22　移相式 DC/DC 变换电路

电桥两个桥臂的上下两个开关管（VT1—VT2，VT3—VT4）被施加 180°互补的驱动

信号，上下两管 180° 互补导通。因此除上下两管导通的死区外，电路中总有两个开关管同时导通，共有四种导通组合，即 VT1—VT4，VT4—VT2，VT2—VT3，VT3—VT1，并按此顺序周而复始。其中 VT1—VT4，VT2—VT3 组合导通（即对角线导通）时，全桥电路输出能量，而 VT3—VT1，VT4—VT2 组合导通（即上桥臂两管或下桥臂两管同时导通）时，全桥电路处于续流状态不输出能量。调节这两种组合的时间比例，即移相角，变压器得到一个交变的 PWM 电压，以此实现对输出电压、电流的调整的。

移相控制的原理是利用变压器漏感和 IGBT 结间的电容谐振，漏感 LK 储能向电容 C 释放过程中，使电容 C 的电压逐步下降到 0，二极管 VD 开通，创造 0 电压开关（ZVS）条件，电路中的其他电感、电容元件是为获得可靠的零电压开关而设置的。

（二）电压变换的实现

DC 600 V 供电客车的 DC/DC 变换，主要是通过 IGBT 桥式逆变电路将 DC 600 V 电压变换成占空比可调的高频方波电压，经变压器隔离后整流滤波成 DC 110 V 电压；兼容供电客车则是先将 AC 380 V 整流后，变成 DC 540 V，然后采取与 DC 600 V 相同的 DC/DC 变换。所谓占空比是指一个半波内，驱动 IGBT 的脉冲宽度占整个半波周期的比例。为了调整输出电压，占空比是可变化的，属于脉冲宽度可调模式即 PWM 方式。在这种控制方式下，脉冲的幅值是不变的，当负载发生变化时，依靠改变脉冲的宽度来保证输出电压的稳定；如果输入电压发生变化，也可以通过改变脉冲宽度来保证输出的稳定，如图 5-23 所示。

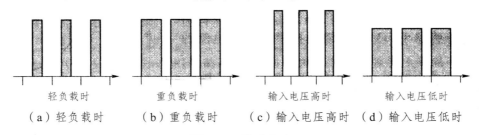

（a）轻负载时　（b）重负载时　（c）输入电压高时　（d）输入电压低时

图 5-23 脉冲宽度

由 VD1 ~ VD4 四只高频快速二极管组成的整流电路，对变压器副边输出的脉冲电压进行整流，并有电抗器 L 和电容 C 进行滤波。高频整流对二极管的要求与一般交流整流电路不一样，除了要求较小的通态压降以减小导通损耗外，还要求具有快速的导通和关断能力，以减小开关损耗，因为在高频条件下，二极管的开通和反向恢复时间引起的损耗在总损耗中占有明显的比例。

（三）高频的影响

采用 20 kHz 的工作频率，主要是为了减小变压器、滤波器的体积。变压器的原边或副边的感应电压有一个基本公式，即

$$U=kfW_1BS$$

其中，U 为变压器线圈端电压，f 为工作频率，W_1 为线圈匝数，B 为磁通密度，S 为磁路

面积。从式中可以看出，相同的输出电压和磁密时，当频率 f 提高，W_1 和 S 可相对减小，W_1 的减小即线圈绕组的匝数减少，亦即变压器的铜重可以减小；S 的减小即变压器铁心面积减小，亦即铁重减少，而铜线和铁心决定变压器的主要有效体积和重量。当频率提高到 20 kHz 时，变压器的铁心非常小，线圈匝数大幅减少。同样，高频输出脉冲（对应 40 kHz）的滤波电感和电容也明显减小，这就是高频化的效果。但是高频带来的负面影响就是损耗的增加。IGBT、变压器、整流二极管、滤波电抗等，在高频时的损耗明显增加。

（四）DC/DC 变换器的功能和保护

DC/DC 充电器的主要功能是将输入 DC 600 V 或 AC 380 V 变换成适合蓄电池充电和直流负载使用的 DC 110 V，并在输入电压和负载变化时，保持输出稳定即稳压功能。DC/DC 充电器的输入保护和工作原理与逆变器相同，如图 5-24 所示。

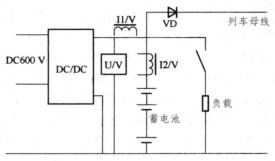

图 5-24　DC/DC 充电器的工作原理

为减小充电器启动时的冲击，充电器 IGBT 的驱动脉冲在启动时也采用"软"启动方式。如图 5-25 所示，脉冲宽度逐渐增加，输出电压逐渐升高，当升高到一定值时，电压反馈或电流反馈起作用。

DC/DC 变换器采用双闭环即电流环和电压环控制。图 5-24 中，电压反馈靠电压传感器 U/V 输出测量信号,充电电流反馈靠电流传感器Ⅰ2/V 的输出信号,而电流传感器Ⅰ1/V 的反馈则提供输出总电流的检测信号。

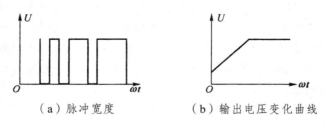

（a）脉冲宽度　　　　　　　　　（b）输出电压变化曲线

图 5-25　脉冲宽度与输出电压变化曲线

限流定压充电功能：25T 型客车采用碱性中倍率电池，碱性电池充电的要求应符合马氏曲线（见图 5-26），即蓄电池在电压低时采取恒流充电的方式，在电压充到一定程度时采取恒压浮充的方式。

根据铁标要求，限流充电值为 0.2 C5，25T 型客车用蓄电池容量为 120 A·h，5 h 率放电电流为 24 A，因此恒流充电电流限制在 25×（1+10%）A。碱性中倍率电池浮充的终止电压为 1.5 V，25T 型客车蓄电池总共装有 80 只蓄电池单体，充电电压应为 120 V，考虑到大多数低压电器线圈电压上限值为 121 V，因此充电电压可能偏低，运用中如果有问题可以适当减少 1~2 只蓄电池。

输出限流功能：充电器的输出电流分三个部分，一部分向本车蓄电池充电，另一部分供给本车照明、控制等负载，还有一部分通过二极管向列车母线供电。电流传感器 Ⅰ1/V 是测量充电器输出总电流的传感器，当充电器的输出电流超过其允许电流（如 70 A）时，控制 IGBT 的驱动脉冲变窄，使

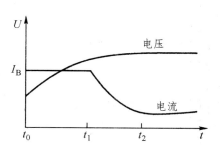

图 5-26　限流恒压充电的电压电流曲线

输出电压降低，输出电压降低后充电器不会向其他客车输出电流，同时还可以减小蓄电池电流，以使总的输出电流降低。

要注意的是由于全列蓄电池、充电器通过二极管并联，因此各个客车的充电器的输出电压应尽可能地保持一致，否则电压调整高的充电器要向列车母线提供更多的电流。

三、TCP4-008/600（L）型 DC 110 V 充电机

TCP4-008/600（L）型 DC 110 V 充电机将 DC 600 V 变换成 DC 110 V，并向客车照明、110 V 蓄电池及其他 110 V 负载供电。

（一）主要技术参数（见表 5-10）

表 5-10　DC 110 V 充电机的主要技术参数

项目	参数	项目	参数
输入回路	标称输入电压　DC 600 V	输出回路	标称输出电压 DC 119~123 V（随温度补偿可调）
	输入电压变化范围　DC 500~600 V		标称输出功率　8 kW
	输入电压波动　±5%		输出总电流　68 A
控制电源	DC 77~137.5 V		充电电流最大值　25 A

（二）充电机的结构设计和工作原理

1. 结构设计

该充电机采用模块化设计，安装方便，维护简单。所有元器件都安装在一块铝散热器基板上，通过散热器实现对模块损耗的热传递和冷却，在散热器叶片上部装有用于冷却的风机。

2. 工作原理

充电机的原理框图和原理图分别如图 5-27 和图 5-28 所示。

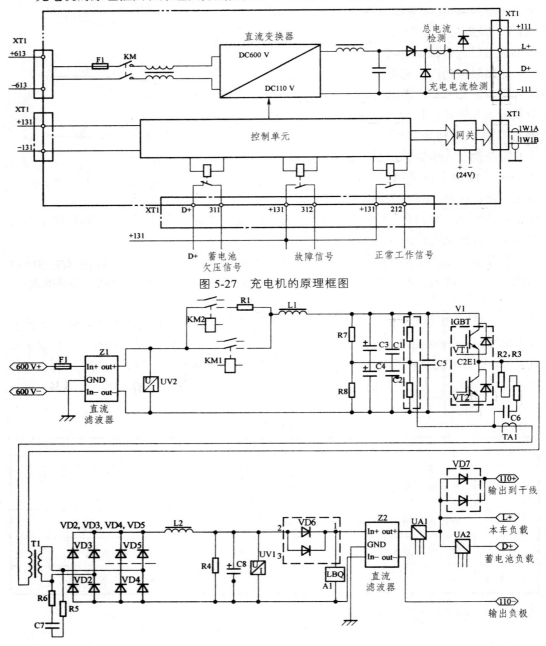

图 5-27　充电机的原理框图

图 5-28　充电机的原理

DC 600 V 电源经过 EMI 滤波，LC 直流滤波送到由 IGBT 模块作开关管的半桥逆变电路，该电路将 DC 600 V 逆变成 15 kHz 的高频方波，高频方波经高频变压器隔离、降压，再经过全桥整流电路整流、LC 输出滤波、EMI 输出滤波、二极管输出隔离，最后输出标称 8 kW/DC 120 V，用于驱动本车负载、干线负载以及给本车蓄电池充电。该充电机的输出特性满足免维护铅酸蓄电池的充电特性曲线，同时具有充电温度补偿特性。

四、维护、保养与故障处理

（一）维护及保养

（1）在规定的环境条件下储存和使用充电机。

（2）充电机长期搁置不用时，应定期通电检查，并且最好存储在环境干燥、无尘土、通风顺畅的室内。

（3）经常检查充电机对外接线及安装是否良好，并清洁散热器齿片。

（4）使用过程中定期检查充电机工作是否正常。

（二）常见故障及处理方法

运用时，可根据微机板指示灯状态判断故障现象，然后参考表 5-8 进行故障处理。

（三）安全及注意事项

（1）充电机内部有导致人身安全事故的危险高压，对充电机内部的任何操作只能在充电机断电 5 min 以后才能进行。

（2）充电机运行一段时间后散热器温度升高，应注意不要用手随意触摸散热器。

任务七　TKB2-0035D/ DC110（L）型单相逆变器

任务描述

TKB2-0035D/DC110 型和 TKB2-0035D/110L 型单相逆变器（以下简称为"逆变器"）将 DC 110 V 的输入变换成单相 AC 220 V/50 Hz 输出,供给单相负载使用。TKB2-0035D/110 型和 TKB2-0035D/110L 型单相逆变器除了工作环境温度范围不同外,其他方面都是相同的。本任务主要介绍逆变器的主要参数、工作原理、维护及常见故障处理。

相关知识

一、逆变器的主要技术参数

（一）输入电压

标称输入电压：DC 110 V。

输入电压波动范围：DC 77 ~ 137.5 V。

（二）输出电压

额定输出电压及频率：单相 AC 220×(1±5%)V/50×(1±1%)Hz。

额定输出容量：3.5 kV·A。

过载能力：120%负载大于 1 min。

额定效率：≤85%。

（三）保　护

（1）当输入电压低于（72±3）V 时,逆变器输入欠压保护动作,停止输出。

（2）当输入电压高于（144±6）V 时,逆变器输入过压保护动作,停止输出。

（3）当输出负载电流的有效值超过 19.1（1±5%）A（1.2 倍额定输出电流）时,逆变器输出过流保护动作,停止输出,但保护特性不与上述规定的过载能力相抵触。

（4）当逆变器自身内部出现过流、短路、过欠压或过热时,逆变器应保护。

二、逆变器的工作原理

（一）逆变器的结构原理

逆变器的结构原理如图 5-29 所示。

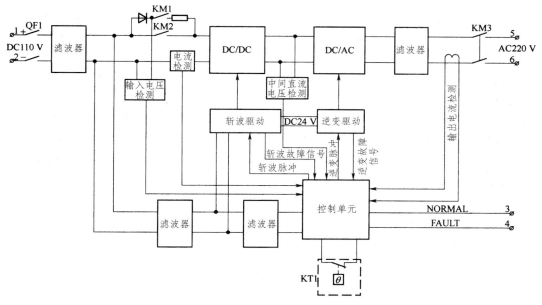

图 5-29　逆变器的结构原理

逆变器主要包括输入滤波部分、升压斩波部分（DC/DC）、逆变部分（DC/AC）、输出滤波部分和控制单元部分。

逆变器的控制采用 16 位微机控制技术。斩波驱动采用 PWM 波驱动方式，升压斩波环节保证了有适当的中间直流环节电压。中间直流环节电压信号 UDG 通过电压传感器反馈给控制单元，控制单元根据反馈值来调节斩波脉冲的占空比，从而使中间直流电压维持稳定。逆变驱动采用 SPWP 波驱动方式，逆变环节把中间直流环节电压逆变成稳定的单相 AC 220 V 电压。控制单元部分对斩波故障信号 FOC、逆变故障信号 FO、输入电压信号 UING、输入电流信号 ICG、输出电流信号 IOUTG 进行检测，并根据所检测到的信号进行短路保护、过欠压保护、过流保护等，从而保证系统可靠、安全运行。KT1 是一个带常闭触点的温度继电器，当散热器温度过高时，常闭触点跳开，给出过热保护信号 OHTIN，逆变器停止输出。

（二）逆变器的内部电路

当外部 DC 110 V 电压接通后，控制单元首先对系统自检，然后闭合 KM1，通过充电电阻 R1 给主电路充电。待主电路充电完成后，主接触器 KM2 闭合，将充电电阻短接。滤波器 FILTER1 和 C1 对主电路输入电压进行滤波，滤波器 FILTER2、FILTER3 对控制电路输入电压进行滤波，V1 用以防止输入电压极性接反。KM2 闭合以后，控制电路发出斩波脉冲，由电抗器 L1、斩波管（IGBT）V2 和中间支撑电容 C3 组成的斩波电路工作，将输入直流电压升成稳定的中间直流电压（320±10）V。然后，控制电路再发出逆变脉冲，通过逆变器（IPM）V3 将中间直流电压逆变成单相 220 V/50 Hz 的 SPWM 波，再经电抗器 L2 和输出滤波板滤成正弦波。逆变器通过装在输出滤波板上的电流互感器 TA1 检测输出电流，用以实现过流保护。电路中的 UA1 是电流传感器，用以检测斩波电流，UV1 和 UV2 是电压传感器，分别用以检测输入电压和中间直流环节电压。散热器的过热保护则是通过温度继电器 KT1 来实现的。

除输出滤波板外，逆变器内部还有控制板、驱动板和 IPM 板。控制板是整个逆变器的控制核心，采用微机控制。DC 110 V 经滤波后直接进入控制板，由控制板自带的开关电源电路变换成+5 V 或±15 V 供给相应控制电路使用。接触器由控制板直接控制，而斩波和逆变脉冲则由控制板发出后，经驱动板和 IPM 板分别驱动斩波管（IGBT）和逆变管（IPM）。驱动板上所带的开关电源电路将 DC 110 V 变换成驱动电路所需的 DC 24 V 电源，除供给驱动板自身外，还输出给 IPM 板。

三、逆变器外部接线

逆变器外部接线如图 5-30 所示。

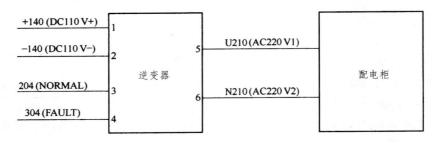

图 5-30　逆变器外部接线

逆变器共有 6 根对外接线，全部采用压接式接线端子。其中，1 和 2 号接线端子可压接的导线规格为 $0.5 \sim 10 \ mm^2$；3 和 4 号接线端子可压接的导线规格为 $0.08 \sim 4 \ mm^2$；5 和 6 号接线端子可压接的导线规格为 $0.2 \sim 6 \ mm^2$。

1~6 号端子对应的接线见表 5-11。

表 5-11　1~6 号端子对应的接线

端子号	线号	意义	说明
1	+140	DC 110 V+	DC 110 V 正线
2	−140	DC 110 V−	DC 110 V 负线
3	204	NORMAL	正常指示线，该线为 DC 110 V+时，表示逆变器工作正常，最大负载电流 0.2 A
4	304	RAULT	故障指示线，该线为 DC 110 V+时，表示逆变器有故障，最大负载电流 0.2 A
5	U210	AC 220 V1	AC 220 V 接线之一
6	N210	AC 220 V2	AC 220 V 接线之二

四、维护、保养及常见故障处理

（一）维护与保养

（1）在规定的环境条件下储存和使用逆变器。

（2）逆变器长期搁置不用时，应定期通电检查。并且最好存储在环境干燥、无尘土、通风顺畅的室内。

（3）经常检查逆变器对外接线及安装是否良好，并清洁散热器齿片。

（4）使用过程中定期检查逆变器工作是否正常。

（5）当发生故障时，故障指示灯亮，同时可通过逆变器箱内控制板上的发光二极管判断故障性质，从而判断故障位置，排除故障。

（二）常见故障处理

常见故障及其处理方法见表 5-12。

表 5-12　常见故障及其处理方法

故障代码	控制板指示灯指示					故障名称	处理方法
	V5	V4	V3	V2	V1		
6	0	0	1	1	0	KM1 故障	接触器是否有卡滞现象，至接触器 KM1 上 1、2 点及 A1、A2 接线是否正常，触点本身是否正常，线包是否断路
7	0	0	1	1	1	KM2 故障	接触器是否有卡滞现象，至接触器 KM2 上 13、14 点及 A1、A2 接线是否正常，触点本身是否正常，线包是否断路
8	0	1	0	0	0	KM3 故障	接触器是否有卡滞现象，至接触器 KM3 上 1、2 点及 A1、A2 接线是否正常，触点本身是否正常，线包是否断路
9	0	1	0	0	1	充电故障	检查充电电阻 R1 是否已断路，检查电压传感器 UV2 及其接线是否正常，检查中间直流环节是否已短路
10	0	1	0	1	0	输入过流	检查外部负载是否正常，电流传感器 UA1 是否损坏，控制板是否损坏
11	0	1	0	1	1	输出过流	检查外部负载是否正常，控制板是否损坏
12	0	1	1	0	0	散热器过热	检查是否因为负载过大或者散热器上有污渍和覆盖物而导致散热器过热。若散热器温度并不高，则测量逆变器箱内温度继电器 KT1 是否跳开，KT1 到控制板上插座 XS1 对应的插头 XP1：9 的连线是否接好

续表

故障代码	控制板指示灯指示					故障名称	处理方法
	V5	V4	V3	V2	V1		
13	0	1	1	0	1	输入过压	检查主电路输入电压是否正常，检查电压传感器 UV1 是否损坏，控制板是否损坏
14	0	1	1	1	0	输入欠压	检查主电路电源输入是否过低，QF1 是否合上，检查电压传感器 UV1 上的接线是否脱落及 UV1 是否损坏，插座 XS3 对应的插头 XP3 是否松动，控制板是否损坏
15	0	1	1	1		中间直流环节过压	检查电压传感器 UV2 是否损坏，检查控制板是否损坏
16	1	0	0	0	0	中间直流环节欠压	检查驱动板上电源部分是否正常，检查 XS1：4 和 XS2：4 及 XS1：3 和 XS12：3 是否相通，检查控制板是否损坏，斩波管是否损坏
17	1	0	0	0	1	斩波故障	检查 XS1：1 和 XS12：2 是否相通，检查斩波管 V2：1 和驱动板上 XS11：3 是否相通，另外看斩波驱动板及斩波管是否损坏，中间直流环节是否短路

说明：

（1）控制板指示灯。指示灯亮表示"1"，指示灯灭表示"0"，V1 亮则表示"1"，V2 亮则表示"0"，V3 亮则表示"4"，V4 亮则表示"8"，V5 亮则表示"16"，相当于一个五位的二进制数，把 5 个发光二极管依据亮灭情况代表的数值相加即可得出故障代码。

（2）出现电源加电后什么反应也没有现象应检查以下几种情况：

① 检查逆变器外部接线端子上的 1、2 脚有无电源输入。

② 检查逆变器箱体上断路器 QF1 是否合上。

③ 检查滤波器 Z2、Z3 上的接线是否接好。

④ 检查控制板上电源部分是否工作正常，表示+15 V、−15 V、+5 V 工作的指示灯 V19、V20、V21 是否亮。

任务八 DC 600 V车下电源装置的统型工作

任务描述

DC 600 V车下电源装置是DC 600 V供电系统的重要组成部分，负责将机车提供的DC 600 V转化成不同制式的电压为负载供电。本任务主要介绍统型DC 600 V逆变器主电路原理图、统型充电器主电路原理图、统型单相逆变器主电路原理图、移相全桥变换技术。

相关知识

车下电源装置由客车空调逆变电源、充电器和单相逆变器三部分组成。在应用初期，车下电源由于供应商不同，其尺寸、结构、技术路线、安装方式、器件布局等各不相同。由于不同厂家的产品及配件之间兼容性差，也不能互换，造成运用维修不便，大大增加日常维修、维护成本。

为了顺应铁路快速发展的趋势，克服产品不统一带来的问题，铁路部门力推车下电源统型工作。2012年，原铁道部下发了《铁道客车DC 600 V电源装置技术条件V1.0》(铁运〔2012〕279号)(TJ/CL 251—2012)，对DC 600 V电源装置的技术参数、技术要求、电气接口、主电路原理及元器件型号等进行了相关规定。

一、统型试验

DC 600 V车下电源统型试验主要基于以下4种手段的基础上进行一系列匹配、接口、通信或电气试验，试验手段详见表5-13。

表5-13 4种试验手段

试验手段	试验项目点	试验手段	试验项目点
模块互换	安装接口配合试验	控制板互换	安装尺寸配合试验
	通信功能试验		通信功能试验
	输入输出参数测定		额定工况运行试验
	输出电压谐波含量测定		输入过压/欠压保护
	负载冲击性能试验		热备转换试验
	模拟过分相试验		电流采集试验
	热备转换试验		温度保护试验
	连续运行试验		连续运行试验
	密封试验		短路试验

试验手段	试验项目点	试验手段	试验项目点
驱动板互换	安装尺寸配合试验	电源板互换	安装尺寸配合试验
	额定工况运行试验		连续运行试验
	负载冲击性能试验		
	温度保护试验		
	连续运行试验		
	短路试验		

二、统型的内容及结果

统型车下电源的主电路拓扑、电气接口、外形尺寸、内部结构、安装方式、元器件布局等保持统一，达到如下成果。

（1）外形尺寸统型，见表5-14。

（2）箱内元器件布局统型。

（3）板级外形尺寸统型。

（4）元器件统型。

（5）参数统型，见表5-15。

表5-14　主要机械参数

项目	客车空调逆变电源	充电器
箱体外形尺寸（L×W×H）/mm	2 100×960×700	1 700×850×700
箱体材料	箱体材质采用2 mmd 耐候钢（05CuPCrNi）板材	箱体材质采用2 mmd 耐候钢（05CuPCrNi）板材
箱体外壳防护等级	IP54	IP54
其他	外壳设一套不锈钢接地螺套	外壳设一套不锈钢接地螺套

表5-15　参数统型

项目	客车空调逆变电源	充电器	单相逆变器
额定输入电压	DC 600 V	DC 600 V	DC 110 V
额定输出电压	AC 380（1±5%）V	DC 120 V	单相 AC 220（1±5%）V
控制回路额定电压	DC 110 V	DC 110 V	DC 110 V
变换效率/频率（额定输出负载）	不小于90%	不小于90%	不小于80%
额定输出容量	单逆变器箱：35 kV·A 双逆变器箱：2×35 kV·A	8 kW	3.5 kV·A

续表

项目	客车空调逆变电源	充电器	单相逆变器
输出频率	—	—	（50±1）Hz
开关频率	3 kHz	≥16 kHz	—
充电方式	—	蓄电池温度补偿曲线	—

三、统型充电器主电路原理

图 5-31 所示为统型后的充电器主电路原理。该电路的作用是将 DC 600 V，经过 D/D 变换，变成 DC 110 V，为直流负载和蓄电池组供电。其中，Z301、Z302 是滤波电路；虚线框里是移相桥式 DC/DC 变换电路，输出可以调节的直流电压。

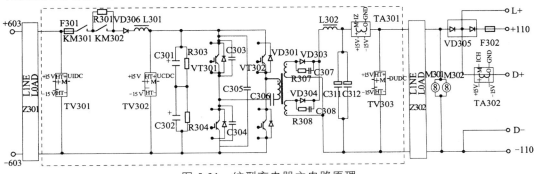

图 5-31　统型充电器主电路原理

四、统型单相逆变器主电路原理

图 5-32 所示为统型后的单相逆变器主电路原理。该电路的作用是将 DC 110 V，变换成 AC 200 V 输出，为客车上插座等普通交流用电器提供电源。其中，TV101 是电压检测传感器，TV103 是 AC 220 V 电压检测传感器，TA101 是电流传感器；FU101 是熔断器；KM102、R101 是缓冲电路；C101、C103、C104、R102 是直流支撑电路；Q101 是斩波驱动器控制的 DC/DC 变换电路；Q102、Q103 是 DC/AC 变换电路；L102、C107、C108 组成交流滤波电路；T101 是隔离变压器，副边输出 AC 220 V 的交流电源。

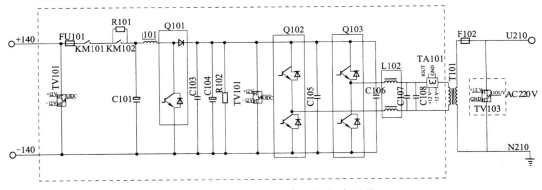

图 5-32　统型单相逆变器主电路原理

五、移相全桥变换技术

图 5-33 所示为移相全桥变换原理。在逆变过程中，输出电压往往受到电源、负载电源的影响而发生改变，为了得到可控的理想电压，要用移相变换技术进行调节，得到软开关电源。

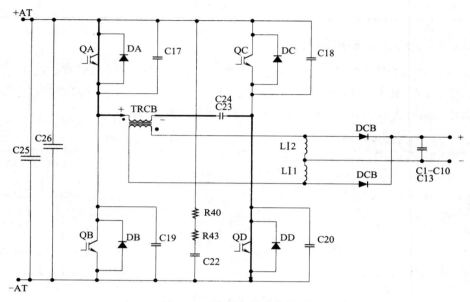

图 5-33　移相全桥变换原理

传统的全桥 PWM 变换器适用于输出低电压（如 5 V）、大功率（如 1 kW）的情况，以及电源电压和负载电流变化大的场合。其特点是开关频率固定，便于控制。为了提高变换器的功率密度，减少单位输出功率的体积和重量，需要将开关频率提高到 1 MHz 级水平。为避免开关过程中的损耗随频率增加而急剧上升，在移相控制技术的基础上，利用功率管的输出电容和输出变压器的漏电感作为谐振元件，使全桥 PWM 变换器 4 个开关管依次在零电压下导通，实现恒频软开关，这种技术称为 ZVS 零电压准谐振技术。由于减少了开关过程损耗，可保证整个变换器总体效率达 90%以上。

知识拓展

一、综合控制柜的使用、维护与检修

(一) 使 用

1. 系统参数设定

综合控制柜使用前，必须合理地设定系统参数，否则综合控制柜将无法正常工作。这些参数应该在综合控制柜出厂、装车、车辆编组前进行设定、检验，一经设定不得随意更改。

操作步骤如下：按下"管理界面"触摸开关，调出"密码"画面（见图 5-34），按"口令"触摸开关调出键盘，即点击"000"处，出现键盘画面（见图 5-35），输入管理员密码"837"，按回车键，再点击"关闭键盘"，点击"确认"进入参数设定画面（见图 5-36），

图 5-34　管理人员进入密码画面

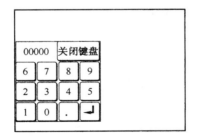

图 5-35　键盘画面

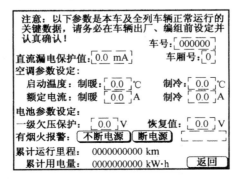

图 5-36　参数设定画面

187

在参数设定画面可以进行参数设定操作。用手轻触数字显示处,调出"键盘",利用键盘设定空调机组制冷(压缩机)、制暖(空气预热器)设定值、直流漏电保护值、电池欠压保护值、欠压恢复值、车厢号、车号。输入值确认后按回车键输入设定值,完成后按下"关闭键盘"触摸开关即可关闭键盘。按下"返回"触摸开关返回密码画面。

总电源绝缘保护值出厂时预设为 100 mA,蓄电池欠压保护值出厂时预设为 92 V,空调机组制冷(压缩机)、制暖(空气预热器)设定值按照机组型号在出厂前设定。

车厢号必须在车辆编组后,运行前按照实际车厢号在触摸屏上设定,全列车辆车厢号不得重复,加车车厢号依次顺延。例如,正常时最后一节车厢号为 17,则加 1、加 2、加 3 的车厢号在触摸屏上依次设定为 18、19、20。

空调制冷、制暖温度值可分别设定,但应保证制冷值高于制暖值,制冷、制暖值相差不小于 5 ℃。制冷温度值($T1$)的设定不得低于压缩机的低温保护值(20 ℃)。

按下"断电源"或"不断电源"触摸键,选择有烟火报警时是否切断电源,设定完毕后,将 PLC 重新上电。

2. 供电人工转换

按下主画面上的"供电信息"触摸开关进入"供电系统信息"画面。

人工强制选择电源供电回路"Ⅰ路供电"或"Ⅱ路供电",可以按下"控制"触摸开关,调出"电源控制",根据触摸开关上的文字提示人工强制选择电源供电回路"Ⅰ路供电"或"Ⅱ路供电"。此时,如果电源停止,且所选择供电回路有电,则选择该路供电;如果正在此路供电则电源继续供电;如果是另一路供电则转换到此路供电。按下触摸开关"自动供电",则自动返回 PLC 默认的供电回路,即奇数车厢Ⅰ路供电,偶数车厢Ⅱ路供电。人工强制选择电源供电回路应有特殊原因时使用,使用后如无特殊原因应转换回"自动供电"状态。

如果电源曾出现故障,确认故障排除后,可以按下"停止供电"或"自动供电"解除故障保护,通过检测后,重新启动供电。

3. 空调人工转换

在主画面,按下"空调信息"触摸开关,进入"空调系统信息"画面。

人工强制选择空调工况,可以按下"控制"触摸开关,调出"空调控制"。"空调控制"设有 10 个触摸键:"强风""弱风""半冷""半暖""全冷""全暖""全自动""电热 1"和"电热 2""停空调""停电热"。这些触摸开关的含义如下。

"强风""弱风""半冷""半暖""全冷""全暖"是人工强制空调机组转换到所选择的工况运行;"停空调"是停止空调运行;"全自动"是控制空调机组由不受温度控制的状态转换到受温度控制的自动运行状态,此时客室电热与空气预热器联动;"电热 1 和电热 2"是启动客室电热器;"停电热"是关闭客室电热器。

4. 供电、空调、车下电源运行参数、当前故障查询

在主画面按下"供电信息"触摸开关,调出"供电系统信息",显示目前电源状态及

参数；按下"空调信息"触摸开关切换到"空调系统信息"，显示目前空调机组状态及参数；按下"逆变信息"触摸开关切换到"逆变信息"画面，显示目前车下电源转换箱状态及参数；按下"当前故障"触摸开关切换到"当前故障"，显示当前电气系统存在的故障。

5. 运行记录、故障记录、故障历史查询

在主画面，按下"故障记录"触摸开关，调出"故障记录"，显示最近故障前 10 min、每隔 2 min 的电源及空调参数，按下"下翻"触摸开关可依次查看其他故障记录。在"当前故障"画面按下"故障历史"按钮，显示出用电系统最近出现的 256 个故障；在主画面按下"运行记录"触摸开关切换到"运行记录 1"，显示出一定时间前电源参数及空调机组参数，按下"下翻"触摸开关可依次查看其他运行记录，运行记录每隔 10 min 记录一次，一共 18 幅；通过触摸屏可以调出 3 h 以内的各种工作状态和运行参数，正常运行状态时平均每隔 10 min 记录 1 次，超过 3 h 后自动刷新；当出现故障时，能及时记录，并进行提示，通过故障记录可以查看故障前 10 min 以内、每 2 min 间隔的运行参数，用以分析故障原因。

6. 监视全列其他车厢状态、控制全列其他车厢

按下"全列监控"触摸开关，可切换到"全列监视"画面。只要轻触监视车厢号数字显示处，调出"键盘"输入监视车厢号，所监视车厢的信息即可显示出来。按下"监视防滑"显示所监视车的防滑信息，按下"监视轴报"显示所监视车的轴报信息，按下"返回"触摸开关返回。

在"全列监视"画面，按下"全列控制"调出"全列控制"画面。根据其上的触摸开关及提示，如想控制其他车厢电源转换，可按下电源控制区内触摸开关；如想控制其他车厢空调机组转换工况，可按下空调控制区内触摸开关，触摸开关变黑为选中。按下"取消命令"可以取消选择。确认命令正确无误后，按下"发送命令"触摸开关向受控车厢发送命令，按下"返回"触摸开关返回。

7. 更改系统时间

在主画面轻按右上角的时间显示处，调出"时间设定"，上部显示当前时间，在下面的拨盘开关输入正确的日、时、分、秒，确认无误后按下右侧的"输入"触摸开关即可将正确的时间输入到 PLC 中，按下"返回"触摸开关返回。

（二）维 护

1. 外观检查

（1）柜内应无锈蚀、变色、污染，应无灰尘和其他异物的混入；防尘密封垫、进线口防护胶圈应无龟裂、变色、变形、劣化、剥离；配线的端子部位应无过热变形痕迹或损伤；配线符号和标识不应有脱落等；柜内和柜门活动部分的导线，不应有绝缘破损。

（2）各电器接线端子螺钉、电器固定螺钉、柜内电器安装板及配电柜安装螺钉等应

无松动。

（3）柜门开启、关闭应灵活，锁定装置应可靠，门锁功能正常。

（4）电器安装应牢固，各种开关操作应正常。

（5）电器标识应正常。

2. 定期维护保养

定期维护保养可分为月定期维护、半年定期维护和一年定期维护。维护保养工作可结合中国国家铁路集团公司有关规章制度进行。

1）月定期维护保养

检查各电器状态（如触头黏结、触头不闭合。各断路器合不上闸或不能分闸等）。检查 Q1、Q2、JYJC、Q17、Q22 及 FR11、FR12、FR14、FR15 的测试按钮动作是否正常。经过检修或更换新品，恢复设备完好状态。

2）半年定期维护保养

（1）测试和验证断路器过流保护值。

（2）对所有电器进行检查，如有疑点，到试验台测试性能。

（3）对传感器进行校验。经过半年定期维护保养使控制屏各项性能达到规定的要求。

3）一年定期维护保养

进行动态调试，各种参数重新统调，达到规定要求。

4）PLC 单元的维护

PLC 是一种工业用控制器。为使 PLC 工作在最佳状态，务必实行日常或定期检查。PLC 的主要系统部件都是半导体，它含有少数有限寿命的部件，不良的环境条件可导致电气部件损坏，所以必须进行定期维护。维护检验的标准周期为 6 个月 ~ 1 年。

检验项目包括：

（1）电源电压是否在 DC 20.4 ~ 26.4 V。

（2）环境温度是否在 0 ~ 55 ℃。

（3）环境湿度是否在相对湿度 10% ~ 85% 且无凝露。

（4）输入端电压是否在 DC 20.4 ~ 26.4 V，输出端电压不高于 DC 137.5 V。

（5）所有单元安装是否可靠，接线是否牢固，接线螺丝是否松动，连接电缆是否磨损。

PIC 的外壳为塑料制品，工作中应防止机械冲击及油污等化学物品的腐蚀。PLC 的程序及内部资料主要靠锂离子电池保存，电池的使用寿命为自 PLC 出厂时起 5 年，5 年后应及时更换电池，电池的型号为 CPM2A-BAT01。

5）显示触摸屏的维护

显示触摸屏为液晶显示屏，使用过程中应防止其表面与硬、尖锐的物体接触以免损伤。

如果显示触摸屏脏污，可用柔软干布擦拭显示触摸屏。如果特别脏，用干布擦除可能损伤面板表面时，用含中性洗涤液的湿抹布拧干后擦拭显示触摸屏。

为确保显示触摸屏始终能在最佳状态下使用要进行定期维护工作。正常的环境下，维护检验的标准周期是 8 个月 ~ 1 年。

检验项目包括：

（1）电源电压是否在 DC 20.4 ~ 26.4 V。

（2）环境温度是否在 0 ~ 50 ℃。

（3）环境湿度是否在相对湿度 35% ~ 85% 且无凝露。

（4）所有单元安装是否可靠，接线是否牢固，接线螺丝是否松动，连接电缆是否磨损。

（5）更换背灯。在正常的条件下，背灯保证可使用 25 000 h，当显示中的背灯变暗并且画面不易读时，应更换背灯。背灯型号为 NT31C-CFL01。在更换背灯前应注意先关断 NT31/NT31C 电源。否则可能会触电，关断电源后不要马上碰背灯，以免高温引起灼伤。

（6）更换电池。显示触摸屏使用锂电池保存内容。在 25 ℃ 的环境温度下使用显示触摸屏，电池的寿命大约为 5 年，如果环境温度高于 25 ℃，电池的寿命会缩短。建议根据客车运行环境提前更换电池以免造成损失，可更换电池的型号为 3G2A9-BAT08。在以下情况下必须更换电池：

① 新电池已安装 5 年。

② 当运行灯为橘黄色（工作期间）或为红色（停止工作）。

③ 显示触摸屏上电或重新启动时显示"电压太低"信息。

二、系统操作与故障处理

（一）系统操作

1. 地面交流电源供电时的操作

（1）在地面电源开始供电前，确认供电转换开关 SA1、空调工况转换开关 SA2、端部电热转换开关 SA5 均处于"停止"位，全列供电试验开关"SB2"处于关断位，Q1、Q2、Q3 均处于断开位。如果是非冬季，Q13、Q14、Q15、Q16、Q25、Q26、Q17、Q22、Q7 处于断开位。

（2）依次合上 Q20、Q30、Q19、Q18，此时 PLC、触摸屏、传感器、网关、安全记录仪等得电工作，触摸屏显示主画面（见图 5-37），可以进入供电系统信息画面（见图 5-38），查看 DC 110 V 本车及母线电压。

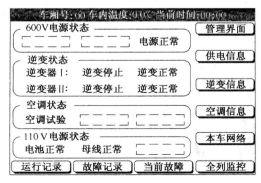

图 5-37　主画面

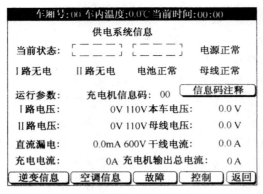

图 5-38　供电系统信息画面

（3）如果地面电源已开始供电，则 KM3 得电吸合，此时断开 Q19。如果地面电源不能提供"供电允许"信号，则闭合 SB2 制造该信号。

（4）依次合上 Q1、Q2，在触摸屏供电信息画面（见图 5-38）观察 DC 600 V Ⅰ 路、Ⅱ 路供电电压是否正常，如果正常，先合上 Q39，然后合上 Q3，将供电转换开关 SA1 置于"自动"位，奇数车厢 KM1 吸合，面板上"电源 Ⅰ 运行"绿灯亮；偶数车厢 KM2 吸合，面板上"电源 Ⅱ 运行"绿灯亮；充电机、逆变器启动后，面板上"车下电源箱运行"绿灯亮。同时，在触摸屏上可以观察到相应信息。

（5）确认供电正常后，合上 Q4、Q11，断开 Q41、Q42，将空调工况转换开关 SA2 置于"自动"位，PLC 将根据温度传感器的测量温度，自动控制空调机组工作，面板上"空调运行"绿灯亮。

（6）如果是冬季，应将端部电热转换开关 SA5 置于工作位。

（7）照明、单相逆变器、开水炉、排风机等负载的开关根据需要决定是否闭合。

（8）负载投入工作后，应从触摸屏供电系统信息画面（见图 5-38），观察 DC 600 V 总电流、漏电流、充（放）电电流、充电机输出总电流、压缩机、预热器电流等信息是否正常。

（9）如果一切正常，达到出库要求后，断开 Q18，在地面电源停止供电后，确认 KM3 已断开，此时 PLC、触摸屏、传感器、网关、安全记录仪等均应停止工作。

2. 机车供电时的操作

与机车联挂后，将随车工程师办公席车综合控制柜中的 Q18 合上，此时机车应开始供电，各车厢综合控制柜的 KM3 均应吸合，PLC、触摸屏、传感器、网关、安全记录仪等均应开始工作，充电机、逆变器开始启动，空调机组工作，面板上相应的指示灯亮。负载投入工作后，应从触摸屏直流供电信息画面（见图 5-37）和空调系统信息画面（见图 5-39），观察 DC 600 V 总电流、漏电流、充（放）电电流、充电机输出总电流、逆变器输出电压、压缩机、预热器电流等信息是否正常。

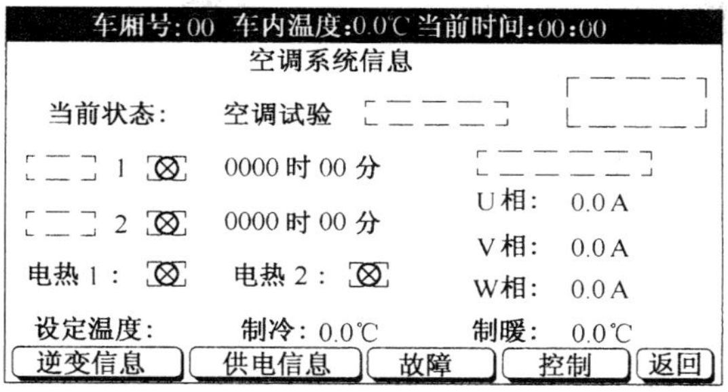

图 5-39　空调系统信息画面

3. 运行时的操作

列车运行时，可从主控站触摸屏或任一节车厢综合控制柜的触摸屏上观察各车厢的设备状态信息，同时应按规定定时巡查。

4. 摘解机车前的操作

（1）摘解机车前应将随车工程师办公席车综合控制柜中的 Q18 断开，确认 KM3 已断开，此时 PLC、触摸屏、传感器、网关、安全记录仪等均应停止工作。

（2）确认供电转换开关 SA1、空调工况转换开关 SA2、端部电热转换开关 SA5 均处于"停止"位。全列供电试验开关"SB2"处于关断位，Q1、Q2、Q3 均处于断开位。如果是非冬季，Q13、Q14、Q15、Q16、Q25、Q26、Q17、Q22、Q7 处于断开位，否则这些开关应处于闭合位。

（二）操作使用注意事项

（1）列车集控系统是确保列车供电的重要环节。机车频繁摘挂、车厢摘挂等直接影响系统的可靠性。为此，必须加强集控系统的连接可靠性、正确性检修、保养。

（2）DC 110 V 蓄电池不能过放。列车投入运行前，蓄电池电压不得低于 88 V（在 5 A 带载状态下），否则将引起集控器、配电柜、逆变器等设备的接触器吸合不上，供电系统不能正常工作。

（3）客车用电设备的绝缘性能直接影响机车向客车的正常供电。为此，对客室电加热器、伴热器、电开水炉、温水箱、照明变换器等设备的绝缘性能要加强检查，及时排除故障点。

（4）DC 600 V 供电系统和 AC 380 V/DC 600 V 兼容供电系统使用了大量的直流断路器和直流接触器，这些器件的灭弧方式均为永磁磁吹方式，电流方向不能接反，否则将引起触点的烧损，甚至产生严重后果，因此必须确保各直流供电回路的正负极性不能接反。

（5）在采用兆欧表或耐压仪进行全列 DC 600 V 母线绝缘测试时，必须保证控制柜内 Q1、Q2 均处于断开位。

（6）在采用兆欧表或耐压仪进行全列 DC 110 V 母线绝缘测试时，必须保证控制柜内 Q20、Q30 均处于断开位。

（7）检修前，必须将综合控制柜 Q1、Q2 均处于断开位，并确认车下电源箱电容已完全放电。

（8）Q15、Q16、Q25、Q26、Q7 是隔离开关，严禁带载、带电操作。

（9）在进行地面电源供电操作时，给车下电源箱供电必须按先供控制电，再供 DC 600 V 的顺序；断电顺序与供电顺序相反。

三、常见故障分析及处理

（一）机车跳闸或无法送电

随车工作人员应与机车联系，确认是否属于接地故障，如果是接地故障，应先查看各车厢是否曾经发生绝缘故障，综合控制柜"本车绝缘故障"红灯是否亮。如有某车厢出现故障，应将该车综合控制柜的 Q1、Q2 断开，通知机车重新合闸；然后将该车的负载全部断开，待逆变器放电结束后，方可进行检查。用万用表或兆欧表检查负载对地绝缘状况，发现故障点后，将该路负载切除，恢复本车供电。

检查方法：在综合控制柜接线端子处进行，重点检查电开水炉（U6、V6、W6）、温水箱（+609、-609）、排风机（U7、V7、W7）、客室电热（+615、-615、+616、-616、+625、-625、+626、-626）、车下电源箱（+603、-603、U1、V1、W1、U2、V2、W2）、空调负载（U11、V11、W11、U12、V12、W12、U14、V14、W14、U15、V15、W15、U16、V16、W16、U17、V17、W17、U18、V18、W18、U19、V19、W19）。柜内配线重点检查+600、-600。在检查过程中注意相应接触器的吸合、释放状态对结果的影响。

（二）机车不能同时提供两路电源

如果综合控制柜的供电转换开关 SA1 置于"自动"位，此时控制柜会自动转换到正常的那路电源，同时将空调负载减半载运行。为避免机车电源过载，应注意各车厢的负载分配，尽量使每节车厢的总电流控制在 35 A 以下，必要时关断一些负载，优先保证充电机、通风、伴热、半冷、半暖负载工作，其他负载酌情考虑。

（三）电源故障指示灯亮

电源Ⅰ路（或电源Ⅱ路）故障指示灯红灯亮，表示该路供电有故障。如果供电转换开关 SA1 置于"自动"位，PLC 会自动切断该路供电接触器，转换到另一路供电；如果供电转换开关 SA1 置于"试验"位，因不能自动切断该路供电接触器，指示灯将显示橙色。一般此故障由电源过压造成，可观察触摸屏上供电信息画面，DC 600 V 供电电压是否超过 660 V。同时，可用万用表测量+601/-601，+602/-602 之间电压，如果均已超过，应断开 Q1、Q2，并通知机车采取措施；如果触摸屏上显示 DC 600 V 供电电压超过 660 V，但实际测量电源电压正常，再用万用表直流挡测量电压传感器 JK1、JK2 的输出 A1/AGND，A2/AGND，如果输出大于 8.8 V，可判断 PIC 有问题，应更换。

（四）Q1、Q2 跳闸

Q1、Q2 跳闸一般由短路造成，此时一定不能立即重新合闸，必须首先观察 KM1、KM2 接触器是否因触头粘连而无法释放，并检查+601/-601 之间有无短路。如果没有触头粘连或短路，则有可能是车下电源箱预充电电路失效，可断开 Q3、Q39，其他负载恢复供电。如果 KM1（或 KM2）接触器触头已粘连，则只能合与不粘连的接触器对应的供电开关（Q1 对应 KM1，Q2 对应 KM2），另一个供电开关必须断开，维持供电。如果 KM1、KM2 接触器触头均已粘连，则只能任意选择合一路供电开关，另一路供电开关必须断开，维持供电。车辆入库后，应立即更换接触器。

（五）断路器、熔断器动作

断路器、熔断器动作后，应检查负载有无短路，相应的接触器有无粘连、烧损。如确认无异常，允许重新合闸一次。重新合闸后如果仍有问题，在故障排除前不允许重合闸。带剩余电流保护的断路器如果动作，还应检查负载对地绝缘是否正常。

（六）本车绝缘故障指示灯亮

应先对本车绝缘进行检查，检查方法：在综合控制柜接线端子处进行，重点检查电开水炉（U6、V6、W6）、温水箱（+609、-609）、排风机（U7、V7、W7）、客室电热（+615、-615；+616、-616；+625、-625；+626、-626）、车下电源箱（+603、-603；U1、V1、W1；U2、V2、W2）、空调负载（U11、V11、W11；U12、V12、W12；U14、V14、W14；U15、V15、W15；U16、V16、W16；U17、V17、W17；U18、V18、W18；U19、V19、W19）。柜内配线重点检查+600、-600。在检查过程中注意相应接触器是否吸合对结果的影响。

如果确认本车绝缘无问题，则可先将供电选择开关 SA1 置于"试验Ⅰ路"或"试验Ⅱ路"维持供电。然后，用万用表直流挡测量电压传感器 JK8 的输出 A20/AGND，DC 600 V 绝缘检测装置的输出和 A12/AGND 的输出。如果 A20/AGND 输出大于 150 mA/5 V，说明传感器坏，应更换；如果 PLC 显示值与 A12/AGND 输出不对应，可判断是 PLC 故障；如果 A12/AGND 输出与 A20/AGND 输出不对应，说明 DC 600 V 绝缘检测装置故障应更换。

（七）KM3 不吸合，综合控制柜不工作

首先检查 Q20 是否闭合，然后用万用表测量 41 号供电请求线是否有 DC 110 V，如果没有则应检查随车工程师办公席车综合控制柜中的 Q18、Q20 是否合上。如果 41 号线有电，再检查 198 号供电允许线是否有 DC 110 V，如果没有则检查 39 芯连接器是否连挂贯通，机车供电钥匙是否接通。如果 198 号线已有电，但 KM3 仍不吸合，应检查保险管 FU10 是否正常，判断 KM3 接触器是否损坏。如果确认 KM3 接触器损坏，可合上 Q19（本车供电试验开关）使综合控制柜工作，入库后更换损坏的器件。

（八）车下电源箱故障红灯亮

当逆变器输出电压高于 437 V 时，触摸屏上将显示逆变输出过压。当三相电压最大值大于 323 V 而最小电压小于 230 V 时，触摸屏上将显示逆变缺相。逆变器自身给出的故障信号不能使空调停机，只有 PLC 自身根据逆变器 I 输出电压判断出的故障才能使空调停机，但此时不影响客室电热的正常运行。

逆变故障信息可通过触摸屏查看。在主画面（见图 5-37）点击"逆变信息"按钮，进入"逆变信息"画面（见图 5-40）。信息码"00"表示正常，如果信息码不是"00"，可点击"信息码注释"进入"故障代码注释"画面（见图 5-41）查看对应的逆变器故障信息。

充电机的信息在"供电系统信息"画面（见图 5-38）。信息码"00"表示正常，如果信息码不是"00"，可点击"信息码注释"查看对应的充电机故障信息。如果信息码是"02"，表示输入欠压，应检查 DC 600 V 电源及相应开关。

如果触摸屏上显示"逆变输出过压"或"逆变缺相"故障，应用万用表测量 U1、V1、W1（U2、V2、W2）之间的电压，进一步判断传感器 JK9、JK10 以及 PLC 是否正常。

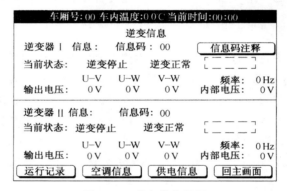

图 5-40　逆变信息画面

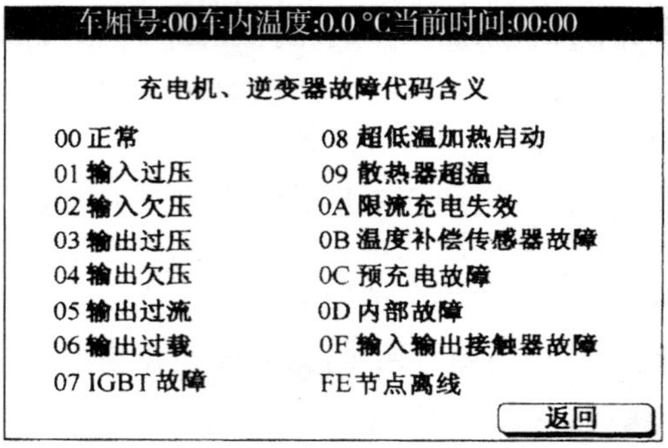

图 5-41　故障代码注释画面

（九）本车 DC 110 V 欠压

如果触摸屏出现电池电压过低警告画面（见图 5-42），且蜂鸣器鸣叫，应进入"供电系统信息"画面（见图 5-38），查看 110 V 本车电压显示是否正常。如果显示值是"0.0 V"，应检查 Q30 是否合上，保险管 FU8（1 A）是否正常，进一步判断传感器 JK5 及 PLC 是否正常。如果显示值低于电池欠压保护设定值（90～92 V），此时 KM4 应断开，切断半夜灯、终夜灯、单相逆变器等负载，维持重要负载的供电。KM4 受充电机内部的欠压保护板控制，当电池电压高于 96～98 V 时，欠压保护板输出一个 DC 110 V 正极性信号（311）使 KM4 吸合；当电池电压低于 90～92 V 时，该信号停止输出，KM4 断开。如果触摸屏上 110 V 本车电压显示已低于 90 V，但 KM4 仍未断开，应用万用表测量 L+ 与 -110 之间的电压是否低于 90 V，从而判断问题出现在传感器还是欠压保护板。

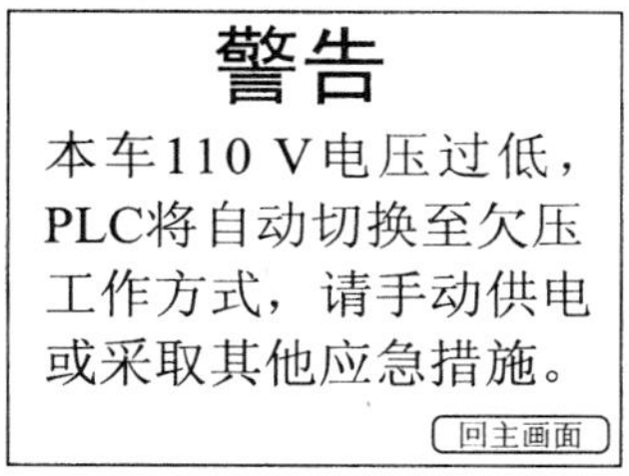

图 5-42　电池电压过低警告画面

（十）整列车 DC 110 V 系统严重亏电

整列车 DC 110 V 系统严重亏电将导致列车不能供电。此时应将全列 DC 110 V 开关断开，然后将随车工程师办公席车综合控制柜中的 Q20、Q18、Q1（或 Q2）合上，如果机车 DC 600 V 能送出，则 +610/-610 或 +620/-620 应有电。此时，可将 Q1、Q2 断开，将随车工作人员携带的 DC 600 V 和 DC 110 V 应急电源（或外接蓄电池组）接入，先恢复充电机的控制电源，再恢复手动供电"试验 I 路"或"试验 II 路"。当充电机启动工作后，关掉 DC 600 V、DC 110 V 应急电源（或外接蓄电池组），逐节车厢将相应开关合上，以恢复供电。

四、应急情况对策

（一）发生火情时的操作

首先切断本车除紧急照明、轴温、防滑器供电之外的所有开关，尤其是风机电源，避免火情蔓延。使用气体或干粉类灭火器扑灭电气火灾。

如果着火部位处于 Q1、Q2 之前，应将随车工程师办公席车综合控制柜中的 Q18 断开，以切除机车供电请求，断开机车供电，同时与司机联系通报情况。

（二）直流母线电压低

由于长时间放电或某些车辆蓄电池故障，使直流母线电压低于 77 V 时，很多控制电器将无法吸合工作。此时，可以断开大部分车辆的控制系统，只保留个别或少数车辆控制系统工作，在 DC 600 V 输入正常的情况下，使该车的充电器能够启动工作，对该车蓄电池进行充电，当电池电压升到 88 V 以上时，再逐个开启其他车辆的充电器。如果蓄电池电压低到无法使任何一个充电器工作时，需要依靠外部电池使充电器工作。

(三) 机车 DC 600 V 电源出现故障

当电源选择开关置于"自动"位时，PLC 可以自动进行判断并实施保护；当电源选择开关置于"手动"位时，需要人工干预，转换到正常的供电回路，并减半载运行。当机车两路电源都不正常时，综合控制柜应停止供电，并切除部分 DC 110 V 负载，保存蓄电池能量。

TKDT 型综合控制柜故障处理

一、作业（操作）方法、步骤（见表 5-16）

表 5-16 TKDT 型综合控制柜故障处理作业（操作）方法和步骤

作业顺序	作业项目
作业目的要求	能正确判断综合控制柜故障性质、原因和范围
	测寻故障点方法、步骤正确
	排除故障迅速准确、操作熟练
	排除故障后通电运行，作用良好
作业工具及器材	综合控制柜原理图、万用表、螺丝刀、内六角扳手、电工刀、钢丝钳、剥线钳、压线钳
作业场地	通风、采光条件良好
方法、步骤	静态检查综合柜上、下柜各电器元件安装状态及配线连接状态，插销、锁、门拉杆动作试验并确认配件是否齐全
	首先闭合 Q20、Q30、Q19、Q35、Q36 等 110 V 空开（Q44 除外），其次闭合 Q1、Q2、Q3 等 600 V 空开
	将转换开关 SA1、SA2、SA3 打到自动位、SA4 打到全灯位，检查各控制元件动作情况和各网关、指示灯、安全记录仪、传感器、PLC、保险、中间继电器等状态指示灯亮灭情况
	观察触摸屏供电状态、车下电源状态、联网信息和空调信息显示数据
	将转换开关 SA1、SA2、SA3 分别转换到试验位，观察电器控制元件动作情况并查看触摸屏各状态、工况下电流和电压等参数，发现故障现象
	切断电源，根据故障现象找出故障原因并作相应处理
	处理完毕接通电源后确认综合柜能正常工作

二、概况及质量标准

（一）综合控制柜的构造

综合控制柜由 PLC、触摸屏、网关、代理节点、安全记录仪、接线排、空气开关、接触器、热继电器、传感器等元件组成。

（二）工作原理

综合控制柜的控制核心采用可编程控制器（PLC），PLC 通过微型可编程序终端（显示触摸屏）接受各种指令并自动执行相应的操作步骤，自动检测并记录系统运行状态，对电气系统运行中出现的各种故障及时进行诊断、指示并保护。

（三）主要功能

综合控制柜具有电源转换控制功能，空调机组控制功能，蓄电池欠压保护功能、照明供电功能，轴温、防滑器、烟火报警器、车门及车下电源箱状态监视功能，联网通信功能。

（四）质量标准

（1）控制柜及电源柜屏面整洁，各仪表显示正确，定检标志符合规定，各开关、按钮操作灵活、定位正确、接触良好，指示灯及标志牌齐全、显示正确。

（2）柜内元器件齐全，安装牢固、排列整齐、清洁、作用良好，各熔断器、热继电器、接触器、空气断路器等容量符合规定；延时器、温度控制器、欠压继电器、过流继电器、超速继电器等设定符合规定，作用可靠。接线排、走线槽及盖、防护罩无缺损，门锁作用良好、关闭严密。

（3）配线无破损、老化、断路、短路、混线，压接紧固可靠，安装可靠、无松动、无热损，排列整齐，包扎良好，标志清晰。接地线齐全可靠，配线绝缘符合规定。

（4）电气综合控制柜各熔断器、热继电器、过流继电器、接触器、断路器、二极管、压敏电阻、隔离开关、电源模块等器件的规格、型号符合规定，且接触良好、触头无烧损；热继电器设定值符合规定、作用可靠。各传感器、PLC、触摸屏、在线绝缘检测装置的设定值符合规定、作用可靠。通电检查电气综合控制柜动作及指示准确、有效，各项功能符合要求。各功能单元工作电流正常，作用良好，漏电流不超过设定值。充电器输出电压为 DC(120±1)V。逆变器输出电压、频率为 3AC 380×(1±5%)V/(50±1)Hz。充电器、逆变器与电气综合控制柜通信正常，触摸屏上显示应为正常信息代码"00"；电气综合控制柜的车下电源箱指示灯显示为绿色。

三、常见故障及其处理方法

PLC 本身具有故障诊断、预告功能，出现故障后应根据提示及时检查，确认故障清除后，按照先送 110 V 再送 600 V 的原则（断电原则是先断负载、再断 600 V、最后断 110 V）启动电源及空调。下面介绍几种异常情况下的应急处理方法。

（一）机车跳闸或无法送电

应与机车联系，确认是否属于接地故障，如果是接地故障，应先看各车厢是否曾经发生绝缘故障，综合控制柜"本车绝缘故障"红灯亮，如果有某车厢出现故障，应将该车综合控制柜的 Q1、Q2 断开，通知机车重新合闸；然后将该车的负载全部断开，待逆变器放电结束后，方可进行检查，用万用表或兆欧表检查负载对地绝缘状况，发现故障点后，将该路负载切除，恢复本车供电。

检查方法：在综合控制柜接线端子处进行，重点检查电开水炉（U6、V6、W6）、温水箱（+609、-609）、排风机（U7、V7、W7）、客室电热（+615、-615、+616、-616、+625、-625、+626、-626）、车下电源箱（+603、-603、U1、V1、W1、U2、V2、W2）、空调负载（U11、V11、W11、U12、V12、W12、U14、V14、W14、U15、V15、W15、U16、V16、W16、U17、V17、W17、U18、V18、W18、U19、V19、W19）。柜内配线重点检查+601、-601，+602、-602。在检查过程中注意相应接触器是否吸合对结果的影响。

（二）机车不能同时提供两路电源时

此时，如果综合控制柜的供电转换开关 SA1 置于"自动"位时，控制柜会自动转换到正常的那路电源，同时将空调负载减半载运行，此时为避免机车电源过载，应注意各车厢的负载分配，尽量使每节车厢的总电流控制在 35A 以下，必要时切除一些负载，优先保证充电机、通风、伴热、半冷、半暖负载工作，其他负载酌情考虑。

（三）电源故障指示灯亮

电源 I 路（或电源 II 路）故障指示灯红灯亮，表示该路供电有故障，如果供电转换开关 SA1 置于"自动"位，PLC 会自动切断该路供电接触器，转换到另一路供电；如果供电转换开关 SA1 置于"试验"位，因不能自动切断该路供电接触器，指示灯将显示橙色。一般此故障由电源过压造成，可观察触摸屏上供电信息画面 DC 600 V 供电电压是否超过 660 V，同时用万用表测量+601/-601，+602/-602 之间电压，如果均已超过，应断开 Q1、Q2，并通知机车采取措施；如果触摸屏上显示 DC 600 V 供电电压超过 660 V，但实际测量电源电压正常，再用万用表直流挡测量电压传感器 JK1、JK2 的输出 A1/AGND，A2/AGND，如果输出大于 8.8 V，说明传感器损坏，应更换；如果输出小于 8.8 V，可判断是 PLC 故障，应更换。

（四）Q1、Q2 跳闸

Q1、Q2 跳闸一般由短路造成，此时一定不能立即重新合闸，必须首先观察 KM1、KM2 接触器是否因触头粘连而无法释放，并检查+601/-601、+602/-602 之间有无短路，如果没有短路，则有可能是车下电源箱预充电电路失效，断开 Q3、Q39，其他负载恢复供电。如果 KM1（或 KM2）接触器触头已粘连，则只能合与不粘连的接触器对应的供电开关（Q1 对应 KM1，Q2 对应 KM2），另一个供电开关必须断开，维持供电。如果 KM1、KM2 接触器触头均已粘连，则只能任意选择合一路供电开关，另一个供电开关必须断开，维持供电。车辆入库后，应立即更换接触器。

（五）断路器、熔断器动作

断路器、熔断器动作后，应先检查负载有无短路，相应的接触器有无粘连、烧损，如确认无异常，允许重合闸一次，如果仍有问题，在故障排除前不允许再合闸。

带剩余电流保护的断路器如果动作，还应检查负载对地绝缘是否正常。

（六）本车绝缘故障指示灯亮

请先对本车绝缘进行检查，检查方法：在综合控制柜接线端子处进行，重点检查电开水炉（U6、V6、W6）、温水箱（+609、-609）、排风机（U7、V7、W7）、客室电热（+615、-615、+616、-616、+625、-625、+626、-626）、车下电源箱（+603、-603、U1、V1、W1、U2、V2、W2）、空调负载（U11、V11、W11、U12、V12、W12、U14、V14、W14、U15、V15、W15、U16、V16、W16、U17、V17、W17、U18、V18、W18、U19、V19、W19）。柜内配线重点检查+601、-601、+602、-602。在检查过程中注意相应接触器是否吸合对结果的影响。

如果确认本车绝缘无问题，则可将供电选择开关 SA1 置于"试验 I 路"或"试验 II 路"维持供电。再用万用表直流挡测量电压传感器 JK8 的输出 A20/AGND，DC600 V 绝缘检测装置输出 A12/AGND，如果 A20/AGND 输出大于 150 mA/5 V，说明传感器损坏，应更换；如果 PLC 显示值与 A12/AGND 输出不对应，可判断是 PLC 故障，如果 A12/AGND 输出与 A20/AGND 输出不对应，DC 600 V 绝缘检测装置故障，应更换。

（七）KM3 不吸合，综合控制柜不工作

首先检查 Q20 是否闭合，然后用万用表测量 41 号供电请求线是否有 DC 110 V 电，如果没电，则应检查设有随车工程师办公席车或首（尾）车的综合控制柜 Q18、Q20 是否合上；如果 41 号线有电，再检查 198 号供电允许线是否有 DC 110 V 电；如果没电，则检查 39 芯连接器是否连挂贯通，供电钥匙是否接通。如果 198 号线已有电，但 KM3 仍不吸合，应检查保险管 FU10 是否正常，最终判断 KM3 接触器是否损坏，如果确认 KM3 接触器损坏，可合上 Q19（本车供电试验开关）使综合控制柜工作，入库后更换损坏的器件。

（八）空调故障指示灯亮

空调故障指示灯显示红色或橙色，表示空调系统有故障，可通过触摸屏当前故障界面查看故障信息。

1. 压缩机（空气预热器）过载保护

PLC 自动默认当压缩机（空气预热器）线电流为设定值的 1.5 倍并持续 1 min 时，将对压缩机（空气预热器）进行过载保护，切断相应的接触器。

故障处理：将空调工况转换开关 SA2 置于"试验"位，合上 Q11（或 Q21），使曾故障的压缩机（空气预热器）工作，一方面通过触摸屏查看压缩机（空气预热器）电流，另一方面用钳形电流表分别测量三相电流。当压缩机（空气预热器）1 过载保护，则测量端子排上 U16、V16、W16（U18、V18、W18）的电流，如果钳形电流表测量的数值与触摸屏显示值相符，且超过设定值的 1.5 倍，说明压缩机（空气预热器）1 有故障或设定值过低。如果确认压缩机（空气预热器）1 有故障，应将空调工况转换开关 SA2 置于"试验冷（暖）"位，合上 Q21，断开 Q11，维持运行。如果确认设定值过低，对 PLC 重新设定。当压缩机（空气预热器）2过载保护，则测量端子排上U17、V17、W17（U19、V19、W19）的电流，如果钳形电流表测量的数值与触摸屏显示值相符，且超过设定值的1.5倍，说明压缩机（空气预热器）2有故障或设定值过低。如果确认压缩机（空气预热器）2有故障，应将空调工况转换开关SA2置于"试验冷（暖）"位，合上Q11，断开Q21，维持运行。如果确认设定值过低，对PLC重新设定。

如果钳形电流表测量的数值与触摸屏显示值明显不符，并低于显示值且未达到1.5倍时，应检查JK5U、JK5V、JK5W交流电流传感器状态确认故障后更换。

2. 压缩机（空气预热器）过流保护

实时监测压缩机（空气预热器）的三相工作电流，当测得压缩机（空气预热器）线电流大于等于设定值2倍并持续2 s，将对压缩机（空气预热器）进行过流保护，触摸屏显示故障信息并记录。

故障处理与1相同。

3. 压缩机（空气预热器）三相电流不平衡保护

实测压缩机三相电流值最大（或最小）值与平均值的偏差大于15%时，将在10 s左右切断压缩机电源进行保护，触摸屏显示出相应的故障信息并记录。

实测空气预热器（PTC元件）三相电流值最大（或最小）值与平均值的偏差大于20%时，触摸屏显示出相应的故障信息并记录；当偏差大于等于30%时，应在10 s内切断空气预热器电源进行保护。

故障处理与1相同。

4. 压缩机（空气预热器）缺相保护

首先断开空调机组主空开（Q11、Q21），用万用表检查相应的压缩机、空气预热器有无缺相，如确认某台压缩机因缺相故障应断开该路压缩机（空气预热）三相线路并包扎，在确认其他几台压缩机（空气预热）无故障后，才允许闭合主空开 Q11（Q21）。切忌在未查明原因的情况下将空调转换开关SA3置于试验冷或试验暖位。

5. 热继电器保护

FR11、FR12、FR14（FR15）分别是弱风机、强风机、冷凝风机保护热继电器。当FR14（FR15）保护动作时，同时触摸屏上显示"冷凝风机故障"；当FR11或FR12保护动作时，空调故障指示灯显示红色，同时触摸屏上显示"弱风机故障"或"强风机故障"。故障排除后，方可手动使热继电器复位，重新启动空调。

（九）整列DC 110 V系统严重亏电

整列DC 110 V系统严重亏电将导致列车不能供电。此时，应将全列DC 110 V开关断开（或将机后一号车与二号车之间110 V电力连接线断开），然后将随车工程师办公席车（或机后一号车）的综合控制柜Q20、Q18、Q1、Q2合上，如果机车DC 600 V能送出，则+601/-601 或+602/-602 应有电，此时将 Q1、Q2 断开，将随车工程师携带的 DC

600 V/DC 110 V 应急电源（或外接蓄电池组）接入控制柜，先恢复充电机的控制电源再恢复手动供电"试验Ⅰ路"或"试验Ⅱ路"，当充电机启动工作后，关掉 DC 600 V/DC 110 V 应急电源（或外接蓄电池组），逐节车厢将相应开关合上恢复供电。

四、安全注意事项

（1）使用工具应正确合理，不得损坏工具或使用工具时伤及自身或他人。

（2）正确执行安全技术操作规程。在检修前必须将综合控制柜 Q1、Q2 均处于断开位，并确认车下电源箱电容已完全放电，故障修复完毕后应先检查各部分电气连接是否可靠，确认无误后方可送电试验。

（3）综合柜送电应遵循先送 110 V 再送 600 V 的原则，断电应遵循先断负载、再断 600 V、最后断 110 V 的原则；隔离开关（Q15、Q16、Q25、Q26、Q7）严禁带载、带电操作，FU1、FU2、FU3 严禁带载、带电操作。

（4）按企业文明生产规定，做到场地整洁，工件、工具摆放整齐。操作完毕后应做到工完、料净、场地清，同时必须检查综合控制柜是否锁闭到位。

复习与思考

1. 画出 DC 600 V 供电系统原理框图。

2. 在非电气化区段列车如何供电？

3. 简述电力机车供电装置工作原理。

4. 接触网供电的列车控制电源为什么采用 DC 110 V？

5. TKDT 型铁路客车电气综合控制柜有哪些主要特点？

6. TKDT 型铁路客车电气综合控制柜具备哪 6 大部分功能？

7. 叙述 TKDT 型铁路客车电气综合控制柜自动供电时的工作原理。

8. 叙述 TKDT 型铁路客车电气综合控制柜转换开关"SA1"置于"试验Ⅰ路"时的工作原理。

9. 叙述 25T 型客车空调逆变器的基本原理。

10. 叙述 25T-2×35 kV·A+12 kV·A 逆变器主电路的组成及工作原理。

11. 25T-2×35 kV·A+12 kV·A 逆变器具有哪些保护功能？

12. 25T-2×35 kV·A+12 kV·A 逆变器故障时有哪些对策？

13. 叙述 25T 型客车充电器的基本工作原理。

14. 叙述 CP4-008/600（L）型 DC 110 V 充电机的工作原理。

15. 叙述 TKB2-0035D/DC 110（L）单相逆变器的工作原理。

16. 为什么 25T 型客车控制电路采用 DC 110 V 电源？

Part Ⅵ

项目六
25 型客车
主要电器装置检修

【项目目标】

目标类型	目标要求
知识目标	（1）掌握 25 型客车主要电气装置：电开水炉、集便器、旅客列车信息显示系统、客车增氧系统、电动塞拉门及照明系统的结构组成及工作原理； （2）掌握铁路客车主要电气装置：电开水炉、集便器、旅客列车信息显示系统、客车增氧系统、电动塞拉门及照明系统的技术参数及检修维护作业流程、作业标准； （3）掌握铁路客车主要电气装置：电开水炉、集便器、旅客列车信息显示系统、客车增氧系统、电动塞拉门及照明系统的常见故障分析方法及处理措施
能力目标	（1）具备良好的学习习惯，熟练运用专业术语； （2）能够使用工具完成铁路客车主要电器装置的日常维修、故障检修、定期检修技术作业； （3）能够使用工具完成铁路客车主要电器装置的日常维修、故障检修、定期检修技术作业； （4）掌握铁路客车主要电器装置故障处理技术规范并编制分析报告； （5）掌握铁路客车主要电器装置标准作业流程及方法； （6）能正确操作铁路客车主要电器装置； （7）能对铁路客车主要电器装置常见故障进行处理

续表

目标类型	目标要求
素质目标	（1）坚定理想信念，增强"四个自信"； （2）厚植爱国主义情怀，树牢"四个意识"，爱祖国、爱行业、爱企业、爱岗位； （3）增长知识见识，掌握铁道车辆电气装置检修核心技能； （4）增强综合素质，培养综合能力和创新思维； （5）加强品德修养，培养良好的学习习惯

【项目背景】

在老式客车车辆中，电能只用于照明、电扇与电动水泵。现代客车为了提高对旅客的服务水平，创造舒适的旅行环境，保证运输安全，在车辆上安装了电气照明、电热水器、空调装置、播音通信、闭路电视、轴温检测与报警及安全监测和自动控制等装置。电能在客车上的使用日益增加，用电装置也有了很大的变化，技术性和服务性有了明显的提高。

车辆的用电装置包括以下几类。

（1）照明电光源。现代客车主要采用交流荧光灯，特殊部位和事故灯采用白炽灯。光源的形状和规格很多，如棒形、椭圆形、球形、环形和 U 形等。照明电光源在使用过程中，白炽灯为电阻性负载，荧光灯在低频工作时则为电感性负载。

（2）空调装置。主要是制冷压缩机、冷凝器风机和空调通风机的直流或交流电动机、取暖加热用的各种管式电热元件以及电磁控制元件等。由于这些电动机和电热元件所消耗的功率较大，因此，空气调节与制冷装置的电气设备成为车辆主要的电气负载。它不仅要求解决较大的供电容量，而且还要解决启动和保护问题。

（3）满足旅客和乘务人员在途中生活需要的饮食和卫生设备。包括电开水炉、电冰箱、电动吸尘器和电气集便器等，其中电气集便器是涉及客车密封的重要装置之一。另外，某些包间式客车，还要适当配有手机、便携式计算机和电动剃须刀的电源。

（4）列车电视、播音和通信设备。其中，包括闭路电视，收、扩、录、放多用机，列车有线电话和无线电话等。这些设备需要电压和频率比较稳定的正弦交流电或平稳的直流电。为此，车上还设有专用的交流或直流稳压电源。

（5）普通客车使用的电扇与离心式水泵电动机，电煤两用炉以及附属的各种电气设备。

（6）各种特殊用途的专用车辆所带有的专用电气设备，如接触网检查用的不间断电源（UPS）等。

（7）高原列车制氧系统。

【建议学时】

10 学时

任务一　KSL3 型电开水炉

任务描述

客车电开水炉在铁路空调客车上获得广泛使用，与以往的燃煤开水炉相比，具有明显的优点：能自动、连续地供应开水；使用卫生，安全、可靠；体积小，占地面积少；无噪声，无污染，外形美观。

目前，运用中的电开水炉种类较多，从总体上可分为电热式电开水炉和电磁式电开水炉两大类。

KSL3 型电开水炉属于电热型开水炉，采用了全自动沸腾翻水原理，把生水与热水分开，可连续向旅客提供清洁卫生的饮用开水。

本任务主要介绍 KSL3 型电开水炉的结构、工作原理、开水炉的检查及操作。

相关知识

一、电开水炉结构及工作原理

KSL3 型电开水炉的结构如图 6-1 所示。它主要由过滤器、浮子阀、炉胆、满水保护器和缺水保护器等组成。

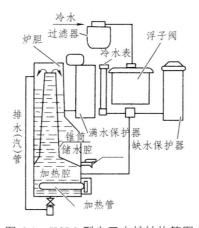

图 6-1　KSL3 型电开水炉结构简图

（一）过滤器

过滤器是一个净化冷水的装置，图 6-2 所示为其结构简图。冷水自车上的水箱进入后，经过滤器件、滤水管进入滤杯，然后通过滤网净化后沿出口流出，进入浮子阀。

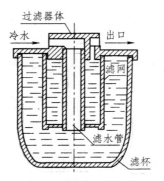

图 6-2　过滤器结构简图

(二) 浮子阀

浮子阀是实现电开水炉自动补充冷水的关键部件，其简图如图 6-3 所示。它主要由进水阀、阀垫、顶杆、浮球和外筒等组成。起初注水时，冷水自过滤器由顶部的进水阀流入 (此时阀垫处于虚线位置)，随着冷水的不断注入，阀内水位越来越高，浮球逐渐浮起，当水位高至一定位置时 (此时炉胆加热腔中的水位在接近锥筒顶端约 40 mm 处)，浮球带动阀垫升至实线位置，并顶在进水阀的阀口上，将进水口关闭，此时即所谓"封水"状态，表明冷水暂停供给。这时接通电源，加热管对冷水开始加热。直到水烧开后，这种"封水"状态才会被解除。

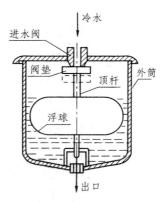

图 6-3　浮子阀结构简图

(三) 炉　胆

炉胆如图 6-1 所示，是加热冷水和储存开水的不锈钢容器。它主要由储水腔、加热管 (电加热管、锥筒) 组成。

冷水在加热腔内被加热，体积逐渐膨胀，继续加热，水开始沸腾，并由顶部翻出进入储水腔。由于加热腔与浮子阀是连通的，所以浮子阀水位下降，浮球下沉，"封水"状态被解除，进水阀开启，冷水又进入，重复上述过程。

在反复的"封水"和开启 (注水) 过程中，加热腔里的水始终被连续加热和"翻水"

直至储水腔充满开水，这种结构把烧开的水和正在加热的水分置在两个水腔中，巧妙地实现了自动化补水，同时不必担心水是否烧开。

（四）满水保护器和缺水保护器

（1）满水保护器。满水保护器结构如图6-4所示，它固定在炉胆外面，与储水腔连通。当储水腔内开水充满时，满水保护器内的水也满了，这时浮球被浮起，并带动顶杆顶动上面的微动开关杠杆使其动作，使外接控制线路断电，从而起到满水保护作用。如这时有人饮用开水，则储水腔内水位下降，满水保护器外筒内的水位也随之下降，使浮球带动顶杆也下降，并离开微动开关杠杆，微动开关又动作，且重新接通电源，继续加热。

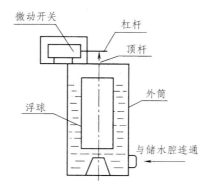

图6-4 满水保护器结构示意图

（2）缺水保护器。缺水保护器结构如图6-5所示，它是与浮子阀和加热腔连通的。缺水时，缺水保护器中的浮球随水位下降。当降至低位（实线位置）时，浮球中的环形磁铁与外管内的干簧继电器作用，使常闭触点离开而常开触点闭合，切断加热电路并接通报警电路，起到缺水保护的作用。

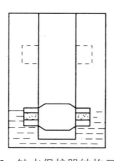

图6-5 缺水保护器结构示意图

综上所述，电开水炉烧水全过程为：冷水从车上水箱经由过滤器进入浮子阀，然后进入炉胆加热腔，当水位达到规定的水位线后，在浮子阀作用下进入"封水"状态，注水停止，电热管开始加热，当水加热沸腾后，进入"翻水"状态，开水流入储水腔，浮子阀重新开启，冷水又进入加热腔，开始进入注水→封水→翻水等循环过程。整个过程连续不断地自动进行，满水保护器和缺水保护器起保护作用。

二、电开水炉检查及操作

（一）使用前的检查

（1）各部电气连接可靠，绝缘电阻≥20 MΩ。

（2）排气管应直通大气，不允许有堵塞现象。

（3）电开水炉送电前各阀的状态，排污（水）阀、排水阀、热水水嘴关闭；过滤器、冷、热水表阀开启。

（二）使用操作

（1）注水。开启车上供水阀，向电开水炉注水。冷水经过滤器，浮子进水阀注入沸腾腔。水位达到冷水表下红色标记处时，注水自动停止。

（2）加热。

①合上配电室内电开水炉电源空气开关，配电箱红色指示灯亮，电源接通。

②将配电箱上开关置于"通"位，绿色加热指示灯亮，加热开始。

③当热水水位达到热水表红色标记时，把加热开关置于"断"位，停止加热。

④车上水箱无水时，缺水报警器发出声光报警，并自动切断电热电源。此时，须将配电箱开关置"断"位，切断控制电源，报警随之停止。

（三）维护与保养

（1）当过滤器中的杂质较多时，应清洗过滤器。

（2）清除水垢。

（3）定期对配电箱各接线柱，接触器接线端子进行检查，不允许有松动、虚接现象。

（四）注意事项

（1）开水炉无冷水时，严禁使用。

（2）库停或夜间暂停使用时，须切断电源开关。

（3）若长期不使用时，应排净炉内及管路中的存水，切断电源开关，关闭车上供水阀，打开集尘器进水阀、排污（水）阀及排水阀。

（4）出现故障时，须立即切断关闭滤尘器进水阀，然后请有关人员检查处理。

（5）装车前检查向开水炉注水时，应采用专用水箱，绝对不能用自来水直接向开水炉注水。

任务二　TCL-12型电开水炉

任务描述

TCL-12全自动电开水炉是为了适应铁路客车供水需要而研制的新一代专利供水设备。该设备利用列车集中供电电源，采用先进的水电隔离高频逆变感应加热技术和非接触水位检测技术，取代了传统电开水炉中易失效的电热管和水位探针，具有安全节能、维护周期长的特点，且内外胆用不锈钢材质制成，生水和开水隔开，可无人值守连续供应经电磁消毒处理的新鲜保健磁化开水。本任务主要介绍TCL-12型电开水炉的结构、工作原理、常见故障及检修方法。

相关知识

一、TCL-12型电开水炉结构

TCL-12型电开水炉由嵌入式面板、柜体、水位传感器、电磁阀、产水箱、储水箱、加热腔、电气控制箱等部件组成，其结构如图6-6所示。

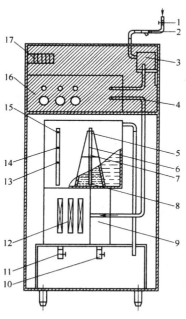

1—进水阀；2—过滤器；3—电磁阀；4—电气箱出水管；5—产水箱上水位；6—产水箱水位显示及传感器组件；
7—产水箱中水位；8—产水箱下水位；9—加热腔；10—产水箱排污阀；11—储水箱排污阀；12—加热器；
13—储水箱下水位；14—储水箱中水位；15—储水箱上水位；16—电气箱4；17—接线端子。

图6-6　TCL-12型电开水炉结构

电气控制箱是开水炉的功能控制部件，决定功率输出，与水位传感器配合，具有开水炉过热、过流、缺水保护等多种功能。

产水箱用于存放生水，与加热腔相连。

加热腔中装入加热线圈，在交变电场作用下，产生磁场，生成涡流，是热源。

储水箱用来存放开水，外接水位传感器，产生水位信息，控制开水炉的加热与关闭。

TCL-12 型电开水炉的主要技术参数见表 6-1。

表 6-1　TCL-12 型电开水炉的主要技术参数

项目	参数	项目	参数	项目	参数
电压	AC 3×380 V/50 Hz　三相四线制	功率	4.5 kW	产水量	≥40 L/h
整机绝缘电阻	冷态≥2 MΩ，热态≥0.5 MΩ	出水水温	≥95 ℃	补水装置	电磁阀
整机电气强度	50 Hz、1 760 V、1 min 无击穿、闪络现象	降温速率	≤5 ℃/h		

二、性能特点

（1）高效节能。采用技术先进的高频逆变感应加热原理，水电隔离，节能、热效率高、产水量稳定、结垢少。

（2）清洁卫生。无污染气体产生，放水嘴出水是刚沸腾、经电磁波杀菌、消毒的新鲜磁化开水。

（3）除垢简单。因采用水电隔离的感应加热原理，污垢细而少，打开排污阀即可达到除垢效果，节省了排污费用并降低了劳动强度。

（4）自动控制。全自动连续工作，减轻工作人员的劳动强度，具有瞬间过压过流保护、功率器件超温保护、断水保护、缺水自动进水、水位显示等功能。

（5）采用非接触磁敏水位检测技术，有效解决了通常用水位探针，因带电离子沉淀加速产生水垢导致控制失效的问题。

三、工作原理

（一）电气控制原理

电开水炉电气主回路主要由断路器、熔断器、整流桥逆变器和感应线圈等部件组成，如图 6-7 所示。三相交流电源经断路器、熔断器进入电控箱，再经三相整流桥转变成 500 V 左右直流电，由全桥逆变器把直流电转变成 25 kHz 左右的高频交流电，供给感应线圈，在产水箱腔体中产生涡流并使之发热，将水烧开。

（二）水位控制原理

电磁阀通电后，冷水经过滤器、电磁阀、电气箱冷却管注入产水箱，当达到产水箱上水位时电磁阀关闭，停止进水并开始加热，水沸腾后从翻水膨胀筒上端跃出，进入储水箱，使产水箱水位下降，当降至产水箱中水位时电磁阀打开补水，至上水位时停止补水。当储水箱水位上升到上水位时，表明储水箱内开水已满，停止加热，自动进入保温状态。当取用开水使储水箱水位降至中水位时，再次开始加热。如此重复即可连续不断地供应开水，如图6-8所示。

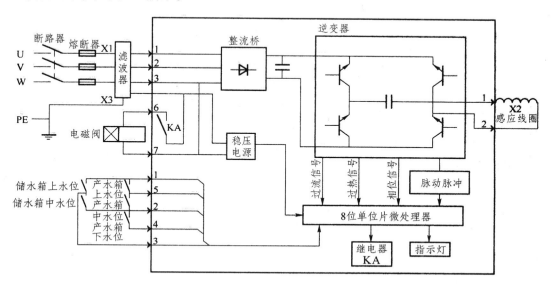

图6-7　TCL-12型电开水炉电气控制原理

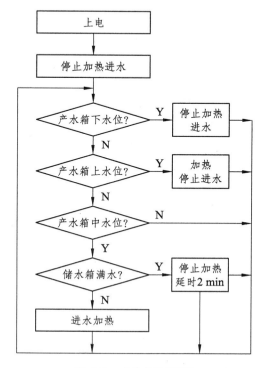

图6-8　水位控制原理

(三) 自动保温原理

开水炉由单片机微处理器设置了自动保温程序,在储水箱满水位时能自动进入保温状态。即开水炉在关断 3 min 后,能自动自行开启加热 (8 s),这样能保证储水箱中水温达到 95 ℃ 以上。

(四) 二次保护 (防干烧) 原理

开水炉具有一二次缺水保护装置,即当产水箱水位下降至中水位时,开水炉迅速进入补水程序,停止加热。开水炉还设置了压力温度控制器,在水位传感器失灵或发生器件损坏等突发情况下,水箱内缺水甚至无水时,装在加热腔中的温度控制器因加热腔迅速升温而进入保护状态,以防止损坏加热线圈。

四、常见故障及检修方法

当发现电开水炉工作异常时,应首先检查三相电源是否缺相,进水管、过滤器是否脏堵、水压是否正常。其他常见故障与处理方法见表 6-2。

表 6-2　TCL-12 型电开水炉常见故障及检修方法

故障原因	故障现象	检查方法	处理方法
电磁阀关闭不严	出水温度低 排气管溢水多	断电后是否仍进水	清除阀芯内异物或 更换电磁阀
水位显示及传感器组件失效	出水温度低 排气管溢水多	虽然产水箱水位在上水位, 但电磁阀指示灯仍常亮	更换水位显示及 传感器组件
感应线圈与加热腔绝缘击穿	工作指示灯连续闪烁	拔下 X2 插头用 1 000 V 兆欧表检查	更换线圈
感应线圈开路	工作指示灯亮 但不加热	拔下 X2 插头用万用表检查	更换线圈
电控箱损坏	熔芯熔断	更换熔芯又立即熔断	更换电控箱
	工作指示灯连续闪烁	拔下 X2 插头用 1 000 V 兆欧表 检查感应线圈与腔体绝缘良好	

任务三　客车集便器

任务描述

为了减少旅客列车对铁路沿线的环境污染，特别是当车速超过 120 km/h 时，客车在高速下运行，厢体内极易形成负压，造成大量杂物飞入。为防止污物、气味返回车内，空气由排污口回流，保证车内的舒适性，新型客车都安装了客车集便器。目前，使用较多的是真空集便器。本任务主要介绍 MONOGRAM 真空便器的结构、真空集便装置系统试验检查。

相关知识

一、MONOGRAM 真空集便装置结构组成

蹲式真空便器如图 6-9 所示。

二、MONOGRAM 真空集便装置系统试验检查

（一）地面试验

地面配套试验必须将原车的污物收集系统、遥控操作机组、FCU、信号控制箱、单相逆变器等配套测试，各部状态须正常。

1. 真空开关测试

真空开关压力设定为 5.5～9.5 英寸汞柱，真空度为（9.5±0.5）英寸汞柱时，喷射器须中断；真空度为（5.5±1）英寸汞柱时，喷射器须启动。

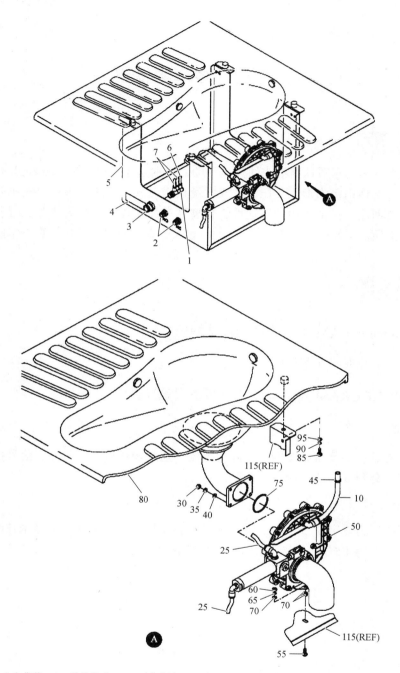

1—3 向集管；2—联管接头；3—阳管接头；4—标签；5—安装框架；6，7，10，25—软管；
30—平头六角螺母，CRES；35，65，90—弹簧自锁垫圈；40，70，95—平垫圈；
45—管扣；50—冲便阀装置；55—六角螺钉；60—平头六角螺母；75—O 形圈；
80—便斗装置；85—六角螺钉；115—安装框架。

图 6-9 蹲式真空便器

座式真空便器如图 6-10 所示。

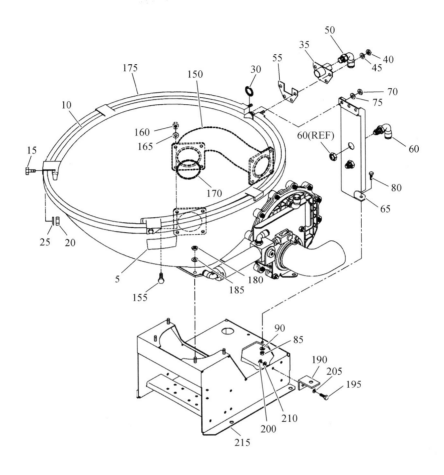

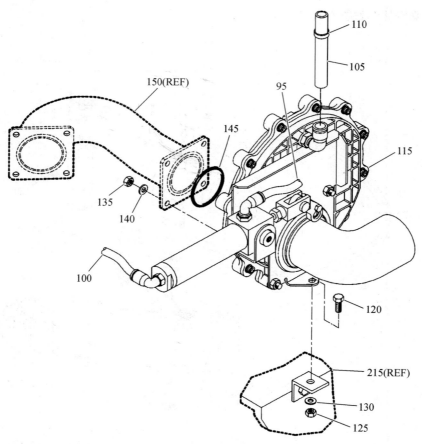

5—便器标签；10—冲洗环；15—螺栓；20—自锁螺母；25—平垫圈；30—O 形圈；35—冲洗环适配器；
40—自锁螺母；45—平垫圈；50—90 度阳格弯头；55—垫圈；60—90 度阳弯头；65—便斗支架；
70—自锁螺母；75—平垫圈；80—六角螺栓；85—自锁螺母；90—平垫圈；95—管；100—管；
105—管；110—管扣；115—冲便阀装置；120—六角螺栓；125—自锁螺母；130—平头垫圈；
135—自锁螺母；140—平头垫圈；145—O 形圈；150—便斗弯头；155—六角头螺栓；
160—自锁螺母；165—平头垫圈；170—O 形圈；175—便斗；180—自锁螺母；
185—平头垫圈；190—外壳支撑架；195—六角头螺栓；200—自锁螺母；
205—平头垫圈；210—平头垫圈；215—便器支架。

图 6-10　座式真空便器

污物收集部件如图 6-11 所示。

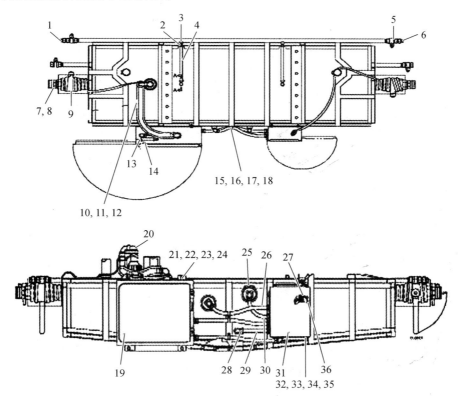

1，6，7—排放调试器；2，10—软管夹；3—软管倒钩；4—冲洗软管；5—球阀，1 英寸 IPS；8—六角衬管；
9—球阀，3 英寸 IPS；11—真空软管；12，14—绝缘软管；13—导管，3/8[9.65]外径；15—线夹；
16，22，33—平垫圈；17，23，34—弹簧自锁垫圈；18—皿形头螺钉；19—真空发生器控制柜；
20—水分离器；21，32—六角螺栓；24，36—六角平头螺母；25—浮动开关组合；
26—1/2"柔性导管；27—环形端子；28—90°接头；29，30—1/2"柔性导管；
31—系统控制器组合；36—线扣。

图 6-11　污物收集部件

真空发生器控制柜如图 6-12 所示。

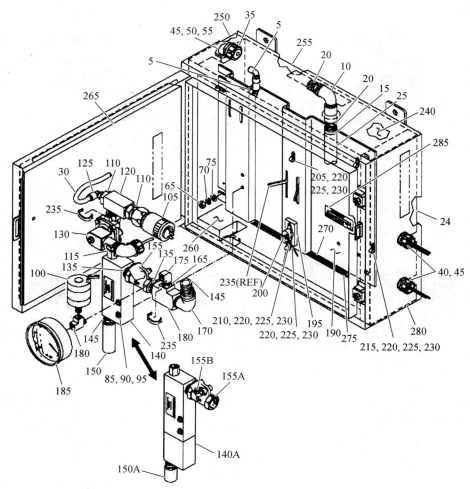

5，125—90°阳形弯头；10，170，175—内外丝弯头；15—软管夹；20，145—软管倒钩；25—真空软管；30—软气管；
35—90°线长；40—导管直接头；45—密封垫圈；50—防松螺母；55—绝缘套管；60，80—空气控制组成附属件；
65—六角螺母；70，90—弹簧自锁垫圈；75，95—平垫圈；85—皿形头螺钉；100—真空开关；105—压力开关；
110—六角内接头；115—真空发生器；120—分流 T 形管；130—气阀；135—螺纹管接头；140，140A—喷射器；
150，150A—排放软管；155，155A—摆门止回阀；155B—摆门止回阀附属件；160，180—三通；165—异径管接头；
185—真空表，0～30IN，HG；190—底板；195—温控器挡板；200—温控器；205，210—线夹；
215—线夹附属件；220—皿形；270—伴热线；275—电线带；280—控制柜。

图 6-12　真空发生器控制柜

系统控制器如图 6-13 所示。

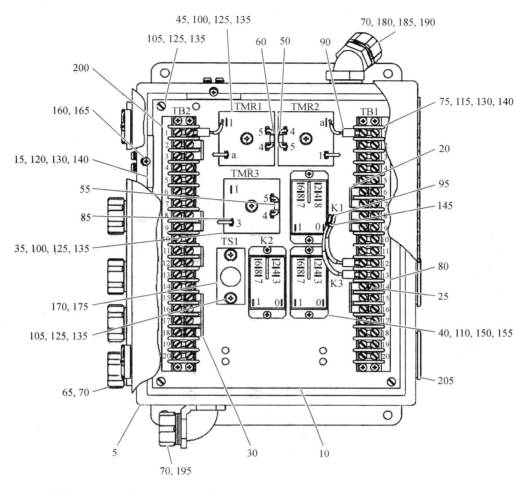

图 6-13　系统控制器

5—控制柜；10—控制板；15—门锁开关；20, 25, 30—端子排跳板；35, 45—计时器；40—继电器；
50, 55, 60—计时电阻；65—导管直接头；70—密封圈；75—端子板；80, 200—标志牌；85—速断凹形接头；
90—环形端子；95—标识套管；100, 105, 110, 175, 120, 160—皿形头螺钉；125, 130, 150—平垫圈；
135, 140—弹簧自锁垫圈；145—线扣；155—弹簧自锁垫圈；165—螺母；170—温控器；175—温控器挡板；
180—45°线长；185—锁定螺母；190—绝缘衬套；195—90°导管接头；205—过线孔密封圈。

蹲式/座式便器遥控操作机构如图 6-14 所示，增压器如图 6-15 所示。

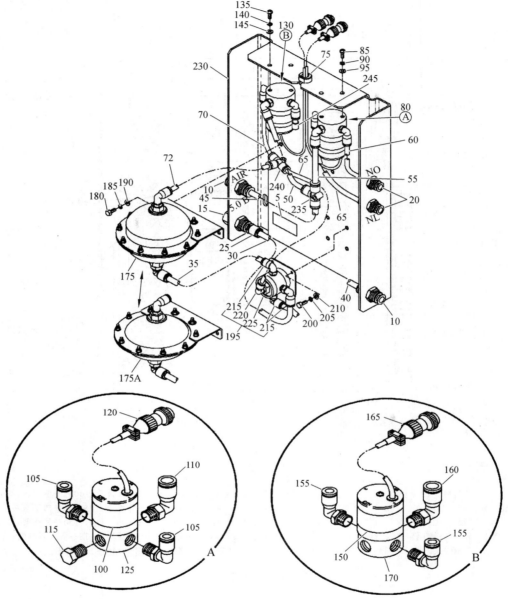

5—标识标签；10，15，20，25—联管接头；30—软管（3/8 外径×8.0 长）；35—软管（3/8 外径×3.0 长）；
40—软管（3/8 外径×4.2 长）；45—软管（3/8 外径×10.8 长）；50—软管（3/8 外径×6.7 长）；
55—软管（1/4 外径×4.5 长）；60—软管（1/4 外径×6.0 长）；65—软管（1/4 外径×9.5 长）；
70—软管（1/4 外径×4.5 长）；72—软管（1/4 外径×2.0 长）；75—线长；80—空气阀冲便阀启动附属件；
85，135—皿形头螺钉；90，140，185，205—弹簧自锁垫圈；95，145，190—平垫圈；100，150—识别标签；
105，110，155，160，215，220—90°阳弯头；115—限流器；120—7 针插具配套；125，170—电磁阀；
130—冲洗增压器空气阀附属件；165—4 针插具配套；175—冲洗增压器装置；180，200—六角头螺钉；
195—冲洗阀装置附属件；225—冲洗阀；230—安装架；235，240—T 形三通接头；245—管孔堵。

图 6-14　蹲式/座式便器遥控操作机构

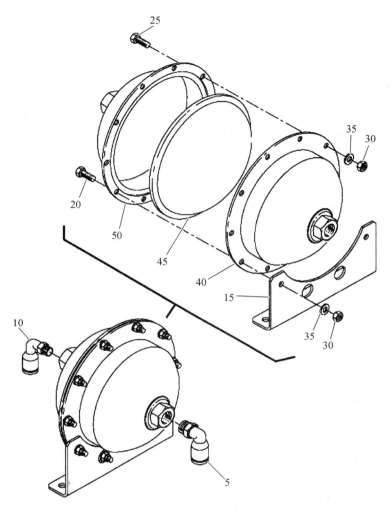

5，10—90°阳弯头；15—增压装置支架；20，25—六角头螺栓；30—自锁螺母；
35—平垫圈；40，50—增压器外罩；45—膜片。

图 6-15　增压器

2. 启动调试

（1）污物箱排污阀、排气阀、冲洗阀须关闭。

（2）接通系统电源，控制器端子 TB1-1 与 TB1-13 间控制电压须为 AC 198～242 V。

（3）系统供电，控制门关闭时，系统将开始产生真空。当真空发生器停止工作后，真空度上限值须为（9.5±0.5）英寸汞柱。

（4）缓慢打开排气阀以降低真空度。当真空发生器开始工作时，真空度下限须为（5.5±1）英寸汞柱，当空气阀打开后，排气阀须关闭。

注意：① 测试可反复进行，以确保获得正确值。

② 真空开关须预先设定好[关闭点：（5.5±1）inHg①，开启点：（9.5±0.5）inHg]，不需要调整。

3. 真空泄漏测试

（1）关闭污物箱各球阀。

（2）调整系统真空度为（9.5±0.5）inHg，并保持系统真空度稳定，2 min 后记录真空度。

（3）在不影响系统的情况下，继续保持系统真空度稳定，并不得振动真空表，15min 后记录真空度。

（4）比较两次记录真空度，其差值不得大于 1.5 inHg。

4. 便器功能测试

每个便器进行 2～3 次冲洗循环操作，便器冲洗须正常。

5. 喷射器超时测试

打开真空发生器空气电磁阀并开始计时，排气阀保持打开状态。120s 后，空气电磁阀须关闭，喷射器超时指示灯亮。

6. 污物箱加热测试

启动加热装置，集便显示器加热指示灯亮，用电流表检测电源线须有电流变化。

7. 污物箱满测试

（1）调整系统真空度为（9.5±0.5）inHg。

（2）连接污物箱冲洗阀与外部水源。

（3）打开 1 个排气阀和与水源相连的冲洗阀（此过程中，由于真空泄漏，真空发生器空气阀会打开，大约 120 s 后将会关闭）。

（4）冲洗系统须无漏泄。

（5）当水位高度达到 80%液位时，80%液位指示灯亮。按下冲洗按钮，便器须动作。

（6）当水位高度达到 100%箱满时，100%箱满指示灯亮。

（7）当箱满液位指示灯显示时，关闭冲洗阀和排气阀。按压冲洗按钮，便器须无动作。

（8）污物箱须无漏泄。

（二）装车后调试

装车后进行各项调试。进行污物箱满测试时，可通过如下方法模拟以取代注水：打开系统控制箱接线箱盖，分别短接 80%传感器和箱满传感器，检查液位指示灯是否显示。

MONOGRAM 真空集便器（20000 系列）电气接线如图 6-16 所示，电气原理如图 6-17 所示，发生器柜和系统控制柜接线如图 6-18 所示，系统控制接线如图 6-19 所示，便器控制单元电路连接如图 6-20 所示。

——————————

① 1 inHg=3.378 kPa。

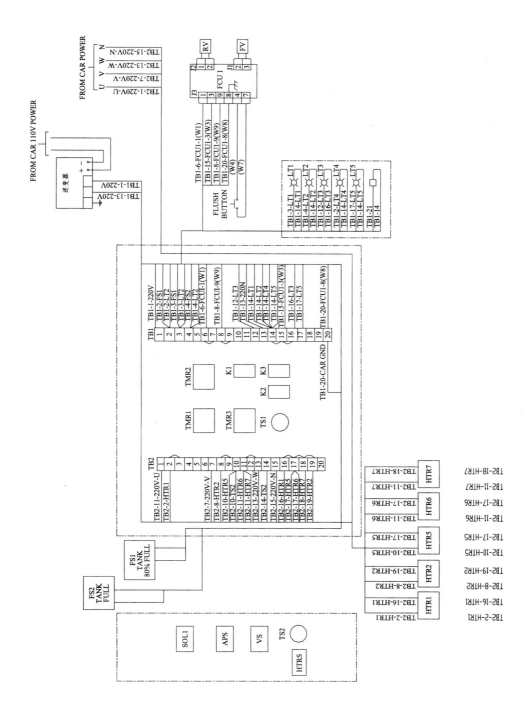

图 6-16　MONOGRAM 真空集便器电气接线

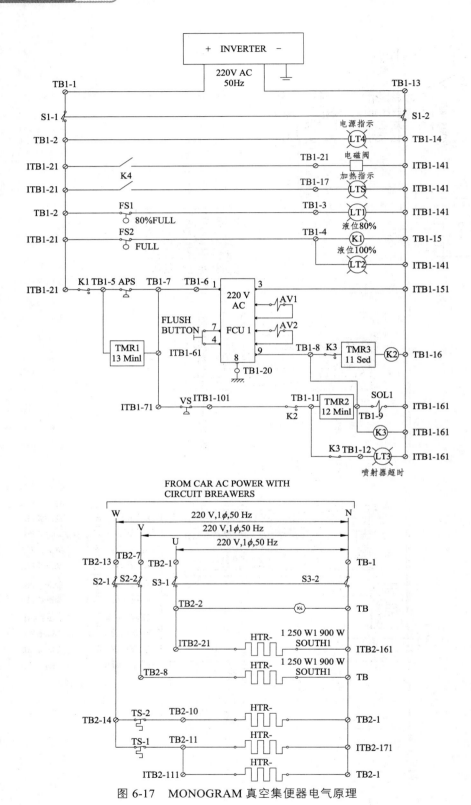

图 6-17　MONOGRAM 真空集便器电气原理

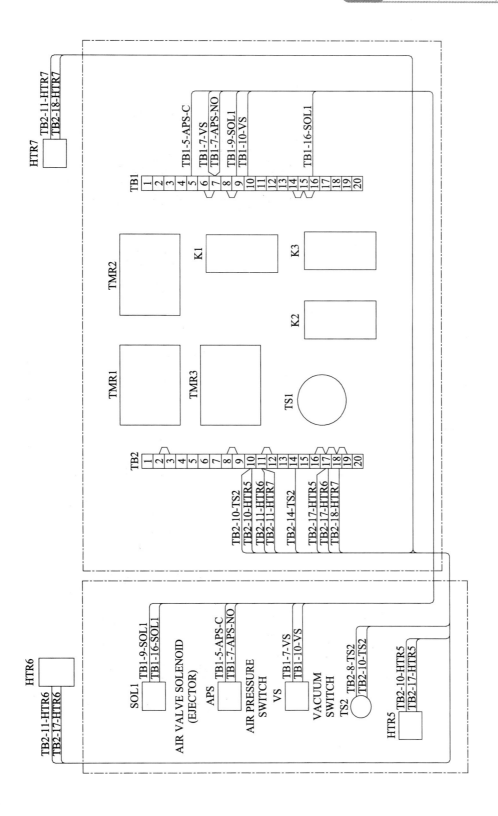

图 6-18 发生器柜和系统控制柜接线

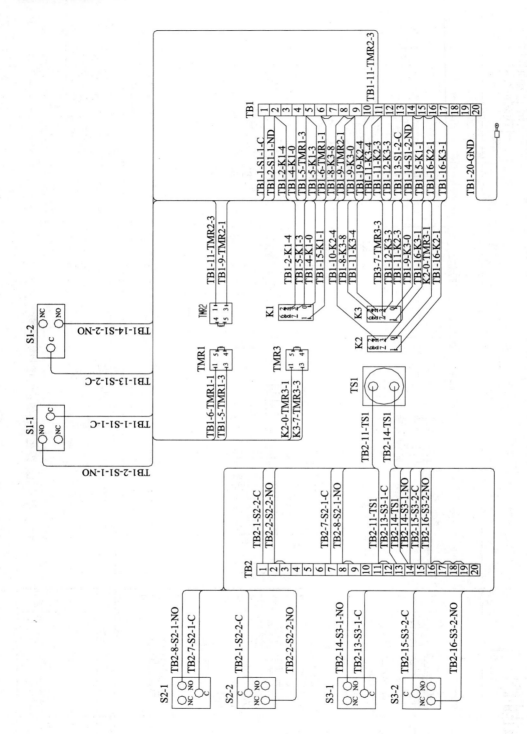

图 6-19 系统控制接线

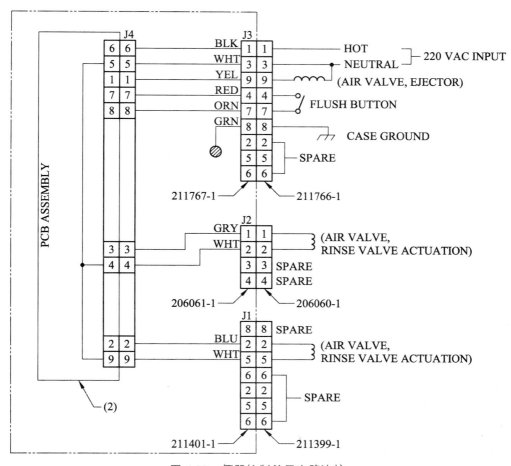

图 6-20　便器控制单元电路连接

三、真空集便装置检修（统型 A2 修）

真空集便装置检修见表 6-3。

表 6-3　真空集便装置检修

适用范围	适用于客车真空集便器 A2 修程检修（统型）
安全注意 事项	1. 按规定要求穿戴好劳动防护用品。 2. 搬运各种零部件时轻拿轻放、严禁抛掷。 3. 正确使用工装、设备。 4. 检修过程中，配件不得落地。 5. 作业人员应戴橡胶手套、穿橡胶靴
作业流程	作业准备→预检→便盆检修→冲洗装置检修→真空发生装置检修→气、水管路检修→控制系统检修→调整各部设定值→填写记录→完工整理

适用范围	适用于客车真空集便器 A2 修程检修（统型）
工具材料	工具：螺丝刀、点检锤、扳手、电工工具、毛刷、钢锯条、万用表等。 材料：喷嘴、增压器、过滤减压阀、冲便阀、排泄阀、止回阀、滤芯、滤器网等
工序	作业内容及标准
1. 作业准备	（1）穿戴劳动保护用品。 （2）检查工装设备，各工具、工装及设备状态良好，仪表计量检定不过期
2. 预检	车辆入检修库后，对真空集便装置通风、通电预检，并做原始记录
3. 便盆检修	（1）用清洗剂清洁便盆，检查便盆各部件状态，要求状态良好，无变形、破损、泄漏。 （2）可拆解的冲洗喷嘴分解清洗，不良时更新。 （3）清洗后检查冲洗喷嘴连接软管管路无老化、破损、漏泄，不良时更新。 （4）安装后调整喷嘴位置，保证冲洗作用良好
4. 冲洗装置检修	（1）检查水增压器、过滤减压阀、冲便阀配件齐全，作用良好，不良时分解检修或更换；管系连接无漏泄。 （2）检查各部无破损，作用不良时分解检修。 （3）检查排泄阀有无破损，作用不良时分解检修，分解时更新橡胶件和压缩弹簧。 （4）分解清洗止回阀，作用不良时更换。 （5）具有臭气过滤器的真空发生器组件更换滤芯
5. 气、水管路检修	（1）检查各气、水管路安装牢固，管系老化、变形、龟裂、漏泄或不良时更新。 （2）清理气、水过滤器网内部水垢、杂质，滤网不良时更新
6. 真空发生器检修	（1）清洗真空发生器，作用不良时分解检修。 （2）检查摆门止回阀作用良好。 （3）检查过滤调压阀，作用不良时分解检修
7. 控制系统检修	（1）检查真空集便显示器、真空发生器控制柜、系统控制器门锁、门止、折页、插销等齐全良好，更新密封层。 （2）检查各柜门开关灵活，关闭严密，无变形、破损、翘起，不良时调修并补漆。 （3）检查电气控制柜内部电器件接线紧固，各部无烧损，配线排列整齐，信号显示正确；柜体安装螺栓齐全，紧固无松动。 （4）清洁真空发生器控制柜内空气电磁阀外表面

续表

工序	作业内容及标准
8. 调整各部设定值	（1）检查调整真空开关设定值，开启点为（-15±3）kPa，关闭点为（-25±3）kPa。 （2）检查调整温控器设定值，开启点为（3±1）℃，关闭点为（8±1）℃。 （3）检查调整压力开关设定值，工作值为 300～350 kPa，保护值不大于300 kPa。 （4）检查调整过滤调（减）压阀设定值，一级为（500±20）kPa，二级为（350±20）kPa
9. 填写记录	填写检修记录单，要求记录字迹清楚、准确、不漏项、不得涂改，纳入单车档案
10. 完工整理	（1）将所有作业工具擦拭干净。 （2）清点回收作业废料并送废料间，要求领用材料与回送废料数量一一对应。 （3）清理作业现场，做到工完料净场地清

任务四　旅客列车信息显示系统

任务描述

旅客列车信息显示系统采用 GPS 全球卫星定位技术，以 LED 显示界面，全自动报告旅客关心的运行信息：列车当前到站、前方到站、正晚点情况、当前时间、运行速度、停车时分等，把计算机集中控制的信息系统应用于列车。全球卫星定位系统在列车上的应用，能使旅客随时掌握旅行中的实时信息，提高了列车服务质量。本任务主要介绍旅客列车信息显示系统的结构组成、工作原理、主要设备及检修。

相关知识

一、旅客列车信息显示系统结构组成

（一）系统的组成

旅客列车信息显示系统由主控站、LED 信息显示屏、顺号调节器、数据通信线路等组成。整个系统以主控站为中心，顺号调节器为节点，显示屏为控制对象，如图 6-21 所示。主控站接收的信息或顺号调节器产生的信息通过车厢显示屏显示出来，旅客信息系统的传输是通过车端 KTL39D 连接器全列贯通。车厢显示屏显示列车有关运行信息、车厢号、厕所有无人等信息。

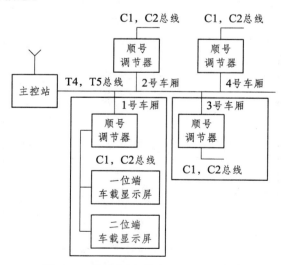

图 6-21　旅客列车信息显示系统组成

该系统具有较强的可扩充性，其他输入输出设备只要符合本系统的通信协议，均可挂接。

系统通信采用 RS-485 总线标准，最大传输距离可达 1.2 km，该总线不仅可以传输显示屏信息，还可与其他输入输出设备联网通信。

系统中的通信对象以顺号调节器为主体单元，车厢中的所有输入和输出设备都可以经由顺号调节器与主控站通信。主控站和顺号调节器共同构成网络的分布式控制，使系统集散性好，通信可靠，性能稳定，总线负载轻，分布合理，维护方便。

（二）系统的工作原理

旅客列车信息显示系统主控站通过安装在列车顶部的 GPS 天线接收卫星发送的数据，然后由主控站进行处理，与事先存储在存储器内的列车运行信息进行比较，生成列车运行时的动态的公共信息，这些公共信息包括：

（1）当前时间、日期和星期。

（2）前方到达车站名，准点时间和停留时间。

（3）列车运行速度。

（4）车厢外温度。

（5）列车运行状态（包括晚点信息和临时停车信息）。

公共信息一方面在主控站的液晶显示器屏幕上显示，以便让广播员掌握列车运行状况。另外，主控站通过总线扩展板上的 RS-485 串口把这些信息发往专用通信电缆，将信息传递到配在各车厢两端的显示屏，由显示屏上的 RS-485 串口接收信息，并由 LED 点阵块显示，以便让旅客即时掌握列车运行状况及到站信息。除了发送公共信息外，主控站还定时发送其他一些固定信息，如列车编组情况，运行线路和车次等信息，充分满足旅客这方面的信息需求。正常运行情况下的界面示例如图 6-22 所示。

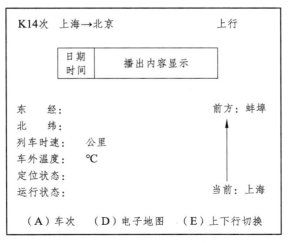

图 6-22　显示界面

显示屏除了显示主控制器来的流动信息外，还具有车号、禁烟、厕所有无人等固定信息的显示。旅客们无论白天、晚上都能从旅客列车信息显示系统得到相关的信息，方便了旅行生活。

（三）系统主要设备

系统主要设备包括主控站、信息显示屏及附件、顺号调节器。

1. 主控站

主控站有整体式和分体式两种。分体式的主控站安装在列车播音箱内，作为播音箱的部件安装。整体式主控站则独立安装于列车播音室。

主控站作为旅客列车信息显示系统的心脏设备，由 GPS 天线、GPS 接收机、外温传感器、工业控制机（计算机）系统及通信接口组成，其结构组成如图 6-23 所示。

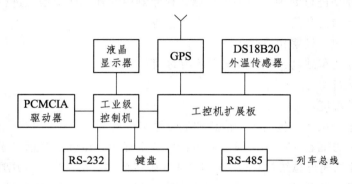

图 6-23 主控站结构组成

主控站是以工业控制机为基础单元，GPS 卫星接收机和外温传感器为数据采集单元，将接收的卫星信号和外温信息经工业控制机处理并编辑后，通过通信接口发送到各车厢显示屏上去。

主控站采用适合车载恶劣环境条件及工况的工业控制级计算机，结构紧凑、可靠性高。主控站具有良好的人机交互功能，友好的图形界面，向用户提供了极大的操作方便性。

主控站的信息输入途径为 PCMCIA 卡预先编排和键盘即时人工干预。

外温传感器及键盘接口处理采用单片机结构，能够直接读取外温及触摸键的代码信息，并把相关的信息通过串行口传给主控站。

主控站上的 GPS 卫星定位系统，可以跟踪接收 24 颗公共导航卫星所发送的定位高频信号，经转换后每秒从其输出口直接输出标准格式的定位信息。主控站接收这些信息后，按照定位算法直接计算出列车所处位置，前方车站序号、速度、日期和时间，并判断列车运行状态。这些信息经列车总线发送到各个显示屏上。主控站工作时，将 GPS 天线接收卫星发送的数据、外温传感器接收的数据，经处理后用中文（或英文）显示出来。主控站软件运行框图如图 6-24 所示。

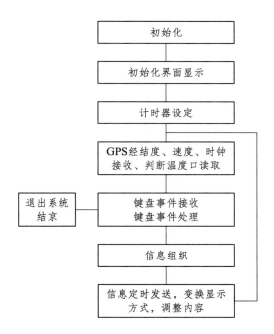

图 6-24 主控站运行框图

2. 信息显示屏及附件

信息显示屏主要由以下几个部分组成：显示面罩、机芯结构、主控板、显示驱动模块、发光二极管。

客车信息显示屏以单片微型计算机为控制中心，发光二极管为显示元件。

1）主要技术性能

工作温度：0～30 ℃。

环境温度：-10～45 ℃。

相对湿度：≤90%。

2）使用电源

采用专门适合车载使用条件的"DC 110 V/DC 5 V"开关电源，功率45 W。

3）自检功能

显示屏上电时能以各种显示方式显示固定标语。

4）顺号显示

车号显示采用一个16×16的点阵显示，显示范围0～30，并可显示+1，+9等车号，由顺号调节器控制。

5）厕显及禁烟标志

显示屏供电后，字形"WC"常亮，指示车厢这端有厕所，厕所的门锁内装有光电开关，一旦门被锁上，开关即输出信号。如果两个门都被锁上，厕显单元的人影就会被点亮。

禁烟标志采用标准图案。

3．顺号调节器

1）顺号调节器的组成

顺号调节器由顺号调节器控制板、顺号调节按钮、外壳组成。

2）顺号调节器的功能

（1）对车厢顺号显示器的顺号进行调节。

（2）作为车厢内信息显示屏的通信转发器。

顺号调节器上电时，送顺号信息给顺号显示器，连送 3 次，间隔约 4 s。当顺号有变化时，再送 3 次顺号信息，间隔也是 4 s 左右。在上电过程中，还送一幅自检内容给车厢内的信息显示屏。

自检内容："祝您旅途愉快！车厢号：××"。

其他情况下，顺号调节器主要转发主控站的信息给车厢内的信息显示屏。

二、旅客列车信息显示系统检修

旅客列车信息显示系统检修见表 6-4。

表 6-4　旅客列车信息显示系统检修

适用范围	适用于旅客列车信息显示系统检修试验（含主控站、控制箱、信息显示屏、GPS 天线等）E2/E3 修。 现车检查，功能试验
安全注意事项	（1）按规定要求穿戴好劳动防护用品。 （2）搬运各种零部件时轻拿轻放、严禁抛掷。 （3）正确使用工装、设备，注意安全用电。 （4）检修过程中，配件不得落地
作业流程	作业前准备→主控站检修→控制箱及配线检修→信息显示屏检修→GPS 天线检修→功能试验→完工整理
工具材料	万用表、偏口钳、克丝钳、螺丝刀、绝缘胶布、便捷式计算机等
工　序	作业内容及标准
1. 作业前准备	（1）穿工作服，戴工作帽、手套，持上证岗。 （2）检查各工装、量器具定检情况和状态
2. 主控站检修	（1）主控站显示器、键盘清洁去污，破损时更新。 （2）主控站控制箱内清洁除尘，各部件固定牢固。储存卡插拔应灵活。 （3）E3 修时主控站主机开盖清灰除尘，各电路板元器件有烧损痕迹、损伤时须更新
3. 控制箱及配线检修	（1）配线破损、老化者更新，线号清晰、排列整齐，各接插件连接可靠。 （2）接线端子连接牢固。电器部件烧损变色者更新。 （3）各仪表计量有效期应能使用到临近修程

续表

工　序	作业内容及标准
4. 信息显示屏检修	（1）信息显示屏安装牢固，外观破损者更新。 （2）E3 修时信息显示屏 LED 连续坏点不超过 3 个，间隔坏点不超过 3 处，否则修复。 （3）按压厕所有无人显示开关，须触点接触良好、动作灵活，卡滞、偏斜者调修
5. GPS 天线检修	检查 GPS 天线外观良好，变形、裂损者调修或更换，紧固件齐全，无松脱
6. 功能试验	（1）主控站启机自检良好，显示内容无乱码、失效，有 GPS 经纬度数据，外温显示正常，按照主控站显示屏代码信息操作键盘可实现相应功能。 （2）通电检查信息显示屏应无乱码、乱字符等故障。LED 连续坏点超过 5 个，不连续坏点超过 10 个时更换。 （3）主控站处选择输入服务信息，显示屏能够正确显示出相对应的信息。操作顺号调节器拨码开关循环一次，显示屏上所显示车号应与顺号调节器所调车号一致。 （4）测试厕显功能，锁闭厕所门锁，有无人信息显示正确
7. 完工清理	（1）关闭设备电源，擦拭保养。 （2）收好工具材料，定置存放。 （3）清扫作业场地，保持清洁。 （4）填写检修记录

任务五 塞拉门系统

任务描述

　　所谓塞拉门就是车门在关闭的过程中有塞拉的动作，并且门关闭时门外表面与车体外表面平齐，门打开时车门与车体部分重叠。它与早先客车用钢折页门相比有许多优点：密封性好、不占车内空间、锁闭机构安全可靠、在全自动门上还装有防夹功能等。

　　按不同的分类方式，塞拉门可以分为不同的类型。根据驱动方式的不同，塞拉门可分为手动塞拉门、气动塞拉门和电动塞拉门；根据控制方式的不同，可分为手控塞拉门、气控塞拉门和电控塞拉门；根据门扇数量的不同，可分为单页塞拉门和双页塞拉门；根据门扇开关的不同，可分为平门、折门和弯门。

　　随着塞拉门控制系统性能的不断提高，目前塞拉门的自动门系统已代替了手动门系统，塞拉门的电动门系统正在代替气动门系统。

　　本任务主要介绍塞拉门的结构及工作原理、塞拉门门控器等。

相关知识

一、塞拉门结构及工作原理

（一）机械结构

　　图 6-25 所示为 25K 型双层空调客车上的单门板塞拉门机械结构。它由基架部件、门扇组件、驱动部件、操作及气动件、门锁部件及电控部件 6 大部分组成。

　　基架部件包括上压条、前后压条、上滑道、下滑道、防护罩、防护罩胶条、门框胶条、踏板连杆部件（由上下拉杆、滑套及弹簧组成）、翻转踏板部件（由转轴箱组件、支架组件及踏板组成）及弹簧等。

　　门扇组件包括锁扣、保险锁部件（用于车辆运行中的锁闭和进库时起安全栓作用）、下支架、滑架、上框支架及门扇体、密封胶条和窗玻璃等。

　　驱动部件包括导柱、活动摇臂、V 形滚轮挂钩、连杆、小车、关节轴承、气缸等。

　　操作及气动件包括内操作装置（安装于门侧立罩上）、外操作装置（安装于车外侧墙上）、连动机构和 98% 阀、100% 关门限位开关、气源开关等。

　　门锁部件包括开锁气缸、闭锁气缸、锁体、锁叉及锁口等。

　　电控部件包括控制器、接线端子、电磁阀、蜂鸣器、压力开关、带锁电源开关、指示灯等。

　　安装在门上部的气缸是塞拉门开关的动力来源，在有电源而且风压为 450～600 kPa

时，可以用电锁钥匙轻松地将门打开和关闭，由通过电控下的压缩空气推动气缸内的活塞与活塞杆，使活动摇臂带动连杆，推动在圆导轨上能左右运动的小车、导向运动装置及在活动摇臂上悬吊的门扇，达到开门和关门的目的。

门扇在沿着圆导轨运动的同时，还沿着门扇上部的一个滚轮及门扇下部的两个滚轮，分别在平行导轨的上下所限定的轨迹内运动。当滚轮进入滑道的弯道时，带动门扇沿着弯道的轨迹，产生一个向里塞的动作，将门关紧，并通过橡胶密封条的作用达到密封、防尘和防水的作用。

门扇在向里塞紧关闭的过程中，门扇的锁扣部件滚轮推动锁叉转动，并由闭锁气缸及定位套上的凸键将锁叉定位在第二啮合处，将门锁住。锁扣部件下面的一个滚轮经由锁舌的斜面将门楔紧。与此同时，活动摇臂通过连杆脚蹬摇板，带动踏板连杆部件推动翻转踏板部件，使脚蹬板向上收起。开门时气缸内的压缩空气反向加压，使门打开，踏板连杆使脚蹬板向下平展，便于乘客下车。

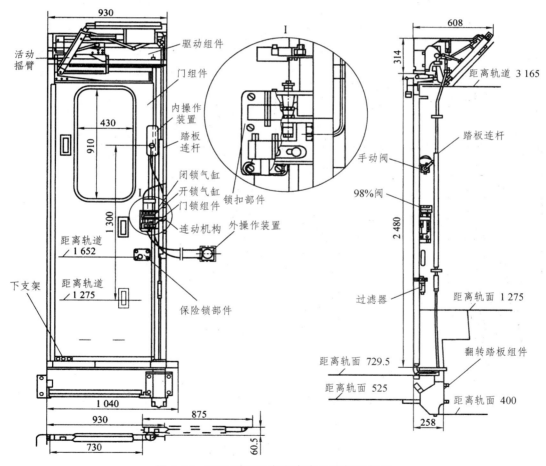

图 6-25　25K 型双层空调客车单门板塞拉门

在门开度的 98%左右处，设置了一个 98%阀，它是一个带有滚轮的传感装置。在关门动作中,门扇移动到此位置时将触压传感装置,98%阀动作,此时防挤压功能不起作用,进而使闭锁气缸充气,使门锁定。当门关闭后,可用三角钥匙转动保险锁锁芯,使车门锁住。开门前必须先将此保险锁打开。

塞拉门的操作机构分为内操作机构和外操作机构。内、外操作机构通过钢丝绳实现联动,单独操作内外机构可得到相同的效果。内操作机构安装在门控系统的防护罩内(车门内),外操作系统安装在车门外距门框 800 mm 处。

(二)塞拉门控制原理

塞拉门采用气动工作,由气缸推动驱动机构执行关门和开门动作。气动塞拉门电气控制系统的主要任务是开门信号的处理和控制,气动塞拉门工作流程如图 6-26 所示。

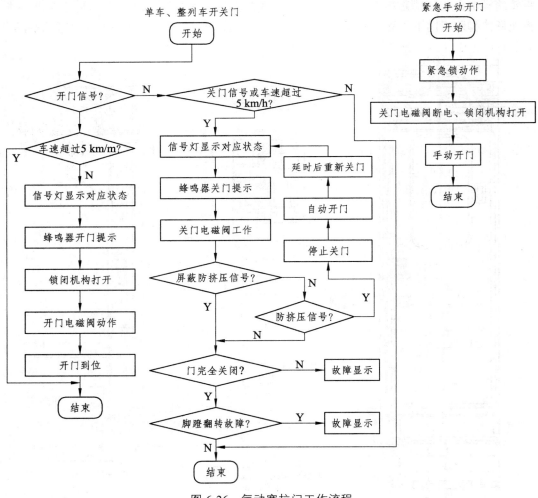

图 6-26 气动塞拉门工作流程

当发出关门信号后,关门电磁阀动作,脚蹬翻转收起。关门到位时,锁闭机构将门锁闭。当发出开门信号时，锁闭机构打开，开门电磁阀动作，由气缸驱动机构执行开门动作，同时脚蹬翻转落下。

（三）塞拉门控制系统基本要求

塞拉门控制系统必须满足下述控制要求：
（1）具有集中统一开启整列车同侧车门的功能。
（2）具有关闭所有车门的功能。
（3）具有在车内外均可电控及手动开关每扇车门的功能。
（4）当列车速度超过 5 km/h 时，具有自动关闭处于开启状态的车门的功能。
（5）在关门过程中，若碰到障碍物，具有自动转换为开门状态，延时一定时间后，再次将门自动关闭的功能。
（6）具有执行关门命令后，自动对车门进行检测的功能，并具有车门未安全关闭及脚蹬未收起到位的故障报警显示功能。
（7）具有在紧急情况下手动开门的功能。

（四）塞拉门空气控制原理

图 6-27 所示为塞拉门关门状态的气路原理。塞拉门器用电控气动工作，气路与制动管连接，通过操纵手动阀使制动管的压缩空气进入门控气路。

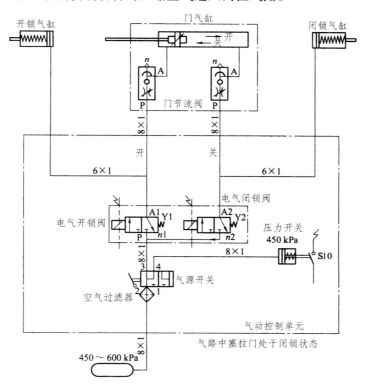

图 6-27 塞拉门的气路原理

门控气路由空气过滤器、气源开关、压力开关、电气开锁与闭锁阀、开锁与闭锁气缸、门节流阀、门气缸等组成。

当制动管压缩空气的压力通过过滤器送到气源开关，气源开关打开后首先给压力开关一个信号。若压力超过 450 kPa，则压力开关 S10 的电接点接通，电子门控器正常工作。当风压不足 450 kPa 或无风时，压力开关不能接通电路，电锁不起作用，电子门控器不工作，只能采用三角钥匙开、关车门。

需开门时，可通过操纵电锁钥匙接通电气开锁电磁阀，此时，压缩空气分两路：一路到开锁气缸，打开门锁，使门处于可以打开的状态；另一路通过节流阀（可控制门打开的速度），进入门气缸，向有活塞杆一端充风，活塞杆收缩将门打开。

需关门时，可通过操纵电锁钥匙接通电气闭锁电磁阀（开锁电磁阀复位），此时，空气也分两路，一路通过节流阀，进入门气缸，向没有活塞杆一端充风，活塞杆推出向左，将门关闭；另一路到闭锁气缸，关闭门锁，使门处于锁闭状态。

当车辆速度超过 5 km/h 时，门控器的速度接点接通，自动接通闭锁阀，门将立刻自动关闭。

（五）塞拉门电气控制原理

在每节车厢两端各设有一个门控单元，每个门控单元控制对应端的两个侧门。塞拉门电气控制原理如图 6-28 所示，门控单元设有 RS-232 通信接口，为实现整列车车门开和关的集中控制，并检测车门及翻转脚蹬的故障，整列车通常设一个车门集中控制单元。车辆风缸提供 400～900 kPa 的气压，经过调压阀调整为较平稳的 450～600 kPa 气压，供气路系统使用。车辆 48 V 或 110 V 直流电源变换为 24 V 直流电源后，供控制电路使用。

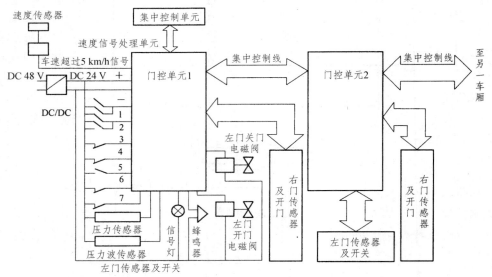

1—车外（内）开门信号；2—车内（外）关门信号；3—屏蔽防挤压信号；4—门完全关闭信号；
5—门未关到位信号；6—脚蹬故障信号；7—紧急开门信号。

图 6-28　塞拉门电气控制原理

1. 开门或关门控制

车门的开关控制可分为整列车集中控制和单节车厢手动控制两种方式，其中，集中控制单元发出的信号优先于本车开关锁发出的信号。车门集中控制单元通过集控线，向每节车厢的门控单元发出开某侧车门或关闭所有车门的信号可实现整列车的电控气动开关门。每节车厢也可通过车厢内外手动开关门锁，向本车门控单元发出开关门信号，实现对应车门的开或关操作。

当门控单元收到关门信号后，两位三通关门电磁阀动作，通过门气缸驱动机构关闭车门，同时，脚蹬气缸通过机械连杆机构使脚蹬翻转。门关闭到位时，锁闭气缸连同锁闭机构将门锁闭。当门控单元收到开门信号后，锁闭气缸连同锁闭机构将门解锁，两位三通开门电磁阀动作，气缸驱动机构将车门打开。车门开关的单向行程约为 730 mm，运行时间为 3~6 s，车门开关速度可通过气路系统中的单向节流阀进行调节。

2. 车速超过 5 km/h 时自动关门

当列车速度超过 5 km/h 时，为保证乘车安全，处于开启状态的车门能自动关门。在车辆的车轴端部设置速度传感器。速度传感器将速度信息传至防滑器，经防滑器进行速度信息分析处理，向门控单元发出列车速度超过 5 km/h 的关门信号，门控单元自动执行关门操作。在车速超过 5 km/h 时，除紧急锁信号外，其他电动或手动方式均不能将车门打开。

3. 防挤压功能

在塞拉门密封橡胶条（门板关闭侧）内设有气囊，当电控气动关门遇到障碍物时，胶条受到突然的冲击挤压，气囊内将产生突变压力，该突变压力将使相应开关动作，从而向门控单元发出挤压信号；也有的塞拉门利用在关门时门气缸工作压力的变化作为挤压信号，当气缸工作压力超过设定值时，相应的压力感应装置将向门控单元发出信号。门控单元收到挤压信号后，将门转换为自动开启状态，然后延时 2~5 s，再将门重新自动关闭。

为防止因挤压导致车门关闭后重新开启，特设屏蔽开关。当车门运行至全行程 90%~98% 的位置时，该开关将向门控单元发出屏蔽防挤压功能的信号，从而保证当车门关闭到位后不会重新开启。

4. 门关到位及脚蹬翻转检测

塞拉门在锁闭机构上均设有"门关到位"开关，这是为保证列车运行安全，防止门未关到位故障而设置的。该开关的常开、常闭触点分别对应门完全关好信号和门未关好信号。脚蹬翻转到位处也常设行程开关以检测脚蹬是否翻转到位。门未关好或脚蹬翻转未到位，对应车门及集中控制单元具有相应的故障指示。

5. 紧急手动开门

塞拉门设有"紧急锁"。紧急情况时即使车辆运行速度超过 5 km/h，也可旋转此锁触发对应开闭机构解锁，从而实现手动开门。

二、塞拉门门控器

塞拉门的工作过程是由门控器（微处理器）控制的，常用的为 PCB20-24 型门控器。门控器安装于车辆小走廊顶部的端板上或 2、3 位侧门旁边的壁柜铁盒内。一辆客车装有两个门控器，每个门控器控制两个车门。门控单元的输入输出信号由 32 条馈线完成。

（一）门控器启动

当供电电压存在，并保持在 DC $24×(1±30\%)$V，且风压为 450～600 kPa 时，此时门控器将启动。当门在关闭状态时，门关闭电控阀得电，门保持关闭锁定状态；当门在开启状态时，如果没有关门和速度信号，门开启电控阀得电，门保持开启状态；门开启状态时如果操作关门，开启的门将自动关闭。关门过程中门控器将执行"障碍探测功能"。

障碍探测功能是自动门的特殊功能，它在关门过程中遇到障碍可以重新开启，而不会夹伤人或物品。塞拉门的关门边沿装有中空且密封的橡胶条，顶端通过一根细管与门上部的传感开关相连通。门碰到障碍时，橡胶条中的空气被压缩，通过管路使传感开关动作，向门控器发出信号，门立刻重新打开，10 s 后再自动关闭。此过程重复多次，直到门达到关闭锁定位或发出开门信号。当门达到关闭锁定位前 8～10 mm 时，由于门板使得"98%关门"行程开关闭合，有效地关闭障碍探测系统此时将不再顾及是否有障碍会很快将门关闭。

（二）开　门

开门必须具备以下条件：无关门信号、风压正常（450～600 kPa）、电压为 DC 24 V、未用三角钥匙将保险锁锁定、速度低于 5 km/h、未操作紧急出入口装置、门应关闭或处于关闭过程。

（三）开门顺序

开门顺序为：门气缸关闭侧排风→蜂鸣警报器启动→关开门侧的开锁气缸和门气缸加压→门将开启，门关闭锁定限位开关起作用（为下次关闭做准备）→关门闭环程序中断→门处在关闭位时，"98%关门"限位开关不再起作用→门接近开启位时，门气缸缓冲，门的移动速度降低→门移到开启位。

（四）关门顺序

在门控器的设定程度中，稳定的中央关门（集控）高频信号优先于中央开门（集控）信号。关闭车门可以通过操作板中央关门信号（集控操作）或门内侧旁的钥匙开关来关门。

最优先的关门信号是通过速度信号关门。如果列车速度超过 5 km/h 时，即使集控的开门信号存在，开启的门也将自动关闭。此时，障碍探测系统仍启动，只是不再开门，使门停留在原位置，10 s 后才关闭，以防止人或物坠落。

关门指令可以由中央关门操纵（集控）开关或门内侧的钥匙开关（如门未关）给出，此时的控制顺序如下：

缓解气缸和门气缸的开门侧排风→蜂鸣警报器启动→关门侧的门气缸加压，门开始关闭→达到"98%关门"限位开关，障碍探测传感系统被关闭→门达到全关状态，机械锁定位锁定，门关闭锁定，限位开关不再起作用。

（五）紧急状态下手动开关车门

为方便乘务人员和维修人员，每扇门都装有紧急开门装置，可用三角钥匙操作。在紧急情况下，不管列车静止或运行、是否存在气动压力或电压，都能用三角钥匙操作而打开车门。

当操作紧急装置时，会发出相应的电子信号给门控器，门控器将关闭所有的自动功能，关门蜂鸣警报立即启动，用三角钥匙开锁即通过钢丝绳将门开锁。该装置利用弹簧，能够复位到中间位置。当复位紧急装置后，蜂鸣报警器关闭，门系统自动按当前控制信号操作其正常功能。

（六）故障隔离锁

每侧门板都提供一个机械故障锁，可用三角钥匙从车辆内部将门锁定，操作时，门必须处在完全关闭位。在车门外面有一个显示孔，通过这个孔可以看到，当轴头上的凹槽垂直时，故障锁是开启的，当水平位时，表示锁是关闭的，此时外面无法打开车门。

当将故障锁锁闭后，紧急装置对于此门无效，只有将故障锁打开才能进行紧急操作或正常打开车门。为安全起见，在列车运行中，乘务人员应将故障锁锁闭，到站后，在车停稳时再打开。

（七）故障锁锁住时的门控器控制

电子限位开关发出信号给门控器，关闭门功能→内侧门钥匙开关指示灯灭→关门的"闭环控制"关闭（故障开关忽略门关闭锁定限位开关发出的信号）→门气缸的关门侧在门关闭锁定位加压。

（八）蜂鸣警报器

每次关门、开门时，声音警报启动持续 3 s 或直到门达到关闭或开启位才停止。警报声音通过脉冲产生，0.5 s 接通，0.5 s 断开。

三、塞拉门的失控与防止

如果塞拉门平时保养不够，长期缺乏正确的使用与维修也会造成门的锁闭失效，造成失控现象。在机械方面，塞拉门可能出现的失控问题是塞拉门各部件的相对位置的偏差。相对位置是使塞拉门正常工作的基本保证，特别是门扇组件与门锁部件的正确安装位置是十分重要的。

　　由于车辆总处在不断的运行过程中，各部位零件的配合尺寸很可能会在振动及其衰变过程中失去原有的正确位置，电气系统与驱动系统只能在机械装置处于正确安装位置才能发挥作用，这就需要维修人员在车辆的入库检查中，通过观察、测量，及时排除因松动、位移而造成的各种问题。

　　塞拉门电路控制的可靠度很高，塞拉门因电路控制问题而出现的失控必须是在以下三个条件同时具备时才会发生：突然断电，即有风无电；5 km/h 信号突然消失；门关闭锁定限位开关未调整好。

任务六　照明系统检修

任务描述

普通客车采用 110 V 直流电作为照明电源，现代客车照明广泛采用荧光灯代替白炽灯。本任务主要介绍荧光灯的结构及工作原理，照明控制柜的检修。

相关知识

一、车内照明要求

由于任何照明设备都要求实用、经济、美观。铁路客车采用照度来评价车内照明卫生是否符合标准。照度是人眼所能感觉到的可见光的明暗程度，可用照度计测定。铁路正常运营旅客列车内各场所照明的照度应不低于表 6-5 中的标准。新造客车荧光灯照明的平均照度（单车供电）应不低于 100 lx。

表 6-5　车内各场所照明的照度卫生标准值

照明场所	照度标准值/lx	注	照明场所	照度标准值/lx	注
硬座车	75		行李员办公桌	100	宜设局部照明
硬卧车	75		邮政员办公桌	100	
软座车	75		行李间	50	
软卧车	75		邮件间	50	
软卧车茶几中央	150	宜设局部照明	小走廊	50	
餐车餐室	100		软卧车走廊	20	
餐车厨房	75	宜设局部照明	通过台	50	
列车长办公席	100	宜设局部照明	洗脸室	75	距地板 1.5 m 室内中央处
乘务员室	100	宜设局部照明	厕所	50	距地板 1.5 m 室内中央处
播音室	100	宜设局部照明			

二、荧光灯的结构组成及工作原理

荧光灯是一种冷光源，光线柔和，发光率高，由灯管、镇流器和启动电容组成。镇流器是一种带磁心的电感线圈，用高频下损耗较低的铁钛材料制作，与启动电容串联组成串联谐振电路，在荧光灯启辉时利用谐振作用产生的高压使灯管点亮。在灯管点燃后，具有限流作用。启动电容与灯管并联，与镇流器串联。它取代了一般民用荧光灯的启辉器。启动电容的大小可按照 LC 电路产生串联谐振时的固有频率与逆变器工作频率相等的原则确定。客车荧光灯接法分为感性负载和容性负载，如图 6-29 所示。

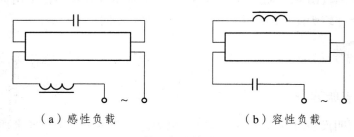

（a）感性负载　　　　　　　（b）容性负载

荧光灯的接法

图 6-29　荧光灯结构组成

对逆变器来说，其负载为阻性负载时效率最高。因此，载客车中经常将每个灯具内的两只或多只灯管分别接感性和容性负载后并串联，其综合效果，就近似于电阻负载。

三、照明控制柜检修

照明控制柜检修见表 6-6。

表 6-6　照明控制柜检修

安全注意事项	1. 拨插接插件、拆卸或紧固接线端子时，必须断电作业，避免触电危害及损坏绝缘检测装置。 2. 客车供电时，必须确认人员安全，防止触电伤害，供电后必须挂供电警示牌。 3. 使用工具时，要避免掉落伤脚
作业流程	开工前准备→外观检查→内部检查→绝缘测试→拆卸报警器→柜内清洁→记录填写→完工清理
工具材料	手电钳表、螺丝刀、500 V 级兆欧表、钢丝钳、扳手、力矩扳手、毛刷、毛巾、圆珠笔
工　序	作业内容及标准
1. 开工前准备	（1）作业者穿戴好防护用品。 （2）检查工具齐全，且状态良好

工　序	作业内容及标准
2. 外观检查	（1）目视检查控制柜柜体及柜门，开关柜门，检查柜门作用情况，柜体变形、破损时调修，柜体锈蚀时除锈补原色漆。柜门开关灵活，开启过程中连接线不应与其他电器件相碰，不良时调修或更换。用湿毛巾擦拭控制柜外表面。控制柜表面清洁除尘。 （2）目视检查门锁、合页等配件，柜门配件齐全，安装牢固，作用良好。检查进线绝缘防护，线绝缘防护破损时更新。转换开关、按钮、指示灯。进转换开关、按钮卡滞、烧损时更新，指示灯接线松动或有烧灼痕迹时更新
3. 内部检查	（1）目视检查接线槽，端子排及端子排挡片接线槽完整，有破损、变形时更换。端子排接线牢固，有烧灼、短路痕迹者查找原因并进行彻底处理后更换接线排，端子排挡片无破损。 （2）用手按压按压电气元件接线，目测检查线号及接地线标示。各元件接线牢固，接线绝缘层老化、烧损时更换；导线压接紧固，有毛刺外露时重新压接；元件接线线号清晰，与电路图线号一致；接地线齐全，连接可靠，接地线标示丢失或损坏的更新。 （3）目视检查主接线端子处感温贴，主接线端子处感温贴脱落、开胶时重新粘贴，变色时须查明原因并彻底处理故障，处理完毕后重新粘贴感温贴。 （4）检查控制柜内各电器元件。断路器、接触器等电气部件外壳完好，破损时更新，接插件插接牢固。电器元件配线端子接触良好，烧损时更新、松动时紧固；配线线号清晰、排列整齐、绑扎牢固。接触器手动吸合动作无卡阻、粘连，异响，不良者更新。 （5）检查熔断器规格、型号，仪表检定标签，熔断器规格、型号与图纸相符；仪表安装牢固，检定合格有效期保证到临近修程。 （6）检查控制柜图纸，柜内电路原理图清晰，将图纸与现车电路进行对比。控制柜各电器元件和线路线号与图纸相符，熔断器容量和图纸一致。

续表

工　序	作业内容及标准
	  　　（7）检查控制柜内各电器元件标牌及标示各电器元件标牌、标示清晰并与图纸一致，粘贴位置与元件靠近，粘贴牢固，不良或丢失时更新。 　　（8）检查紧固件防松标记，移位时重新紧固，特殊要求部件按规定扭矩拧紧。 　　（9）检查控制柜内各插座，各插座接线牢固，无松动、面板完整，无裂纹或破损，不良者更新
4. 绝缘测试	控制柜检修后，断开电子元件和用电器的回路，测试各线间、线与箱体之间绝缘电阻，绝缘值符合标准。
5. 拆卸报警器	（1）关闭各用电器电源，并断开整车供电。确认控制柜无电后才可进行拆除轴温报警器及漏电报警器操作。 　　（2）拆卸照明控制柜内轴温报警器和 48 V 漏电报警器，并送检修间进行检修，轴温报警器及 48 V 漏电报警器在送修时填写"报警器送修交接单"
6. 安装报警器	（1）落地后按照相关轴温报警器、48 V 漏电报警器作业指导书进行检修。 　　（2）检修完毕并试验合格后恢复轴温报警器及 48 V 漏电报警器的安装，并将轴温报警器接线进行可靠连接。轴温报警器及 48 V 漏电报警器安装牢固、接线可靠、无松动

工 序	作业内容及标准
7. 柜内清洁	（1）先关闭各用电器电源，再关断全车供电开关。确认全车电路无电 （2）用干净毛巾擦拭照明控制柜内部。照明控制柜内无杂物，柜内部清洁，无污损
8. 记录填写	各项检修完毕后，按照各项要求填写检修记录并归档、保存。表格填写需清晰、明确
9. 完工清理	（1）关闭设备电源，擦拭保养。 （2）收好工具材料，定置存放。 （3）清扫作业场地，保持清洁

知识拓展

高原车制氧系统

青藏高原列车采用的是膜式制氧系统，分离出含氧量在 35%～45%的富氧空气。一路通过制氧机上部内侧的不锈钢管进入空调的第一节过渡主风道，在那里富氧空气随空调新风混合后弥散到客室，称为弥散式供氧；另一路通过制氧机上部外侧的不锈钢管沿车厢侧墙或地板进入乘客区域，在每个铺位上方或每组座椅的下方等均设有富氧空气出口快速插座，称为个体分布式供氧。制氧系统应用到高原缺氧环境，弥补车厢空气中氧气含量的不足。空气供给管路在本车 1、2 位端设有连接接口，压缩空气在各车辆间通过两根快速连接软管互相贯通，气源可在相邻车辆间互相储备和补充。

一、膜式制氧原理

膜式制氧原理是利用高分子富氧膜能让空气中氧分子优先通过的特性，收集高浓度的氧，输送给使用者。其制氧过程是一个物理过程，无任何化学反应，无须任何添加剂，无污染废物，环保。外界空气在压缩机单元压缩后，达到一定压力，再经预处理系统除去油、尘埃等固体杂质及大部分的气态水，预热后进入膜制氧系统分离出含氧量在 35%～45%的富氧空气。

二、供氧设备组成

制氧系统工艺流程如图 6-30 所示。

压缩空气经预处理系统除去油、尘埃等固体杂质及大部分的气态水，预热后进入膜分离器，分离出空气中的氧气；系统在 PLC 或 DCS 系统的控制下可实现连续稳定地输出氧气。所以一个完整的膜法富氧系统包括：空气压缩单元、空气预处理、制氧机和电控柜、氧气传感器、空气供给管路、氧气供给和分配管路。

（一）空气压缩单元

空气压缩机单元布置在车下的设备舱内，吊装在偏向 1 位端左侧的钢结构底架横梁上。其作用是为后级系统提供一定压力、一定气量的压缩空气，以达到一定的分离压力条件以及分离所需的原料空气流量为目的，空压机为制氧机提供膜分离制氧必需的压缩空气。

（二）空气平衡罐

空气平衡罐容积为 200 L，其作用一是稳定压缩空气的压力，使整列互备有相当的缓冲容积空间；二是使压缩空气中的液体（主要是水）沉积分离出来，使其不进入制氧机中而影响膜组件的分离性能和使用寿命。空气储罐中的液体由罐底部设置的自动排水阀定时排出罐外。

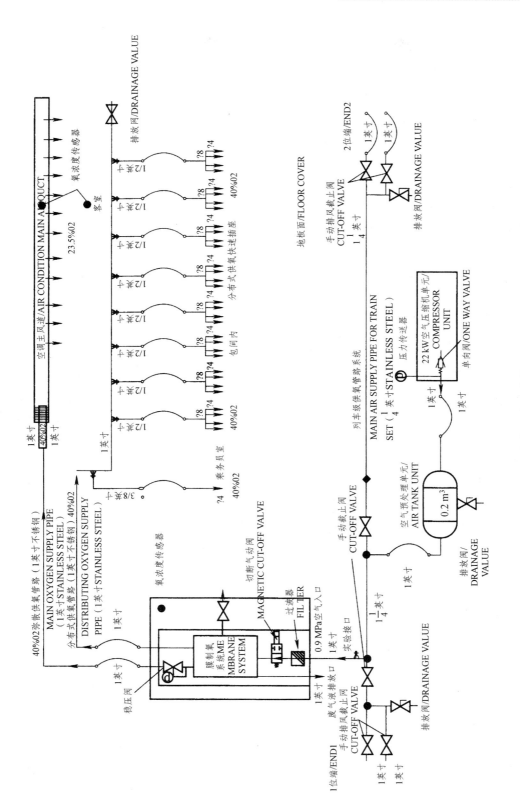

图 6-30 制氧系统工艺流程

（三）制氧机和电控柜

制氧机和电气柜布置在车内，安装在 1 位端左侧的制氧室内；分别有单独的箱子，在车上这两部分是通过螺栓连接在一起的，在它们之间有整块钢板来避免制氧机内的氧气进入控制单元。制氧机和电气柜是整个制氧系统的富氧生产和参数控制单元，主要包括以下部件。

1. 联合过滤器

联合过滤器为三级，一级过滤器（3 μm）作为总脱湿器去除离开缓冲罐的脱出的油或水。二级过滤器（1 μm）用于将颗粒和液体含量降低至对膜性能无害的痕迹量水平。三级过滤器是精密联合过滤器（0.01 μm），设计中用于去除最微量的浮质，以进一步保护中空纤维膜组件。

2. 进气加热器

加热器为电热式，其作用除了为膜分离器提供一个良好的操作温度使膜分离器在最佳状态下工作外，还能使进入膜分离器的压缩空气露点提高，并保证液体（主要是水）不在膜丝上冷凝而使膜组件能长期稳定、可靠地运行。

（四）膜分离器（膜组件）

膜分离器是制氧机的关键核心部件，在保证压缩空气流量的情况下，制氧量的大小和富氧浓度的高低在一定的范围内可通过整定膜分离器的操作压力和温度来调整。膜组件的多少（大小）是根据各机型要求不同的制氧量而配置的。

（五）控制面板

在制氧机正面门的左侧安装有海拔高度仪、空压机文本显示器、操作旋钮和指示灯，正面门的右侧安装有制氧机控制器。

（六）PLC 控制系统

膜式制氧系统中的过程控制都由 PLC 监测和控制。PLC 使用微处理器和软件分析各种过程变量并采取相应动作。操作界面（LCD）用户接口显示系统操作参数的信息，并允许改变过程控制、定时器和报警。

（七）海拔高度仪

海拔高度超过 3 000 m 后，海拔高度仪上的继电器接通，使制氧机能够启动。

（八）氧分析仪

制氧膜系统采用四个氧分析仪，通过燃料电池型传感器测量产物气流中的氧含量。分析仪用空气压缩机出气校准。每个氧分析仪（富氧气氧分析仪除外）配备一个在 0% ~

30%氧的操作全程可调的报警输出。报警用于在车厢和制氧室的氧含量超出报警设定时隔断进入膜分离器的压缩空气并发信号给 HVAC 单元控制空调的风门开至最大。

（九）氧浓度传感器

氧浓度传感器如图 6-31 所示。

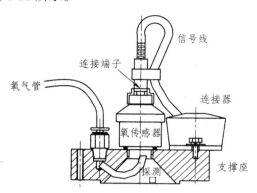

图 6-31　氧浓度传感器

电化学式氧探头测试，用海拔高度传感器来补偿由于海拔高度不同引起的空气中绝对氧含量的不同造成的偏差；用膜前的压缩空气作为样板气可自动标校。

青藏车共设置 4 个氧浓度传感器，在制氧机内部设有 2 个氧气传感器 AT101 和 AT102 来分别监控富氧和制氧机内部以及制氧室内的氧浓度，且分别对应控制面板的富氧浓度和位置 3 传感器指示；在客室走廊中央和主风道中央各设置 1 个氧气传感器来分别监控客室和主风道内的氧浓度，且分别对应控制面板的位置 1 和位置 2 传感器指示。当制氧系统正常工作时，只有位置 1 氧传感器检测到的数据与 HVAC 单元通信（主风道中央的传感器备），将测得的氧浓度信号反馈给制氧控制器。制氧控制器可将该信号发给空调控制器，以决定空调或制氧机是否有进一步的动作；供氧量根据客室内氧浓度不超过 25.5% 为限。如果测得车内浓度超过 25%，将新风控制门开大，增大新风量；如果测得车内浓度低，将新风控制门关小，减少新风量。新风量大小根据制氧机输出信号调整，在调整新风量过程中应相应调整废排风量。当氧浓度超过 25.5% 限值时，传感器将发出信号给控制单元，系统将根据此信号自动切断压缩空气供应，富氧将停止生产；同时系统将声光报警并把报警信号传送给上位机。

三、制氧系统工作过程

制氧系统在满足开机条件后，制氧机向网关发出启动请求信号（处于本机位时，制氧机向空压机发出启动信号），网关判断海拔高度和空调运行状况，具备条件后，网关给出允许启动信号，空压机开始启动。当压力达到 0.5 MPa 时，压力开关输出触点信号，制氧机自动阀门打开，制氧机开始工作。此时，空调新风量由制氧机控制。

空压机输出的压缩空气先进入空气储罐，将空气中含有的水分离出来，然后进入膜制氧机的联合过滤器（F101～F103），通过三级过滤去除有害颗粒和液体。过滤后的压缩空气进入空气加热器，加热器自动调节膜前温度达到 45 ℃ 左右，加热后的压缩空气再进入膜分离器。

膜分离器在低压渗透侧（透过膜的一侧）排出富氧气体，在膜组件的另一端（没有透过部分）排出尾气（废气，主要是氮气），尾气侧设有背压阀，用于调整膜分离器的操作压力。

富氧气体在稳压器前送入分布（紧急供氧）供氧管路，在稳压器后送入弥散供氧管路中，弥散供氧与空调新风混合后进入车厢中。稳压器的作用在于保证分布供氧压力稳定并优先供给，且使分布供氧供给压力不受分布供氧量的影响。稳压器的作用在于保证分布供氧压力稳定并优先供给，且使分布供氧供给压力不受分布供氧量的影响。

制氧机产生的富氧浓度和车厢内的氧气浓度通过氧气传感器进行检测并在制氧机显示屏上显示出来。

实训项目

一、塞拉门静态技术检查

作业步骤及质量标准	图示
1. 塞拉门上部静态检查	
（1）检查电控箱门。 ▲ 箱门锁闭牢固，密封良好	 
（2）检查塞拉门门体外观。 ▲ ① 指示灯外观无缺损，安装紧固。 ② 运行机构盖板、控制机构立罩应外观平整，安装牢固。 ③ 常用锁（内操作锁）、紧急锁、隔离锁、外操作锁应齐全无损坏；各指示标牌齐全。 ④ 门板安装紧固，平整无变形、损伤，门框（防挤压）胶条齐全无松脱裂损。 ⑤ 塞拉门立罩板防火改造封堵良好	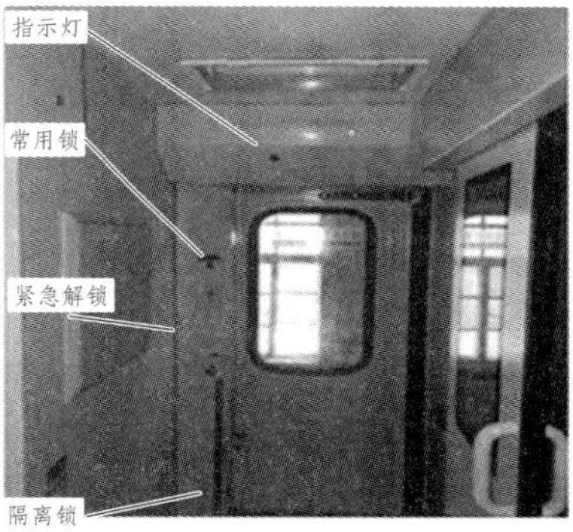 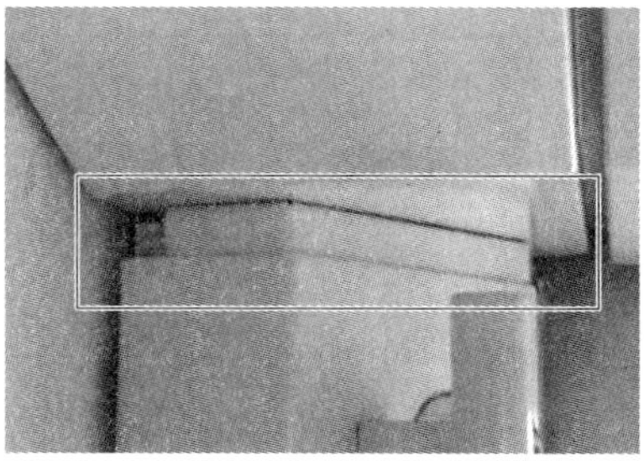 

续表

作业步骤及质量标准	图示
（3）检查塞拉门内部运动部件。 ▲①打开塞拉门顶罩、立罩检查上、下导轨及滑轮，应无明显划伤，损伤变形者必须更换，导轨、滑道应无异物脏堵。 ②门板与车体侧面的平行，不得剐擦，门关闭后须密封良好。 ③各运动件润滑良好，动作良好，磨耗不过限，过限时更换。 ④携门架安装紧固，作用良好。 ■ 博得塞拉门须认真检查下摆臂及滚轮状态，下摆臂平面与门板保持垂直，下摆臂处于滑道中间位置，下摆臂变形、滚轮变形裂损必须更换	 
（4）过滤调压阀及风管路检查 ▲①各风管路连接正确，排列整齐，固定良好，无漏泄。 ②气缸无裂损，安装牢固。 ③风管路进车体孔隙处须封堵	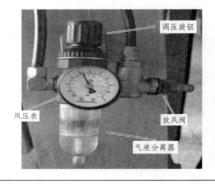
2. 塞拉门下部静态检查	
（1）塞拉门脚蹬检查。 ▲①检查活动脚蹬应配件齐全（转轴箱、自由端、脚蹬翻板、伴热板），安装牢固、无变形裂损。 ②脚蹬安装紧固无变形，各支挡作用良好。 ③转轴箱无裂损，安装螺栓无松动折断。转轴箱盖安装紧固，密封圈无缺失、破损，安装螺丝无缺失松动，排水堵安装紧固无缺失。 ④脚蹬自由端无变形裂损，安装螺栓无折断丢失。防护罩无破损、缺失，安装螺丝紧固无缺失	 

续表

作业步骤及质量标准	图示
3. 作业完毕，回收工具，清理现场	
▲（1）回收工具、材料和更换下来的配件。 （2）工作场地干净整洁，做到工完料尽场地清	

二、塞拉门动态技术检查

作业步骤及质量标准	图示
1. 塞拉门工况试验	
（1）塞拉门电源开关试验。 ▲ 塞拉门电源开关进行性能测试，闭合塞拉门电源开关，塞拉门得电	
（2）电动开关门试验。 ▲①电动开关门试验，用三角钥匙将内操作锁（常用锁）分别拧置开、关位，检查电动开、关门，观察门板运行须平稳。 ②检查蜂鸣器应在开关门操作时蜂鸣。 ③康尼及欧特美塞拉门处于开启位，脚蹬翻板落下，脚蹬指示灯亮起；关门时塞拉门脚蹬收起，脚蹬指示灯熄灭。 ④BODE 塞拉门开门指示灯亮灯，关门灯灭，不良者检查100%开关和二级锁	开门脚蹬放下 关门脚蹬收起

续表

作业步骤及质量标准	图示
2. 塞拉门各功能试验	
（1）隔离锁试验。 ▲ 锁闭隔离锁,重复塞拉门开门的试验内容,操作开门应不起作用并保持关门空气压力。 ■ 康尼和欧特美塞拉门系统灯熄灭	 锁闭隔离锁  操作常用锁
（2）紧急解锁试验。 ▲ 打开隔离锁,手动操作紧急解锁开关,在听到排风声与蜂鸣器报警后可手动开门;将紧急锁置复位,门板应自动锁闭,动作准确。 ★ 此时无防挤压功能	 紧急解锁试验

续表

作业步骤及质量标准	图示
（3）防挤压试验。 ▲ 使用内锁关门，用手在距离门侧框不小于 30 cm 处，用手挡门板防挤压胶条，检查防挤压功能，门板应自动打开，开启后门自动重复锁闭动作，然后试验外解锁关门作用良好。 ■ 门扇未达到 98% 开关位，防挤压功能正常；门扇超过 98% 开关位，防挤压功能失效，门扇继续执行关门动作	
3. 作业完毕，回收工具，清理现场	
▲ （1）回收工具、材料和更换下来的配件。 （2）工作场地干净整洁，做到工完料尽场地清	

复习与思考

1. KSL3 型电开水炉主要由哪些部件组成？

2. 试述 KSL3 型电开水炉工作原理。

3. KSL3 型电开水炉有哪些常见故障？该如何处理？

4. TCL-12 型电开水炉主要由哪些部件组成？

5. 试述 TCL-12 型电开水炉的工作原理。

6. TCL-12 型电开水炉有哪些常见故障？该如何处理？

7. 集便装置的作用是什么？

8. 集便装置主要类型有哪几种？

9. 真空集便器常见故障有哪些？试述其处理方法。

10. 客车信息显示屏由哪几部分组成？

11. 客车制氧系统由哪几部分组成？

12. 试述制氧系统工作流程。

13. 塞拉门的主要作用和特点是什么?

14. 对塞拉门控制系统的基本要求是什么?

15. 试分析塞拉门的控制原理。

16. 试述塞拉门门控器的工作原理。

Part VII

项目七
客车安全监测装置检修

【项目目标】

目标类型	目标要求
知识目标	（1）掌握轴温报警装置的组成及工作原理； （2）掌握电子防滑器的组成及工作原理； （3）掌握客车行车安全监测系统的组成及工作原理
能力目标	（1）会操作能检修轴温报警装置，并处理常见故障； （2）能进行电子防滑器的检修及常见故障处理； （3）了解客车行车安全监测系统及列车网络控制系统的组成及工作原理
素质目标	（1）坚定理想信念，增强"四个自信"； （2）厚植爱国主义情怀，树牢"四个意识"，爱祖国、爱行业、爱企业、爱岗位； （3）增长知识见识，掌握铁道车辆电气装置检修核心技能； （4）增强综合素质，培养综合能力和创新思维； （5）加强品德修养，培养良好的学习习惯

【项目背景】

为了减轻列车乘务人员的劳动强度，提高旅客的舒适度，满足对旅客服务的需要，保证行车安全和机组正常运转，延长机组的使用寿命以及节约能量消耗等目的，客车上安装了各种安全检测及自动控制装置，包括：

（1）控制空调装置工作的自动控制装置，具有温度的自动调节、机组的自动保护和工作时间的自动显示功能。

（2）塞拉门及内端门的自动开闭装置。

（3）开水炉的自动补水与加热器自动开闭装置。

（4）客车行车安全监测诊断系统。

（5）列车轴温集中报警装置。

（6）车辆交流在线绝缘检测装置。

（7）真空式集便器控制装置。

（8）列车防滑器电子控制装置。

（9）供电电源自动控制装置。

（10）列车信息显示系统。

（11）火灾自动报警装置。

（12）发电机电压的自动调节与过电压、过电流的自动保护装置。

（13）列车防护报警和客车列尾装置。

【建议学时】

6 学时

任务一 客车轴温报警装置

任务描述

铁路客车轴温报警器是防止旅客列车车轴的"燃""切"轴事故，保证旅客列车行车安全的重要装置。本任务主要介绍 KZS/M-I 型集中式轴温报警装置的工作原理、常见故障与处理；KZS/M-II 型集中式轴温报警装置的特点及基本参数。

相关知识

一、客车轴温报警装置概况

（一）轴温的产生

铁路客车运行时，客车车体自重和载重形成的重力通过轴箱体和轴承等，传递到滚动的轮对轴颈上。在这种条件下，滚柱沿内外圈的滚动摩擦，润滑油和轴承零件间摩擦，滚柱端部与保持架以及内外圈突缘形成的摩擦，加上径向力和太阳辐射热作用，导致轴承发热，其大小为

$$dQ = Pf \frac{D_g}{D_1} v d\tau$$

式中 P——轴箱载荷，N；

D_g——轴承直径（滑动轴承为轴颈直径，滚动轴承为滚柱中心线直径，m）；

f——换算的摩擦系数；

D_1——车轮直径，m；

v——列车运行速度，m/s。

热量产生中心在轴承的滚柱，因此滚柱的温度最高，其次是保持架，内、外圈，轴箱和轮毂。客车轴箱体温度允许比周围环境空气温度高 30 ~ 35 ℃（滚动轴承轴箱体的剩余温度）。如果温度过高，则会造成润滑油变稀，轴承零件变形，工作间隙发生变化，摩擦、磨损加剧。造成温度过高原因有：材料缺陷（如润滑油含水）；机加工和热处理工艺不合格，内外圈产生高的残余应力；内圈与轴颈的选配不当等。图 7-1 所示为某次旅客列车燃轴事故的轴温变化过程，产生燃轴时，仅 3 min 轴箱温度即由 89 ℃ 升至 197 ℃。

（二）KZS/M-I 型轴温报警装置的组成

KZS/M-I 型轴温报警装置是一个整机系统，它包括 KZS/M-I 型轴温报警仪（控制显示器）、温度传感器和 KZS/M-I 型轴温数据监测记录仪三个部分，其系统结构如图 7-2 所示。

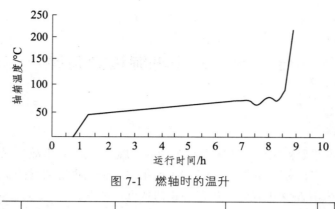

图 7-1   燃轴时的温升

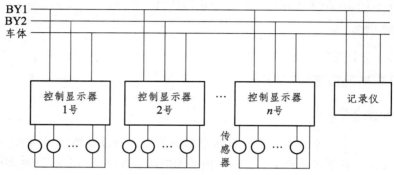

图 7-2   KZS/M-Ⅰ型轴温报警装置系统结构

KZS/M-Ⅰ型轴温报警装置摒弃了过去集中报警装置所采用的主从机结构，每一台控制显示器既是主机也是从机，它是通过顺序发送的方式来完成信息交换的。当某一台仪器发送信息时，其他机器都处于接收状态，发送完成后就转变成接收状态。这种方式的优点是所有的信息全部共享，速度快，即使有一台仪器发生故障也不会使网络瘫痪。

（三）KZS/M-Ⅰ型轴温报警装置的作用

客车轴温报警装置用于即时监测客车轴温，并能即时准确地报警，最大限度地防止燃轴事故的发生。

（1）即时显示全列车各轴温和环境温度。

（2）监测全列车各轴位轴温，只要有任一轴位的轴温高于环温 40 ℃ 或轴温达到 90 ℃ 时，即声光同时报警。

（3）乘务员在列车任一节车厢均可了解全列车任一轴位的轴温，实行时钟记录并存储报警记录，以供建立列车维修档案。

（4）自动检测显示轴温传感器线路是否短路或开路。

（四）KZS/M-Ⅰ型轴温报警装置的特点

（1）仪器能与数字式传感器和模拟式传感器兼容。能自动识别、自动兼容任意混装数字和模拟传感器。

（2）具有全列车报警功能和单独报警功能。乘务人员在列车的任何一节车厢都可以知道整列列车任何一节车厢任何一个轴位的轴温，这大大减轻了乘务人员的工作量。

（3）仪器采用一体化结构，温度测量、显示、数据信号传输、电源等都在一台机器内，只需接上传感器就可以正常工作。若不连接载波线，则只能当一般的轴报仪单独使用。仪器联网使用时对广播无干扰。

（4）采用先进的模块式开关稳压电源，能在 DC 36～72 V 可靠工作。一体化结构，工作可靠，带负载能力和抗干扰能力强，不易损坏，克服了一般逆变电源的缺点。

（5）由于该仪器采用大规模集成电路、计算机微处理器（CPU）、智能化处理传感信息、模块化结构，因此结构简单、没有需要调节的元件，可靠性较高，仪器达到"免维护"。

（6）采用数字式传感器，可以去除由于线路带来的温度测量误差，仪器的抗干扰能力得以提高。

（7）利用两根广播线或两根专用线完成仪器数据传输，在原有的 TKZW-1TA 型接线的基础上只加两根线，故接线简单。

（8）仪器的联网采用分布式结构，任意仪器就可构成网络，即使某一台仪器发生故障，也不影响其他仪器的正常使用，如果连接线从中间断开，则系统变为两个独立的网络正常工作。

（9）带传感器智能判断功能，传感器短路不报警。如果环温传感器开路、短路，仪器能自动判断，并自动改为定点 90 ℃ 报警方式。仪器既可自动检测线路故障又可自动判断由轴温传感器接触不良引起的不正常温度，减小了误报率。

（10）采用高亮度液晶显示屏，8 个轴位的轴温、环温及车厢顺位号一屏同时显示。

（11）仪器带有实时时钟，自带报警数据记录，便于随时查阅。

（五）主要性能指标

（1）KZS/M-Ⅰ型轴报器（控制显示器）主要性能指标见表 7-1。

表 7-1 KZS/M-Ⅰ型轴报器（控制显示器）主要性能指标

项目	测量温度范围	温度测量精度	温度测定路数	报警温度
参数	−45～ +125 ℃	±1 ℃（20～90 ℃） ±2 ℃（小于 20 或大于 90 ℃）	8 路轴温， 1 路环温	定点报警（90±2）℃ 跟踪报警 C+（40±4）℃ （C 为外温）
项目	定点延时	车厢数	传感器	电源电压	载波线
参数	（30±2）s	≤20	模拟或数字传感器	DC（36～72）V	两根广播线及车体地线或两根专用线及车体地线

（2）KZS/M-Ⅰ型轴温数据监测记录仪主要性能指标见表 7-2。

表 7-2 KZS/M-Ⅰ型轴温数据监测记录仪主要性能指标

项目	电源电压	工作环境温度	工作相对湿度	平均功率	记录间隔	转存 IC 卡容量
参数	DC 36～72 V	-10～50 ℃	不大于 93%	小于 5W	10 min, 80 min, 1 h 任选	可以转存记录仪内全部数据

二、KZS/M-Ⅰ型集中式轴温报警装置工作原理

（一）KZS/M-Ⅰ型轴报器（控制显示器）工作原理

KZS/M-Ⅰ型轴报器（控制显示器）是轴温报警系统的心脏。它主要由单片机控制器、液晶显示器、直流开关电源、调制解调器等组成，其原理如图 7-3 所示。

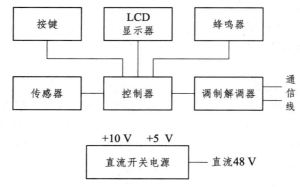

图 7-3 KZS/M-Ⅰ型轴报器（控制显示器）原理框图

KZS/M-Ⅰ型轴报器以高性能的微型计算机为核心，完成信号检测处理、温度数据的采集、显示数据及数据的传输与收发。

当使用数字式传感器时，计算机不断向数字传感器发出温度转换命令，然后检测传感器温度转换是否完成，当温度转换完成后，把读取的温度值进行比较，如果不正确，则重新读取。

当使用模拟式传感器时，由传感器传输来的信号由微型计算机进行处理。首先，模拟式传感器所产生的电压信号通过 A/D 转换为数字信号，计算机读取转换后的数字信号进行数字滤波，对经过数字滤波后的数值进行计算处理，转换为温度值。

仪器把温度值送到显示屏显示，同时对得到的温度进行判断，如达到所规定的报警温度即进行声光报警，并将有关信号通过调制解调器送出使其他车厢也报警，并显示超温的车厢、轴位和轴温，达到集中监测的目的。

KZS/M-Ⅰ型轴报器单元电路功能如下。

1. 液晶显示器

LCD 显示器采用 20×2 点阵字符型、宽视角、带 LED 背光的显示模块，该模块显示

信息量大，能一次显示 8 个轴位的温度，一个环温和车厢号，还可以显示各种符号。显示器的原理如图 7-4 所示。

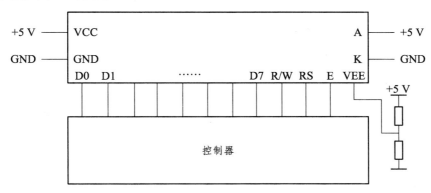

图 7-4 显示器的原理

其中，D0 ~ D7 为 LCD 的数据线，R/W 为读写线，RS 为 LCD 模块寄存器选择线（片选线），VEE 为液晶显示用电源、A、K 为电源线。控制器通过 D0 ~ D7，R/W、RS、E 这 11 根数据控制线来输出要显示的内容。

2. 时 钟

控制显示器自带实时时钟，时钟采用 DS12887A 或其他兼容芯片。该时钟内部自带电池，可以在控制显示器关闭的情况下继续运行。时钟主要用于记录报警数据。当控制显示器检测到某一轴温超温报警时，在储存器中可以记录该轴位的报警温度、环温，同时记录报警的时间。在报警过程中，每隔 1 min 记录一次报警温度。

3. 直流开关电源

列车直流电源多为 48 V，而控制显示器需要的是 5 V 和 10 V 电源，因此仪器采用了直流开关电源模块。直流开关电源的输入电压工作范围宽，输入输出隔离，并具有过热、过流保护功能。

4. 调制解调器

调制解调器是专门用于在特殊线路上（广播线或集控线）发送和接收数据的电路，该调制解调器采用的是频移键控（FSK）方式，中心频率为 132.45 kHz，远远高于音频，因此在工作时与广播互不干扰。具体参数为：波特率为 1.2 kHz；高电平为 31.85 kHz；低电平为 133.05 kHz；频率精度由晶体振荡器决定，小于 0.01%，无须人工调整。该晶体振荡器还输出时钟信号到控制器，并提供"看门狗"复位信号。调制解调器的接线如图 7-5 所示。

正常工作时，用示波器可以在第 10 脚观察到振荡输出波形，频率为 11.059 2 MHz。

当控制显示器收到其他车厢的控制显示器通过调制解调器发送的信息时，控制显示器面板上的通信指示灯会发出短暂的光，而当自己发送数据时，其通信指示灯发出时间比接收指示长 5 倍的光。依此可知通信的工作状态。

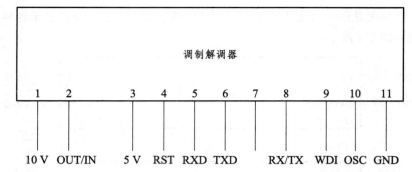

1—10 V 电源；2—载波信号的输入输出端；3—5 V 电源端；4—复位输出；5—串行数据接收端；
6—串行数据发送端；8—接受发送数据选择端；9—"看门狗"输入端；
10—振荡器输出端；11—电源接地端。

图 7-5　调制解调器的接线

（二）传感器

传感器是轴温报警系统的敏感元件，由于它处于车辆走行部分，工作环境恶劣，因此它的好坏直接关系到整个系统的可靠与稳定。目前，主要使用的是模拟温度传感器和数字温度传感器。

1. 模拟传感器

模拟传感器测试原理如图 7-6 所示。

模拟传感器需要用 300 μA 恒流工作，仪器采用了集成恒流源，它具有结构简单、精度高、温度系数小、漂移小的特点。当电子开关某一路选通时，300 μA 的恒流加到某一路传感器上，在这一传感器上可以测得与温度对应的电压值。该电压经过 A/D 转换的速率很快，每秒可达上万次，控制器根据 A/D 转换器送来的数据进行判断，经过处理后，将相应的温度值或开路、短路等状态送到 LCD 显示器显示，并根据是否满足报警的条件进行相应的处理。

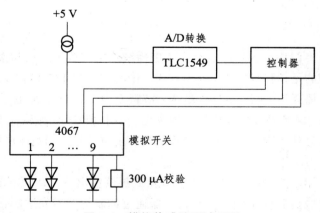

图 7-6　模拟传感器测试原理

模拟传感器由于输出的是直流电压信号，并且内阻又比较大（几千欧），所以当受到干扰和绝缘条件变坏时，会产生误差甚至误报警。模拟传感器串联电阻每增加 14.5 Ω，温度则偏低 1 ℃，温度值偏离过大，会产生误差甚至误报警。而与模拟传感器并联的电阻将使温度值偏高，并联电阻越小，偏离越大，并联电阻约 80 kΩ 时，约高 1 ℃。由于车体分线盒内可能进水，使绝缘变差，这将导致轴温误差偏大过多，形成误报。

2. 数字温度传感器

数字传感器测试原理如图 7-7 所示。

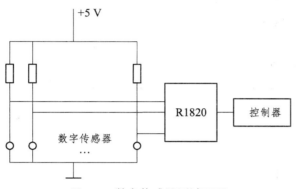

图 7-7 数字传感器测试原理

KZS/M-Ⅰ型轴报器使用的数字传感器是美国 DALLAS 半导体公司生产的 DS1820 芯片。

控制器向 DS1820 发出读取温度的命令，DS1820 把温度值和校验值传送给控制器。如果得到的数据校验正确，则此次温度有效，否则无效。控制器根据温度数据进行判断，经过处理后，将相应的温度值或开路、短路等状态送到 LCD 显示器显示，并根据是否满足报警的条件进行相应的处理。

数字传感器其实并不复杂。DS1820 内部其实也是 PN 结，它采用专用的变换电路把温度转变成数字信号，控制器在读取数字温度传感器的信号时不需要再经过其他转换而直接读取温度的数字信号。为保证温度数据的完整性，准确性，DS1820 在输出温度数据时，附有 CRC 校验，这样可以保证控制器读取正确温度。

DS1820 具有独特的单总线数字接口，即 DS1820 与控制器交换数据时，不需要单独供电。其数据线既可以用来读取数据，也可以用于向 DS1820 供电，在轴报中只需要数据线和地线就可以测温。

由于数字传感器和控制显示器之间传输的是数字信号，而不是电压值，且带有校验功能，因此相对于模拟传感器，串联电阻和并联电阻对数字传感器的影响很小。

当数字传感器接线串联电阻小于 300 Ω 时，数字传感器可以正常工作，对温度值没有任何影响；当串联电阻大于 300 Ω 时，数字传感器无法正常工作，显示开路。当并联电阻大于 1 kΩ 时，数字传感器可以正常工作，对温度值没有任何影响；当并联电阻小于 1 kΩ 时，数字传感器无法正常工作，显示短路。因此使用数字温度传感器不会产生误报现象。

由于数字传感器传输的是数字信号，如果存在较强的干扰，会引起数据读取错误，经过检验后剔除，表现为开路现象。因此，在使用数字传感器时，车体布线宜采用屏蔽线。

（三）KZS/M-Ⅰ型轴温数据监测记录仪的工作原理

KZS/M-Ⅰ型轴温数据监测记录仪是和 KZS/M-Ⅰ型轴报器配套使用的仪器，每列车（≤20 台轴报）配一台记录仪。轴温数据记录仪通过一根电缆与任一台轴报器相连即可记录整列车的轴温数据。在运行中它除了可以对各车厢的温度进行定时记录，给安装了 KZS/M-Ⅰ型轴报的车辆建立数据库外，还可以查看运行时整列车各个轴位的轴温。此外，该记录仪还可以把数据转存到大容量的 IC 卡上，并通过 IC 卡传给微机，由微机对所有记录的数据进行分析处理。

轴温数据记录仪的原理如图 7-8 所示。

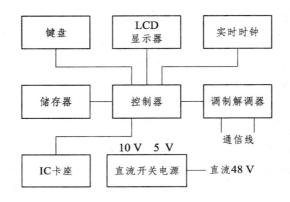

图 7-8　轴温数据记录仪的原理框图

控制器将从调制解调器收到的所有信息按一定的格式储存在储存器内，并将接收状态送入液晶显示屏显示。控制器还将实时时钟信号通过调制解调器发送出去，使每一台轴报的实时时钟与它一致（即可校准轴报内的时钟）。机器内部的储存器和 IC 卡的结构、容量一模一样，当插入 IC 卡后，仪器自动将机器内部储存器上的全部信息转到 IC 卡。记录仪工作时，每 10 min 自动记录一次轴温数据。当有报警时，记录仪能及时记录，记录内容包括报警时间、车种车号、车厢号、轴位、轴温、环温，此后只要此轴位还在报警，每隔 1 min 记录一次。

三、KZS/M-Ⅰ型集中式轴温报警装置故障与处理

KZS/M-Ⅰ型轴报器因采用高集成度模块化结构，在使用过程中一般无须调节任何元件，降低了工作过程中的维修量。在安装和使用过程中，可能发生的故障及相应的处理方法如下。

（1）开机后仪器显示屏无任何显示、显示屏背光也不亮。

故障原因：48 V 电源没有正确接入报警器；报警器的电源模块输出端+5 V 或+10 V 不正常，误差超过 0.2 V；滤波电感或自恢复保险（0.25 A）损坏；线路板上与电源部分

相关的线路断裂开路；DB-15 插座 12 脚（48 V+）、13 脚（48 V−）虚焊。

处理方法：正确接入 48 V 电源；更换电源模块；更换滤波电感或自恢复保险；修复线路断裂或插座虚焊部位。

（2）温度显示正常，但显示屏没有背光。

故障原因：显示屏与线路板连接线虚焊；显示屏背面的限流电阻开路或损坏；显示屏 LED 背光板损坏；显示屏损坏。

处理方法：重新焊接连接线；更换限流电阻、背光板或显示屏。

（3）温度显示正常，但背光发暗或特别亮。

故障原因：电源模块+5 V 电源偏低或偏高（误差 0.2 V 以上）；线路板上的降压电阻（200 Ω）变质。

处理方法：更换电源模块或降压电阻。

（4）采用模拟传感器的报警器，其显示的轴温与实际温度相差过大。

故障原因：恒流源误差超过 1%（正常值为 300 μA）；恒流管、104 电容、4.7 kΩ 电阻有不良现象；LM336 基准电压（正常值在 2.4～2.6 V）出现偏差；模拟开关 CD4067 损坏；A/D 转换器 TLC1543（或 TLC1549）损坏；线路板上的数字/模拟路线开关损坏（仅 3.0 版本有）。

处理方法：按报警器的调试方法校准恒流源；更换恒流管、104 电容、4.7 kΩ 电阻、LM336、模拟开关 CD4067、A/D 转换器 TLC1543（或 TLC1549）或线路板上的数字/模拟路线开关。

（5）报警器显示某一轴位温度偏高或偏低、短路或开路，其余轴位温度显示正常。

故障原因：线路板反面的贴片电容漏电、短路；DB-15 插座 1～9 位有断针或对应的焊盘线条有短路、开路、无焊现象；报警器外部连接线出现断路或短路现象。

处理方法：更换贴片电容、DB-15 插座；更换（修复）焊盘线条或外部连接线。对于采用模拟传感器的报警器，经上述处理无效可更换模拟开关 CD4067。

（6）报警器显示屏温度显示正常，但有缺笔画，断字符现象。

故障原因：显示屏与线路板之间有虚焊现象；显示屏导电橡胶接触不良或内部线路开路。

处理方法：重新焊接虚焊点或更换显示屏导电橡胶。

（7）报警器显示屏上半部显示一长条黑杠且蜂鸣器长鸣。

故障原因：CPU（IC1）损坏；调制解调器焊点虚焊；调制解调器损坏。

处理方法：更换同版本的 CPU（IC1）；重新焊接虚焊点或更换调制解调器。

（8）在线路连接正常的情况下，本机收不到或有时收不到其他报警器轴温数据。

故障原因：通信变压器损坏；调制解调器有虚焊现象；DB-15 插座 11、14、15 脚及相应连线有虚焊开路现象。

处理方法：更换通信变压器或重新焊接虚焊点。

注：在线路连接正常情况下，其他报警器收不到或有时收不到本机轴温数据的故障

原因与处理方法同上。

（9）报警器通信指示灯不亮。

故障原因：报警器联网状态不正常；发光二极管（绿）或 1 kΩ 电阻损坏。

处理方法：接好报警器网络连接线；更换发光二极管或 1 kΩ 电阻。

（10）报警器有正常报警信号，显示屏能显示报警轴位并闪烁，但无声光报警。

故障原因：蜂鸣器、8850 三极管、IN4148 二极管损坏；发光二极管（红）、5.6 kΩ 电阻等相关元件损坏。

处理方法：更换损坏的元件。

另外，当 KZS/M-Ⅰ型轴温报警器出现开机自检时一直处于自动复位状态、在检测时间状态时死机、日历时钟停止不走、显示混乱及校准后偏差太大时，可更换时钟集成电路 DS12887。

四、KZS/M-Ⅱ型集中式轴温报警装置

（一）KZS/M-Ⅱ型轴温报警装置特点

KZS/M-Ⅱ型轴温报警器是按照原铁道部运装客车〔1999〕287 号文《铁路客车集中式轴温报警器》所规定的技术要求生产的新型集中式轴温报警器。该仪器集中了原轴温报警器的所有技术优点，并在数模兼容、数字滤波、抗干扰和可靠性等方面均有新的突破。主要特点如下：

（1）数字传感器和模拟传感器全自动识别，无须更换模块或切换开关。仪器可以混接两种类型的传感器，并自动显示各轴位的传感器类型，实现了真正的数模兼容。

（2）显示窗口改为液晶屏，同时显示 9 个轴位的温度。

（3）本车可循环记录 1 000 次报警数据（不可人为擦除），记录的报警数据可查阅。

（4）仪器之间采用 FSK 通信方式，每台仪器提供 RS-485 输出。

（5）全列配置一台记录仪，用于实时监测全列状态，并记录全列车的轴温数据；配置标准大容量 IC 卡，可循环记录 2 000 组全列轴温数据（一列按 20 辆车计）另加 1 000 次报警数据。

（6）研制开发了基于 Windows95/98 的客车轴温数据分析管理系统（V3.0 版），不仅实现了轴承故障的早期诊断，也实现了客车编组和轴温管理的微机化。

（7）增设了 MAX485 接口，可靠实现仪器与车载 PC 机的实时通信（动车专用）。

（二）KZS/M-Ⅱ型轴温报警装置的技术参数

KZS/M-Ⅱ型轴温报警装置的技术参数见表 7-3。

表 7-3　KZS/M-Ⅱ型轴温报警装置的技术参数

项目	电源电压	测量温度范围	测量精度	系统测量精度	温度测定路数
参数	DC 36～150 V	−45～125 ℃	±1 ℃（20～90 ℃） ±2 ℃（<20 ℃或>90 ℃）	±2 ℃（20～90 ℃） ±4 ℃（<20 ℃或>90 ℃）	8 路轴温，1 路环温

项目	传感器	定点延时	报警温度	车厢数	控制显示器通信方式
参数	数、模全自动兼容	用于测试恒流源，延时（30±2）s	定点报警（90±2）℃ 跟踪报警：环温（−45±4）℃	≤20	采用 FSK 方式，波特率为 1 200 bit/s

项目	载波频率	工作环境温度	工作相对湿度	消耗功率
参数	FL：133.05 kHz；频率精度：0.01 FH：131.85 kHz；频率精度：0.01	−10～50 ℃	不大于 93%	不大于 4 W

任务二　TFX1 型电子防滑器

任务描述

　　电子防滑器是高速制动系统中的重要组成部分，它主要用于装有盘形制动机或单元制动机的客车制动系统中，防止制动中车轮滑行，车辆制动力减少。本任务主要介绍电子防滑器的结构与工作原理，功能与操作使用、常见故障与处理。

相关知识

一、TFX1 型防滑器的结构与作用原理

（一）主要功能和参数

　　TFX1 型电子防滑器主要用于装有盘形制动的四轴客车制动系统中，也可用作机车的防空转和防滑装置。制动时能有效地防止轮对因滑行而造成的踏面擦伤；能根据轮轨间黏着的变化调节制动缸压力，实现制动力调节，以充分利用轮轨间的黏着，得到较短的制动距离。

　　TFX1 型防滑器的主要参数见表 7-4。

表 7-4　TFX1 型防滑器的主要参数

项目	参数	项目		参数
电源电压/V	DC 48（变化范围 38～68）	环境温度/℃	主机	−5～+50
电磁阀功耗/W	56		速度传感器	−30～+100
适应的速度范围/（km/h）	3～250		防滑充排电磁阀	−50～+50
主机功耗/W	20			

　　该防滑器系统配置如图 7-9 所示。它主要由速度传感器、主机、防滑排风阀和压力继电器（压力开关）四部分组成。TFX1 型防滑器的接线如图 7-10 所示。

　　1. 速度传感器部分

　　它是一个速度脉冲信号发生器，由速度传感器及感应齿轮组成。感应齿轮安装在车轴端部，传感器安装在轴箱盖上，其端部与齿轮顶部保持 1 mm 左右的间隙。感应齿轮与轴承压盖做成一体，齿轮共有 90 个齿，即车轮每转一圈产生 90 个脉冲信号。当齿轮旋

转时，齿顶齿谷交替通过传感器，切割磁力线，即在传感器输出线圈上感应出相应的脉冲信号。

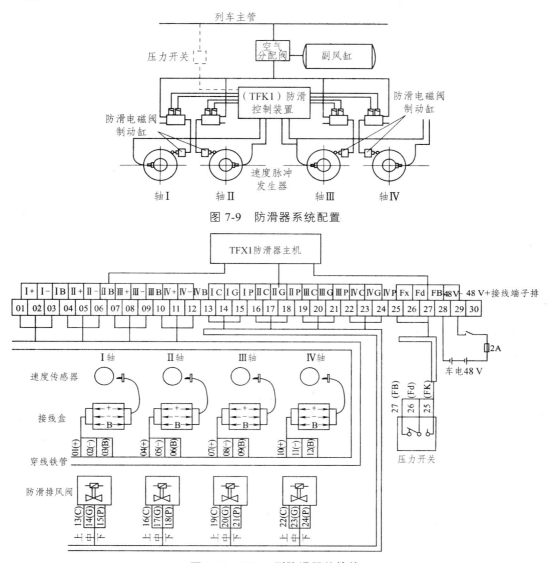

图 7-9　防滑器系统配置

图 7-10　TFX1 型防滑器的接线

2. 防滑器主机

主机是防滑器的控制中心，它接收 4 路速度传感器的速度脉冲信号，通过对该信号的处理、计算、比较，做出各种决策，控制各防滑排风阀发生相应的动作，使相应的制动缸排风或充风。

防滑器主机安装在车辆上部乘务员室内，其电源为 DC 48 V，设有极性保护、瞬态干扰滤波网络及自动通断环节。在 34 ~ 62 V 电压变化范围内系统能稳定可靠地工作。

主机面板如图 7-11 所示，设有三个功能按钮，即"诊断""显示"和"消除"，一个电源灯，一个两位数字 LED 显示，在显示器右下还有一个故障小灯。

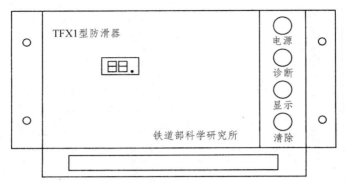

图 7-11　TFX1 型防滑器主机面板

3．防滑器排风阀

防滑器排风阀是防滑器的执行机构，采用双电磁铁间接作用的结构原理，安装于空气分配阀与制动缸的连接管路上，根据主机的指令，控制相应的制动缸的排风和再充风。

4．压力继电器

压力继电器是实现防滑器电源自动通断的主要元件，安装于车辆列车制动管上。它由一个膜极活塞、活塞顶杆、压力调整弹簧及一个微动开关组成。通过调整弹簧的压力调节压力，当列车制动管压力达到要求数值时，膜板上移，通过顶杆推动微动开关，使其常开触点闭合，常闭触点断开，通过主机内部线路使主机电源接通；当列车制动管压力低于弹簧调整值时，微动开关恢复原状，常开触点断开，常闭触点闭合，触发主机，经过一定时间后切断主机电源。

（二）防滑器工作原理

TFX1 防滑器系统采用了两种防滑判据，即减速度和速度差。

运行中四路速度传感器的脉冲信号经主机处理后，按照一定的时间间隔采样，分别计算出各轴的速度和减速度，并将各轮对的转动线速度与车辆运行速度进行比较得到相应的速度差，再将各轴的减速度和速度差分别与相应的判据进行比较。制动过程中当某轴的速度差或减速度分别达到有关的判据标准时，主机立即控制该轴的防滑充排电磁阀动作，使相应的制动缸阶段排风或一次排风，从而达到防止轮对滑行、根据轮轨黏着关系变化而调节制动力的目的。当轮对恢复转动时，根据各轴不同的加速度或速度差可实现各轴制动缸的再充风或一次再充风。

二、TFX1 型防滑器的常见故障与处理

TFX1 型防滑器正常运行下完全自动工作，此时将显示"88"或"88."。当出现"88."的信息时，表示系统某部件曾经出现过偶然性故障，但现已恢复正常，目前不影响正常

使用。应显示并记录其故障代码并予以清除，以便进一步监视观察。故障部件在维修更换后，若故障代码没能及时清除，也将出现"88."。

当出现某轴速度传感器固定性故障代码时，由于TFX1型防滑器具有邻位互补功能，因此，只要相应轴的防滑排风阀无故障，该轴防滑保护作用将与相邻轴相同。其防滑保护功能得到部分补偿。但在停车状态下应及时修复，然后清除代码并通过系统自诊断进行确认。

当出现某轴防滑排风阀固定性故障代码时，该轴的防滑保护功能将失效。在停车状态下应及时修复或更换，然后清除故障代码并通过系统自诊断进行确认。

当出现"··"故障信息时，表示全部速度部件或全部防滑排风阀或两者均出现固定性故障，该台防滑器已全部失去防滑保护作用，应切断防滑器48 V供电，进行系统检查和维修，正常后重新投入运行。

通过故障代码或故障现象找出故障位置后，可按表7-5～表7-8所示的检修步骤逐项检查。更换故障部件前，一定要先关断主机电源，禁止带电操作，以免损坏部件。故障排除后应启动主机电源，清除原来的故障代码，并通过系统诊断试验确认不再有故障为止。

表7-5　TFX1型防滑器主机供电系统故障与处理方法

故障原因	检查与处理
制动管风压大于200 kPa，主机不能自动上电，手动按"诊断"或"显示"按钮也不能上电，电源电压表头指示大于46 V	1. 检查供电电压直流值是否在42～68 V。 2. 检查供电电压交流有效值是否符合要求。 3. 检查48 V供电段与车体间是否因车上供电线路问题而有漏电。 4. 检查压力缓电器接线端与车体间有无短路现象。 5. 上述1～4项若正常，则更换主机内PW卡，更换主机内PR卡上3A保险管。 6. 上述1～4项任一项有问题，应在检修后再按第5项处理
制动管风压大于200 kPa，主机不能自动上电	1. 供电电压小于42 V。 2. 压力继电器接线端与主机端子排连接错误。 3. 压力继电器内的微动开关触头与顶杆没有对准
制动管风压大于200 kPa，主机不能自动上电，手动按"诊断"或"显示"按钮也不能上电，电源电压表头指示大于46 V	1. 检查供电电压直流值是否在42～68 V。 2. 检查供电电压交流有效值是否符合要求。 3. 检查48V供电段与车体间是否因车上供电线路问题而有漏电。 4. 检查压力缓电器接线端与车体间有无短路现象。 5. 上述1～4项若正常，则更换主机内PW卡，更换主机内PR卡上3A保险管。 6. 上述1～4项任一项有问题，应在检修后再按第5项处理
制动管风压大于200 kPa，主机不能自动上电	1. 供电电压小于42 V。 2. 压力继电器接线端与主机端子排连接错误。 3. 压力继电器内的微动开关触头与顶杆没有对准

表 7-6　TFX1 型防滑器速度部件故障与处理方法

故障原因	检查与处理
出现"7，X"故障代码（X 为 0、1、2、3、4）	1. 速度传感器转接盒内，速度传感器屏蔽线 B 与车上连接电缆屏蔽线没有对接。 2. 接线盒内有脱线、碰线、虚线。 3. 接线盒内"+""–""B"之间有短路现象。 4. 速度传感器"+""–"之间电阻是否为 1～2 kΩ，若不正常，更换速度传感器。 5. 如上述 4 项正常，更换主机内 S1 卡或 S2 卡
运行中显示"7""X"，停车变"88."	1. 按"显示"按钮，显示偶然故障码以确定故障位置。 2. 速度传感器"+""–"之间是否短路。 3. 检查速度传感器与测速齿轮间距是否为 0.8～1.2 mm
运行中显示"88"，停车变"7.X"	1. 运行中按"显示"按钮，显示偶然故障码，做好记录后清除该偶然故障码，观察运行过程中该故障码出现的频繁程度。 2. 停车变为 7.X 后，检查接线盒内速度传感器屏蔽线 B 是否与车上连接电缆线的屏蔽线对接或屏蔽线已折断、脱落

表 7-7　TFX1 型防滑器防滑排风阀故障与处理方法

故障原因	检查与处理
一只阀的充风电磁铁、排风电磁铁同时出现故障	1. 检查充风端 C 与公共端 G、排风端 P 与公共端 G 间电阻值是否为 150～300 Ω。 2. 阀的公共端 G，充风端 C、排风端 P 是否与车体短路。 3. 排除上述故障后，更换主机内 V1 卡上的 0.75A 保险管
一只阀的充风电磁铁或排风电磁铁只出现一个故障码	1. 充风端 C 与公共端 G、排风端 P 与公共端 G 间的电阻值是否为 150～300 Ω。 2. 充风端 C、排风端 P 与车体有无短路。 3. 上述两项无故障，则更换主机内的 V2 卡
停车系统诊断试验时，阀没有保压动作（不停顿排风或不停顿充风）	阀连线错误，C 与 P 颠倒，应将 C 与 P 调换接线位置
停车系统诊断试验时，制动机缓解不良	1. 阀内气路故障，更换防滑排风阀。 2. 制动管路内被异物堵塞，增大了气阻所致。 3. 制动机作用不良

表 7-8 其他故障与处理方法

故障原因	检查与处理
非法码"8.8.",按显示按钮显示"03"	"8.8"故障码不影响正常防滑保护功能,但有可能影响故障码存储显示功能,应更换主机内 CP 卡
防滑器显示失效故障码".."且电源指示灯亮,按"显示"按钮,显示全部防滑排风阀与速度传感器故障码	检查主机端子排,发现未接任何外部部件而上电操作,应禁止此类操作
电源指示灯与显示器时亮时灭	1. 由防滑器主机反复上电,关断所致,供电电压值在 24 V 附近,启动防滑器时由于电压跌落至 38 V 以下,造成防滑器自动关断,关断后电压上升至 42 V 以上,防滑器主机上电。 2. 更换蓄电池;更换应急电源,排除可能的负载过流现象

任务三 客车行车安全监测系统及网络控制系统

任务描述

　　随着我国旅客列车提速范围越来越大，运行速度越来越高，途中停靠站的减少，确保旅客列车运行安全的任务变得十分艰巨。在运行中及时发现和防止故障的发生和扩大，并采用相应信息化检修作业，成为目前保证旅客列车运行安全急需解决的问题。

　　车辆运行中基础制动系统的作用是否良好、车辆转向架的性能是否恶化、车辆供电系统是否处于安全状态、防滑器工作状态是否正常、有无擦伤超限的车轮、空气弹簧工作状态、轴承温度是否超限报警、配电室等重点防火部位有无火灾险情等，这些涉及列车运行中安全的问题都必须在运行状态下及时发现并采取相应对策，才能使旅客列车运行安全得到保证。

　　客车行车安全监控系统用以对上述危及旅客列车运行安全的主要因素进行实时监测诊断、记录和存储、集中显示和报警及故障定位指导维修。

　　本任务主要介绍客车行车安全监测系统的组成及工作原理。

相关知识

一、KAX-1 型客车行车安全监测诊断系统

（一）系统特点

　　（1）KAX-1 型客车行车安全监测诊断系统是集车载实时监测诊断与记录、无线通信、地面实时监测终端与数据库管理为一体的信息化客车行车安全监测系统。

　　（2）该系统监测诊断重点主要针对目前客车故障多发部位、发生故障危及运行安全而人工难以检测和判断的部位以及只有在运行工况下才能检测到的部位，即客车的走行部、基础制动系统和车辆供电系统等。

　　（3）列车级主机以 QNX 多任务实时操作系统为平台。QNX 多任务实时操作系统比目前常用的 Windows 操作系统，在实时性、稳定性、可靠性等方面有很大的提高，并且具有模块化程度高、剪裁自如、易于扩展的特点。

　　（4）各监测功能级节点在尽量少装传感器的条件下，求得可解耦信息满足基本监测诊断要求，并简化系统以方便现场检修和提高系统功能价格比。

　　（5）系统各功能级监测单元硬件上为独立模块。系统以基本配置（车辆走行部动力学、基础制动系统、车电、防滑器）为基础，其余功能块（轴温、火警、车门、车厢显示器、无线通信等）为可选件，系统组态灵活。

（6）尽量采用了较为先进成熟的技术，应用软硬件可靠性设计，功能级监测节点的传感器免标定、免维护。

（7）地面数据库与专家系统的数据存档、查询、诊断、联网功能为车辆应用和管理部门提供了一个车辆应用管理、动态质量控制的信息化技术平台。

（二）系统组成

KAX-1 客车行车安全监测诊断系统由 3 个分系统组成：车载安全监测诊断系统、无线通信系统和地面数据管理与专家系统。目前，25T 型客车和行邮车上只装有车载安全监测诊断系统，其系统结构如图 7-12 所示。

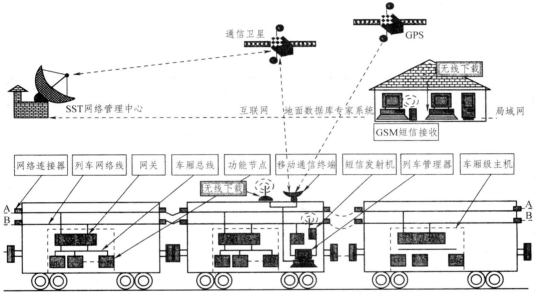

图 7-12　行车安全监测系统组成示意图

车载安全监测诊断系统为两级层次网络结构的 Lon Works 列车通信网络系统。由连接同一列车上不同车厢的列车网络（列车总线）TBUS 和连接同一车厢内不同功能级监测诊断子系统的车厢网（车厢总线）VBUS 组成。

本系统分为功能级和列车级两级监测诊断，如图 7-13 所示。对于列车级监测诊断系统来说，车厢级功能监测诊断子系统是基本监测诊断单元。车厢里的各功能级监测诊断子系统只担负本车厢某一部件或功能的监测和诊断（如制动系统的监测诊断子系统的任务是监测诊断制动系统的工作状态）。车厢级不能诊断或诊断条件不充分的则通过列车级综合诊断来实现（如关门车、折角塞门关闭等）。

车厢总线上的各功能级监测诊断子系统由车厢网关进行通信管理，它既是车厢网络通信管理器，又是列车网与车厢网的网关，如图 7-13 所示。列车总线上的列车网络管理器根据各车厢的监测诊断报告再进行全列车综合诊断，得出本列车各车厢的监测诊断报告（集中显示和报警）。列车网络管理器还担负组网（网络初运行），以适应车辆编组变动时各车厢的车号、车厢号、运行方向的识别任务。

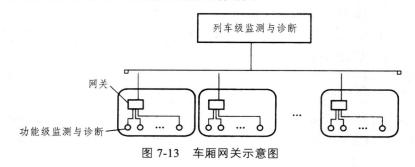

图 7-13　车厢网关示意图

（三）系统技术条件

系统技术条件见表 7-9。

表 7-9　KAX-1 型客车行车安全监测诊断系统的技术条件

项目	技术条件
系统诊断分级	车厢功能级诊断与列车级综合诊断两级
车厢级功能级监测	车辆转向架与车体、制动系统、防滑器、车厢级显示器
列车通信网络	结构　车厢级与列车级两级层次结构；传输介质　屏蔽双绞线（符合 TB/T 1484—2001 标准）； 类型　列车级 Lon Works 现场总线；车厢级 Lon Works 现场总线；可传输距离：1 000 m
适应编组数	1～20 辆
通信方式	车载移动卫星双向通信；无线通信 GPRS；无线通信 GSM；无线局域网通信
工作环境温度	−40～+70 ℃
工作环境相对湿度	不大于 95%
工作电压	DC 110 V/DC 48 V 或 AC 220 V/50 Hz
电源功率	车厢级　约 75 W；列车级管理器　约 100 W

二、车厢级网络系统与主机

（一）车厢级网络系统

目前，车载安全监测诊断系统由 4 个功能级监测诊断子系统，一个显示节点和车厢网关通过 Lon Works 车厢总线组成车厢级网络系统。各功能级子系统诊断报告与过程数据，通过车厢网关和列车总线传送给列车网络管理器，如图 7-14 所示。

车厢级网络采用背板总线方式,车厢级主机的制动节点、车辆节点、防滑器节点、显示节点及代理节点分别以板卡方式与车厢级总线连接。车厢级显示节点除具有显示本车功能节点状态的功能外还具有修改车顺号和车厢制造号的功能。

车厢级网络系统将防滑器的车辆参考速度变量传送给车门监测节点和车辆转向架状态监测节点,作为两节点的诊断条件;将基础制动监测节点监测的制动/缓解工况变量提供给车辆监测节点、防滑器监测节点,作为诊断输入条件;将防滑器、制动节点的有关变量传送给车辆节点参与系统诊断。

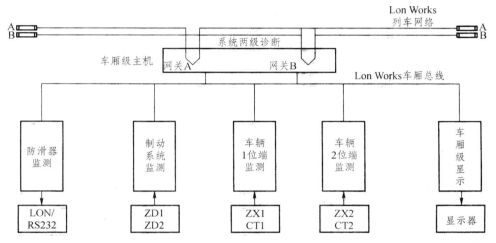

图 7-14 KAX-1 车厢级主机监测诊断功能示意图

(二)车厢级主机

车厢级各监测诊断子系统集中安装在一台 19 英寸机箱内,机箱内每一个板卡担负某一个独立功能。它通过机箱下面的端子排与外围设备、列车网和传感器连接。

车厢级主机面板布局如图 7-15 所示。

(三)车厢级监测诊断子系统

1. 制动监测诊断子系统

25 型提速客车的制动系统是空气制动系统。制动监测诊断子系统监测列车支管和制动管路的风压,诊断制动机的制动、缓解工况,报告有无制动/缓解作用不良、自然制动、自然缓解故障;为列车级综合诊断是否有折角塞门关闭、关门车事件的发生提供诊断数据;在列车级主机全程记录、存储诊断事件报告、制动管和制动管路风压的过程数据;通过下载到地面数据库专家系统的过程数据与报告,可实现查询、比较、再次诊断和故障确认;在车厢级为防滑器、车辆转向架状态监测诊断子系统提供制动、缓解状态报告。制动监测诊断子系统测点的安装布置如图 7-16 所示。图中,LC 为制动管压力监测传感器,必须安装在制动支管截断塞门后面的气路上;ZD 为制动管压力监测传感器,必须安装在空重车阀和车辆缓解塞门后面靠近制动缸的气路上。

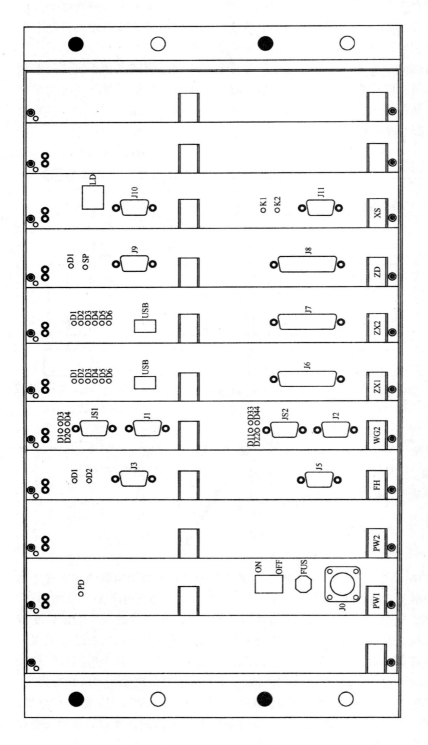

J0—110 V/48 V 电源输入连接器；J1—车辆一、三角列车网络连接器；JS1—预设一、三角自动组网连接器；JS2—预设一、四角自动组网线连接器；
J3—国产防滑器联网连接器；J6—1 位端转向架与车体传感器连接器；J7—1、2 位端转向架与车体传感器连接器；
J8—制动监测传感器联网连接器；J5—进口防滑器调试外接口；PW 卡—车厢级主机电源板卡；WGZ 卡—车厢级网关；FH 卡—防滑器接口板卡；
J11—车厢级调试外接口；ZX1 卡—车辆 1 位端监测诊断板卡；ZX2 卡—车辆 2 位端监测诊断板卡；
ZD 卡—制动监测诊断板卡；XS 卡—车厢级调试显示、车号修改板卡。

图 7-15 车厢级主机面板布局

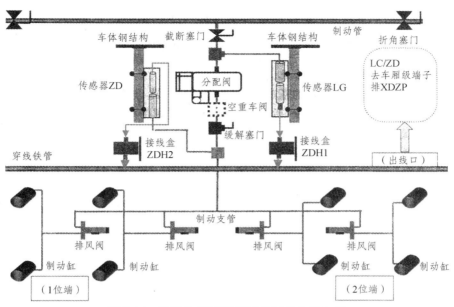

图 7-16　制动监测诊断子系统测点安装布置

2. 车辆转向架状态监测诊断子系统

转向架与车体监测传感器的安装布局如图 7-17 所示。图中，ZX1、ZX2 分别为 1、2 位端转向架加速度传感器，监测 1、2 位端转向架的垂向与横向振动状况；CTI、CT2 为 1、2 位端车体监测加速度传感器，监测 1、2 位端车体的垂向与横向振动状况。8 路加速度模拟量信号通过接线盒和车下电缆线传送到车厢级主机的 J6 和 J7 监测诊断板卡。

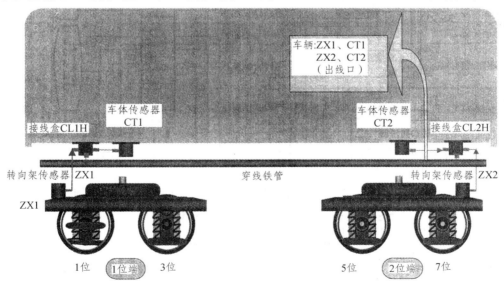

图 7-17　转向架与车体监测传感器的安装布局

在车辆 1、2 位端的车体、转向架上安装加速度传感器，监测轮轴与一系、二系悬挂系统，并根据车体的信号监测整个车辆系统的状态。通过对车辆动力学系统的加速度输出的监测，同时计算系统的时间历程的特征数据，并且对车辆系统振动状况进行评估，将此特征数据经列车网络传输到列车级主机，而后通过特定的系统对车辆的状态以及车辆状态变化过程进行进一步的判断。因而，系统的功能分两方面：

1）车厢功能级实时监测与状态评估

监测车辆转向架及车体横向和垂向振动加速度，报告本车前后转向架、一系与二系的横向和垂向振动情况；转向架失稳情况；判断轮轴系统工作是否正常，车轮踏面是否异常（擦伤、剥离）；一系悬挂故障；空气弹簧系统故障诊断与报警等。

2）车辆维修建议系统

车辆维修建议系统是地面数据管理与专家系统的功能之一，它通过将特定时间段的数据导入地面维修建议系统，系统会自动报告此时间段车辆的状态，并对维修部位给出建议。同时，系统也可以根据维修情况为进一步的车辆系统诊断与态势发展预测提供相关的规律。

3. 防滑器工作状态监测子系统

防滑器工作状态监测子系统的基本功能是：通过防滑器与车厢级主机联网，报告防滑器有无故障，若有故障，则指出故障部位，指导维修；报告本车厢防滑器执行防滑保护动作情况；作为车辆转向架节点的诊断输入条件。

防滑器监测子系统的连接如图7-18所示。国产防滑器（TFX型）的主机一方面通过Lon Works总线与车厢总线互联（通过J3节点）实现网络变量传递；另一方面通过RS-232与车厢电控PLC网关通信，报告本车厢防滑器工作状态和本车参考速度。防滑器通过RS-485同时与车厢电控PLC网关和安全系统车厢主机的J5节点通信，报告本车厢防滑器工作状态和本车参考速度。

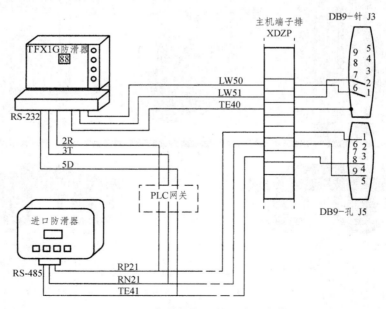

图 7-18　防滑器监测子系统的连接

4. 车厢显示节点

本系统的车厢显示节点配以便携式显示器作为车厢级人机接口，用于车厢级各节点的调试确认，本车厢车辆工厂制造号和车厢顺号也可在车厢显示节点上进行人工设置和修改。板卡上的"LD"显示器显示本车厢顺号。

三、列车级通信网络与主机

（一）列车级通信网络

KAX-1 型客车行车安全监测诊断系统采用 Lon Works 现场总线技术。Lon Works 现场总线技术的开放性、互操作性，通信介质的多样性，面向对象的设计思想以及总线型的网络拓扑结构，作为有变动编组要求的旅客列车级网络通信系统是可行的。Lon Works 已经是我国铁路车辆通信网络可选标准之一。

客车行车安全监测系统为基于 Lon Works 网络的分布式微机监视诊断系统，其拓扑结构为车厢级和列车级两级总线式结构。收发器采用双绞线收发器 FTT-10A，传输介质采用双绞屏蔽线，传输速率 78.5 kb/s，传输距离 2 700 m。

列车级网络采用双绞屏蔽线传输介质，它连接一台列车级主机和多台车厢级主机。列车级总线采用双列车网络动态冗余工作模式，其中车辆 1、3 角为一条列车网（A 网），车辆 2、4 角为另一条列车网（B 网）。A、B 网在每节车厢的两侧平行布置，组网线也类同。列车网络线布局如图 7-19 所示。

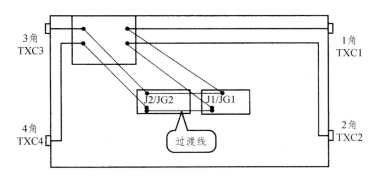

图 7-19 列车网络线布局

第一条列车网（1、3 角）连接车厢级主机网关卡 J1、列车级主机网络管理卡的 JG1；第二条列车网（2、4 角）连接车厢级主机网关卡 J2、列车级主机网络管理卡的 JG2。

有列车级主机的车厢，1 角和 2 角的列车网先通过车厢级端子排（XDZP）连接到车厢级主机的 J1 和 J2。再通过一一对应的过渡线连接到列车级主机端子排（LDZP）进入列车级主机的 JG1 和 JG2。最后从列车级端子排连接到对应的 3 角和 4 角。无列车级主机的车厢则不用过渡线。

列车网过渡线必须与列车网络线同一种型号，并保证连接的可靠。车厢与车厢之间的两条列车网络连接电缆必须同时连通，缺一不可，才能保证双列车网动态冗余工作模式。用于车厢之间连接的网络电缆屏蔽线与车厢列车网络线的屏蔽线是不连通的，以保证列车网络屏蔽线以车厢级为单元分别独立接地。

列车级网络采用双网冗余结构使系统具有较强的灵活性和可靠性。首先，它可以保证车厢调头不影响信息传输，同时不需人工干预。其次，单侧网络故障和单一网关设备或单一管理器网卡故障不影响信息传输。另外，列车级网络预留了动态组网端口，在条件成熟的情况下可开通此项功能，从而实现终端电阻自动投入和在列车级启动自动排序功能以减少人工干预（如在车厢级输入车顺号或在列车级调整全列车的车顺号等），使系统更加智能化。

车厢级主机中有两个 Lon Works 网关，均为本车厢的代理节点，它汇总本车厢各节点的信息并通过列车级通信网络向列车级管理器转发，同时接收列车级管理器发送的命令。

列车级主机包含两个 Lon Works 管理网卡，分别管理 A、B 两个列车级网络。列车级 CPU 选择两个网卡中的一个作为管理主节点，它汇总各个车厢代理节点发送的信息并进行存储和分析，CPU 将另外一个网卡作为从节点。当管理主节点所在的网络中有一个或多个车厢级代理节点出现问题时，可以在从节点网络中选取车厢级代理节点发送的信息，保证列车级数据的完整性。

（二）列车级主机

列车级主机是一台壁挂式机箱，外接带电阻式触摸显示屏的工业级专用装置，由 5 块板卡组成。它担负安全监测诊断系统列车通信网络的运行管理、列车级双向数据通信、列车级综合诊断、集中显示与报警、各功能节点诊断报告和过程数据的记录、"人-机"交互及完成"车-地"双向无线通信功能。

列车级主机具有数据存储功能，它可以将全列制动节点、车辆节点和防滑器节点的事件信息和故障信息进行存储，并在车厢级过程数据的基础上在列车级对全列数据进行进一步的分析和对比，从而在列车级形成对制动故障和车辆故障的进一步诊断和故障报警。故障信息通过串口与主机进行通信，由其发送给地面接收装置。事件信息和故障信息可以通过 USB 口下载到移动存储设备中，供地面专家系统导入地面数据库进行数据分析。

列车级主机和列车级显示器之间通过串口进行数据通信。列车级显示器显示整列车的安全监测诊断信息。列车级显示器可以集中显示当前所有车辆的制动系统、车辆系统和防滑器系统的所有信息，当某一个或多个车厢出现潜在安全隐患时，列车级显示器发出报警提示信息，并给出故障发生的定位信息和故障参数。列车级显示器采用触摸屏方式，可以方便地查阅全列信息、单个车厢信息、分系统信息及故障历史信息。列车级显示器程序采用嵌入操作系统编程，系统在各种条件下开、关机时性能不受影响。

列车级主机的面板布局如图 7-20 所示，板卡功能见表 7-10。

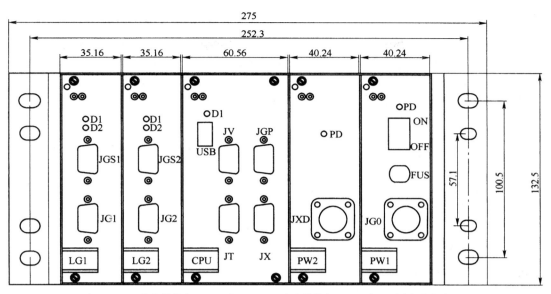

PW1 卡—DC/DC 电源转换卡；PW2 卡—DC/DC 电源转换卡；CPU 卡—列车级主机的 CPU；
LG2 卡—第二条列车网络管理器卡；LG1 卡—第一条列车网络管理器卡；JG0—DC110 V/DC48V 电源输入，
24V 输出；JXD—DC24V 输出给显示器，主机内部 5V 电源；JX—外接列车级触摸屏显示器；JT—网络调试接口；
USB—数据下载接口；JGP—与 PLC 网关通信接口；JG1—第一条列车网（A 线）接口；JGS1—第一条组网线接口；
JG2—第二条列车网（B 线）接口；JGS2—第二条组网线接口。

图 7-20 列车级主机的面板布局

表 7-10 列车级主机板卡功能

板卡代号	板卡功能	指示灯代号	意义	正常状态	故障状态
PW1	48 V 转 24 V 和±12 V 110 V 转 24 V 和 ±12 V	"ON-OFF" "PD"	带来电显示功能的电源开关；24 V 输出显示灯	亮	"ON-OFF" 亮 "PD" 灭
PW2	24 V 转 5 V；24 V 输出到列车级显示器	"PD"	5 V 输出显示灯	亮	灭
CPU	中央处理单元，USB 下载与显示器和 PLC 接口通信	D1	电源指示	亮	灭
LG1	网络管理	（PW）D1	电源指示	亮	灭
LG1	网络管理	（SP）D2	网络状态	灭	常亮或闪烁
LG2	网络管理	（PW）D1	电源指示	亮	灭
LG2	网络管理	（SP）D2	网络状态	灭	常亮或闪烁

　　车载安全监测诊断系统的监测与诊断报告目前通过列车管理器以串口通信方式传送给电控主站 PLC，由 PLC 向地面实时报告安全监测状态。本系统可以通过无线局域网，在列车进库的 600 m 范围内与地面实现自动无线下载；通过无线移动 GPRS 实现列车运

行中与地面的数据通信；用移动存储器通过 USB 接口实现列车停站数据下载等功能。

KAX-1 安全监测诊断系统的监测数据通过网络传输，网络管理程序接收、归类及存储这些监测数据。人机交互界面对监测数据提供显示、删除及下载等操作。显示器配备串行口及 USB 接口接入通信设备及 USB 移动硬盘。可下载的数据及其作用如下：

（1）列车运行过程各监测子系统采集的大量节点过程数据，对于分析列车运行性能及车辆检修有重大意义。

（2）故障事件记录数据，记录系统运行过程中监测到的各子系统的故障事件，便于检修人员及时准确地发现车辆运行中存在的问题，提供检修解决方法。

（3）通信数据及时地将当前报警故障等重要信息发送到相关联系人及地面接收服务器，可以通过远端监视系统的运行状态。

四、常见故障与处理

（一）列车级主机故障与处理

1. 列车级主机 PW 卡电源故障

故障现象是电源指示灯"ON-OFF"灯点亮而"PD"不亮。首先检查电源线是否已经正确接入，主机输入电压应在 48 V（行邮车）或 110 V（25T）的规定范围之内，对应线号为+123B 和-111B；若以上正常而故障仍然存在，检查电源开关是否已经打开；电源开关打开后若故障仍然存在，检查主机 PW1、PW2 模块上保险管是否已经熔断，如果已经熔断就更换保险管，主机保险管规格为 48 V/3 A（行邮车）或 110 V/2 A（25T）；经上述处理后故障仍然存在，可更换主机电源卡。

2. 列车级主机与显示屏之间通信中断故障

如果在运行过程中突然通信中断，主机显示屏上部中间的时钟不再刷新时间，或在显示屏启动时通信中断，显示屏长时间提示"正在初始化"，出现此现象，表明列车级主机与显示屏之间通信出现中断故障。

首先应检查主机与显示屏之间的通信线是否已经正确连接，正确的连接方法是主机侧接在 JX 端口上，显示屏侧接在 COM1 端口上；正确连接后，如果故障仍然存在，检查通信线是否正常，如果通信线正常，而且已经正确连接，而故障仍然存在，则检查主机是否已经正常供电；如果主机已经正常供电，则检查主机 CPU 卡是否正常工作。

3. CPU 卡不工作故障

在主机供电正常的情况下，把主机校验仪插入主机 CPU 卡的 JT 端口，如果 LED 灯闪烁，说明主机仍在工作；如果不闪烁说明主机停止工作，此时可以关闭电源后再重新启机。重启后如果故障仍然存在，说明 CPU 卡已经发生故障，应关断主机电源后更换 CPU 卡。

（二）列车网络故障与处理

列车网络出现故障的现象是，从列车级显示器上看不到任何车厢或看到的车厢数目比实际的要少。出现此故障时，首先检查主机工作是否正常，如果主机工作正常，说明网络有故障，可能的问题如下：

（1）列车级主机箱内网卡 LG1、LG2 有故障，可关断主机电源后更换 LG1、LG2 卡。

（2）列车网终端电阻未接入。

（3）列车网网线有断点或车厢间网络线连接电缆未连接。

（4）车厢级网关 WG 卡故障，可关断电源后更换 WG 卡。

（三）显示屏故障与处理

显示屏不亮，可能是显示屏的电源线未接或电源开关未开；显示屏显示的车厢数与车状态不符，可能是与主机的通信发生故障；当出现其他异常时可尝试关闭电源重新启动。

（四）车厢级主机故障与处理

1. 车厢级主机电源故障

车厢级主机的 PW 卡从端子排的 +123A 和 -111A 输入 DC 110 V 或 DC 48 V 电源，经抗干扰处理及 DC/DC 转换后，为主机内部各板卡提供 DC 24 V 电源，各板卡再经过 DC/DC 变换为内部电源。PW 卡的 "ON-OFF" 是带来电显示功能的电源开关，来电时点亮，如果该灯熄灭表示车厢级端子排未送电。"PD" 显示灯点亮表示 PW 卡已送出 24 V 电源。如果 "PD" 灯熄灭，"ON-OFF" 灯点亮，说明 PW 卡电源有故障，可检查卡上保险丝（110 V/2 A；48 V/3 A），如果保险丝已断，检查输入电源是否在波动范围之内，如果电源正常，可更换保险丝。经上述检查处理后，如果 "PD" 灯仍不亮应更换 PW 卡。

2. 故障指示灯指示的故障

各板卡均有故障指示灯指示故障信息（见表 7-10），可以根据表 7-10 上所列各板卡指示灯状态来判断和排除故障。

知识拓展

CRH2 型列车信息控制系统

列车信息控制系统对动车组各部件进行全面、实时的信息化控制，通过信息分散采集、远程诊断、网络传输、集中处理，对各类信息进行实时汇总分析。CRH 2 型列车信息控制系统通过贯穿全列车的总线传输信息，并且对列车运行状况及车载设备动作的相关信息进行集中管理，可以有效地实现对司机和乘务员的辅助作用、加强对设备的保养和提高对乘客的服务质量。列车信息控制系统具有控制指令传输、设备状态监视和故障检测三大功能。

一、列车信息控制系统的构成

列车信息控制系统主要由列车信息中央装置（中央装置）、列车信息终端装置（终端装置）、列车信息显示器、显示控制装置、IC 卡读写装置以及乘客信息显示器等组成。头车中设置由控制传输部和监视器部组成的中央装置，具有列车信息管理和向操纵台列车信息控制装置监视器部传输数据的功能。各车厢分别设置有一台终端装置，实现各车厢中车载设备的信息传输。

中央装置及终端装置间通过光纤双重环路及自我诊断传输线（双绞线）连接，控制指令通过光纤双重环路及自我诊断传输线（双绞线）传输。控制指令传输系统采用独立于监视器部的双 CPU 方式，具有故障导向安全和备份作用。列车信息控制系统可以区分重大故障和轻微故障，如果重大故障需要处理，此系统就会将故障内容及处理方案通知给司乘人员。

列车信息控制系统对车载设备进行检查，检查时设备本身具有诊断功能，列车信息控制系统只发出对设备的检查指令及收集检查结果。根据检查结果，进行故障保护动作。

列车信息控制系统构成如图 7-21 所示。

二、动车组信息控制系统的功能

（一）牵引、制动指令传输功能

（1）牵引指令、制动指令的串行传输。

（2）救援联挂时制动指令的串行传输。

（二）设备的控制、复位指令传输

（1）向牵引变流器、辅助电源装置、配电盘传输的复位指令。

（2）设备远程控制指令的传输。

（3）辅助绕组电源扩展供电的控制。

（4）三相 AC 400 V 电源扩展供电的控制（控制 BKK 接通、断开）。

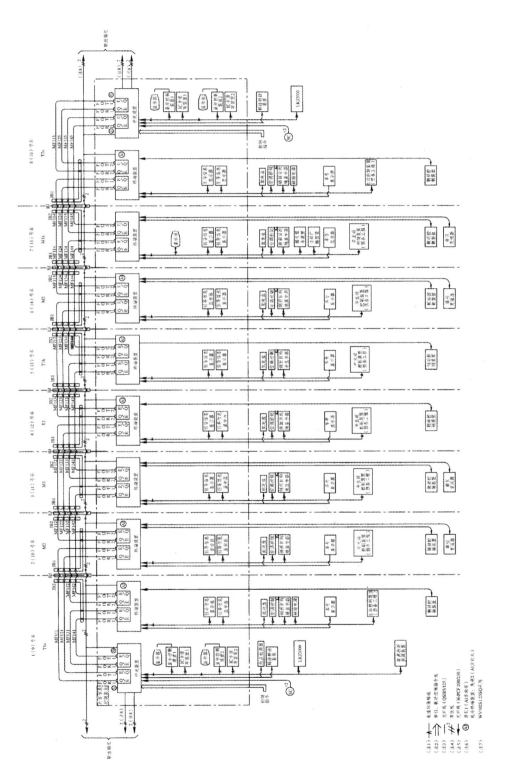

图 7-21 列车信息控制系统结构

（5）空调显示设定器的复位。

（6）利用停放开关进行相关设备的控制。

（三）显示灯、蜂鸣器控制指令传输

（1）操纵台故障显示灯的显示输出。

（2）操纵台单元显示灯的显示输出。

（3）操纵台蜂鸣器的启动输出。

（4）各车配电盘显示灯的显示输出。

（5）空挡显示灯的显示输出。

（四）司乘人员支持功能

（1）通过 IC 卡读写装置，输入并显示列车行驶路线、列车号、时刻表。

（2）向车号显示器传输车号信息。

（3）发生故障或者异常时，在操纵台信息显示器上显示报警及引导信息。

（4）司机及乘务员辅助用的各种列车信息、设备信息的显示。

（5）应急信息的显示。

（6）和其他编组之间的解联、联挂状态的显示。

（7）安全设施故障记录的显示。

（8）最新故障记录的显示。

（9）指令通告的显示及接收确认功能。

（10）技术支持系统功能。

（五）服务设备控制功能

（1）向乘客信息显示器、侧面目的地显示器传输显示内容及显示指令。乘客信息显示器所显示的内容（停车站向导、新闻、宣传等）在地面计算机进行编辑后，存储到 IC 存储卡中。通过司机室 IC 卡读写装置读出，输入到列车信息控制装置中。发出车号信息显示器的显示信息及指令。

（2）向自动广播装置传输广播定时信息。

三、车辆设备与中央/终端装置的连接

列车编组中各车辆的中央装置/终端装置与车辆设备之间的接口以光传送、电流环传送、DIO 等形式进行，它们构成信息网络节点（中央装置与终端装置）与车载设备的联系通道。对各车的中央装置、终端装置和接口对象设备分布情况见表 7-11。

表 7-11 监视器中央装置、终端装置和接口设备

	Tc1-1	M2-2	M1-3	T2-4	T1k-5	M2-6	M1s-7	T2c-8	
	中央	终端	终端	终端	终端	终端	终端	终端	中央
显示控制装置	○						○		○
卡架	○								○
信息显示器		○	○	○	○	○	○	○	
SG	○								○
解编与联挂装置	○								○
LKJ2000 装置	○								○
距离检测 sensor 装置	○								
配电盘		○	○	○	○	○	○	○	
空调控制		○	○	○	○	○	○	○	
侧面目的地显示器		○	○	○	○	○	○	○	
辅助电源		○							○
车号显示器		○	○	○	○	○	○		○
Brake 控制装置		○	○	○	○	○	○		○
牵引变流器		○	○			○	○		
Radio service 装置							○		
自动播放装置							○		

实训项目

电子防滑器主机检修作业指导书

轴温传感器检修校验作业指导书	编号：XAKCCLDZDS/20674-2015
适用范围	适用于轴报装置传感器检修校验
任职条件	（1）了解车辆构造，掌握客车车电基本知识。 （2）掌握《铁路客车电气装置检修规则》的相关内容。 （3）通过职业技能鉴定考试合格，并持有上岗证
安全注意 事项	（1）按规定要求穿戴好劳动防护用品。 （2）拆卸各种零部件时轻拿轻放、严禁抛掷，不能野蛮拆卸。 （3）正确使用工装、设备，防止使用电动工具时触电，造成人身伤害。 （4）检修过程中，配件不得落地。 （5）防止轴温传感器功能试验时热水烫伤
作业流程	作业前准备→拆卸传感器→预检→检测绝缘→清洗传感器→检修传感器→浸水试验→功能试验→干燥→粘贴检修标记→存放→完工整理
工具材料	电工工具、500 V 等级兆欧表、轴报性能试验台、风枪、烘干箱
工　序	作业内容及标准
1. 开工前准备	（1）穿工作服，戴工作帽，持上岗证。 （2）检查工装设备状态，确认各工具、试验台状态良好，各仪表检定合格、不过期，工作正常
2. 拆卸传感器	（1）打开轴报线盒，使用螺丝刀卸下轴温传感器配线。检查各部件：护套及接线盒引入线无老化、破损；线盒内干燥；端子及接线柱（接线排）无变形、腐蚀、烧损。扣好线盒盖。 （2）抽出轴温传感器配线，使用扳手将测温头卸下，使用清洁的螺栓防护测温孔。使用料箱将传感器运送至检修工位。外温传感器安装孔为盲孔时须进行防护

工 序	作业内容及标准
3. 预检	（1）检查产品合格证，掀开传感器合格证胶贴，检查轴温传感器生产标记，将合格证重新固定好。传感器使用时间超过 5 年时须更新。模拟传感器须更换为数字式传感器。 检查轴温传感器生产标记，核对使用年限 （2）外观预检传感器。传感器测温头、测温头防护套破损，或配线老化、破损时，须更新传感器
4. 检测绝缘	在干燥状态下，使用 500 V 等级兆欧表，检测轴温传感器常态下绝缘阻值。引线端子与外壳间绝缘电阻值大于 10 MΩ
5. 清洗传感器	（1）使用清水清洗轴温传感器，传感器头干净清洁，无污垢。用抹布擦干传感器。 （2）使用风枪吹干传感器

续表

工序	作业内容及标准
6. 检修传感器	外观复检轴温传感器。测温头、螺杆及锁母状态良好，外形无变形；配线端子无脱落、腐蚀，线号清晰。 裂纹、破损及螺纹损伤时须更新传感器
7. 浸水试验	（1）将轴温传感器连接在轴报性能试验台附带的水槽内，进行 24 h 浸水试验。 （2）使用 500 V 等级兆欧表，检测经过浸水后轴温传感器的绝缘阻值，引线端子与外壳间绝缘电阻值大于 1 MΩ
8. 功能试验	（1）将轴温传感器连接在轴报性能试验台上，进行轴温传感器测温功能试验。 （2）传感器温度检测功能正常，30 ℃、60 ℃、90 ℃ 时传感器探测温度值误差不大于 2 ℃。 （3）打印试验记录
9. 干燥	使用烘干箱烘干轴温传感器
10. 粘贴检修标记	粘贴检修标记
11. 存放	将检修后传感器放置至存放区，备装车使用。摆放整齐，勿磕碰测温头
12. 完工整理	（1）整理作业现场，工具摆放整齐，场地清洁。 （2）填记相关记录，字迹清晰，记录准确

复习与思考

1. 客车行车安全监测诊断系统由哪三个子系统组成？

2. 车载安全监测诊断系统功能级和列车级两级监测诊断的主要任务是什么？

3. 试述车厢级网络系统的基本工作情况。

4. 制动监测诊断子系统测点是如何布置的？该子系统的作用是什么？

5. 转向架与车体监测传感器是如何布置的？

6. 车辆转向架状态监测诊断子系统的功能是什么？

7. 防滑器工作状态监测子系统的功能是什么？

8. 列车级通信网络是如何布置的？

9. 简述车载安全监测诊断系统的操作流程。

10. 车载安全监测诊断系统有哪些主要故障？该如何处理？

参考文献

[1] 何忠韬，朱常琳.铁道车辆电气装置[M]. 北京：中国铁道出版社，2007.

[2] 于文涛，麻冰玲.客车电气装置[M]. 北京：中国铁道出版社，2015.

[3] 杨志强. 客车电气装置[M]. 北京：中国铁道出版社，2008.

[4] 宋雷鸣. 动车组供电牵引系统与设备[M]. 北京：北京交通大学出版社，2012.